プリント形式のリアル過去問で本番の臨場感！

和歌山県

開智中学校

2025年春受験用

解答集

本書は，実物をなるべくそのままに，プリント形式で年度ごとに収録しています。
問題用紙を教科別に分けて使うことができるので，本番さながらの演習ができます。

■ 収録内容

・解答集（この冊子です）

書籍ＩＤ番号，この問題集の使い方，最新年度実物データ，リアル過去問の活用，
解答例と解説，ご使用にあたってのお願い・ご注意，お問い合わせ

・2024（令和６）年度 ～ 2020（令和２）年度　学力検査問題

JN132167

○は収録あり	年度	'24	'23	'22	'21	'20	
■ 問題（前期日程）		○	○	○	○	○	
■ 解答用紙		○	○	○	○	○	
■ 配点							

算数に解説があります

注）国語問題文非掲載:2024年度の三，2023年度の三，2020年度の三

問題文の非掲載につきまして

著作権上の都合により，本書に収録している過去入試問題の本文の一部を掲載しておりません。ご不便をおかけし，誠に申し訳ございません。

本文の一部を掲載できなかったことによる国語の演習不足を補うため，論説文および小説文の演習問題のダウンロード付録があります。弊社ウェブサイトから書籍ＩＤ番号を入力してご利用ください。

なお，問題の量，形式，難易度などの傾向が，実際の入試問題と一致しない場合があります。

教英出版

■　書籍ＩＤ番号

入試に役立つダウンロード付録や学校情報などを随時更新して掲載しています。
教英出版ウェブサイトの「ご購入者様のページ」画面で，書籍ＩＤ番号を入力してご利用ください。

書籍ＩＤ番号　104427

（有効期限：2025年9月30日まで）

【入試に役立つダウンロード付録】
「要点のまとめ(国語／算数)」
「課題作文演習」ほか

■　この問題集の使い方

年度ごとにプリント形式で収録しています。針を外して教科ごとに分けて使用します。①片側，②中央のどちらかでとじてありますので，下図を参考に，問題用紙と解答用紙に分けて準備をしましょう（解答用紙がない場合もあります）。

針を外すときは，けがをしないように十分注意してください。また，針を外すと紛失しやすくなりますので気をつけましょう。

① 片側でとじてあるもの

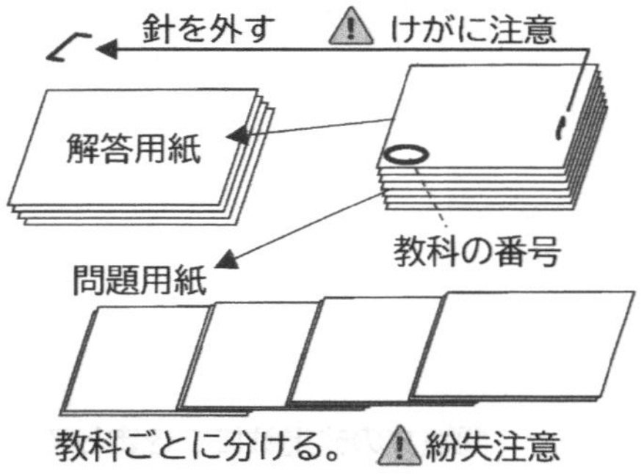

② 中央でとじてあるもの

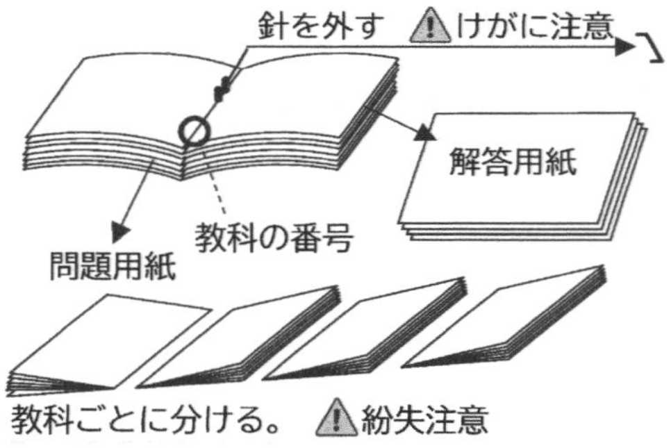

※教科数が上図と異なる場合があります。
解答用紙がない場合や，問題と一体になっている場合があります。
教科の番号は，教科ごとに分けるときの参考にしてください。

■　最新年度 実物データ

実物をなるべくそのままに編集していますが，収録の都合上，実際の試験問題とは異なる場合があります。実物のサイズ，様式は右表で確認してください。

問題用紙	Ａ４冊子(二つ折り)
解答用紙	Ｂ４片面プリント 国：Ａ３片面プリント

リアル過去問の活用

～リアル過去問なら入試本番で力を発揮することができる～

本番を体験しよう！

問題用紙の形式（縦向き／横向き），問題の配置や余白など，実物に近い紙面構成なので本番の臨場感が味わえます。まずはパラパラとめくって眺めてみてください。「これが志望校の入試問題なんだ！」と思えば入試に向けて気持ちが高まることでしょう。

入試を知ろう！

同じ教科の過去数年分の問題紙面を並べて，見比べてみましょう。

① 問題の量

毎年同じ大問数か，年によって違うのか，また全体の問題量はどのくらいか知っておきましょう。どのくらいのスピードで解けば時間内に終わるのか，大問ひとつにかけられる時間を計算してみましょう。

② 出題分野

よく出題されている分野とそうでない分野を見つけましょう。同じような問題が過去にも出題されていることに気がつくはずです。

③ 出題順序

得意な分野が毎年同じ大問番号で出題されていると分かれば，本番で取りこぼさないように先回りして解答することができるでしょう。

④ 解答方法

記述式か選択式か（マークシートか），見ておきましょう。記述式なら，単位まで書く必要があるかどうか，文字数はどのくらいかなど，細かいところまでチェックしておきましょう。計算過程を書く必要があるかどうかも重要です。

⑤ 問題の難易度

必ず正解したい基本問題，条件や指示の読み間違いといったケアレスミスに気をつけたい問題，後回しにしたほうがいい問題などをチェックしておきましょう。

問題を解こう！

志望校の入試傾向をつかんだら，問題を何度も解いていきましょう。ほかにも問題文の独特な言いまわしや，その学校独自の答え方を発見できることもあるでしょう。オリンピックや環境問題など，話題になった出来事を毎年出題する学校だと分かれば，日頃のニュースの見かたも変わってきます。

こうして志望校の入試傾向を知り対策を立てることこそが，過去問を解く最大の理由なのです。

実力を知ろう！

過去問を解くにあたって，得点はそれほど重要ではありません。大切なのは，志望校の過去問演習を通して，苦手な教科，苦手な分野を知ることです。苦手な教科，分野が分かったら，教科書や参考書に戻って重点的に学習する時間をつくりましょう。今の自分の実力を知れば，入試本番までの勉強の道すじが見えてきます。

試験に慣れよう！

入試では時間配分も重要です。本番で時間が足りなくなってあわてないように，リアル過去問で実戦演習をして，時間配分や出題パターンに慣れておきましょう。教科ごとに気持ちを切り替える練習もしておきましょう。

心を整えよう！

入試は誰でも緊張するものです。入試前日になったら，演習をやり尽くしたリアル過去問の表紙を眺めてみましょう。問題の内容を見る必要はもうありません。どんな形式だったかな？受験番号や氏名はどこに書くのかな？…ほんの少し見ておくだけでも，志望校の入試に向けて心の準備が整うことでしょう。

そして入試本番では，見慣れた問題紙面が緊張した心を落ち着かせてくれるはずです。

※まれに入試形式を変更する学校もありますが，条件はほかの受験生も同じです。心を整えてあせらずに問題に取りかかりましょう。

開智中学校

《国　語》

一　問一．①委任　②仏閣　③健在　④皇居　⑤着用　⑥忠義　⑦痛快　⑧急流　⑨半　⑩退
問二．①しゅじゅう　②やちょう　③こうぎょう　④み　⑤もっと　　問三．①はば／十一　②にくづき／十三
③いしへん／十　④りっしんべん／十四　　問四．①イ　②エ　　問五．①エ　②ア　　問六．①電光石火
②行雲流水　　問七．①留　②混　　問八．エ　　問九．①空　②鳥　③白　　問十．ウ

二　問一．A．ウ　B．イ　C．オ　　問二．速くできること、手が抜けること、思い通りになること　　問三．エ
問四．手塩　　問五．ウ　　問六．多様性　　問七．政治・経済・官庁・マスコミなどの中心がすべて東京にあるので、すべてが東京の眼で動き、自分の暮らす東京と地方の両方に目を向ける必要がないこと。　　問八．イ

三　問一．A．ウ　B．エ　C．ア　　問二．ウ　　問三．②エ　④イ　　問四．旧宣教師館は、入学式などで誰もが使う場所なのに、汐見が一度も来たことがない口ぶりであったこと。　　問五．エ　　問六．Ⅰ．自分のピアノの力量がもう同世代の精鋭には追いついていない　Ⅱ．自分にはもう、勉強しかない　　問七．暗い海　　問八．イ

《算　数》

Ⅰ　(1)174　(2)$\frac{33}{56}$　(3)50　(4)$3\frac{1}{3}$　(5)2　(6)1000　(7)340　(8)5

Ⅱ　(1)3　(2)243　(3)103　(4)63　(5)12.5　(6)木　(7)$\frac{120}{11}$　(8)8　(9)12　(10)2198

Ⅲ　(1)65　(2)午後３時12分　(3)4

Ⅳ　(1)100.48　(2)62.8　(3)64

Ⅴ　ア．89　イ．5　ウ．21　エ．11

《理　科》

Ⅰ　問１．関節　問２．イ　問３．ア　問４．(1)い，う　(2)う　(3)エ　(4)エ

Ⅱ　問１．ウ　問２．(1)さなぎ　(2)イ　(3)イ，エ　問３．ア　問４．ア　問５．う，え，お

Ⅲ　問１．(1)ふっとう石　(2)ア　問２．ア　問３．エ　問４．(1)4　(2)1.09

Ⅳ　問１．ア，イ　問２．イ　問３．(1)ミョウバン　(2)3　(3)①食塩　②4.3　(4)33.2

Ⅴ　問１．ウ　問２．エ　問３．イ，ウ　問４．(1)イ　(2)カ　(3)オ　(4)エ

Ⅵ　問１．(1)90　(2)45　(3)9　(4)40　問２．(1)120　(2)80　(3)12

Ⅶ　問１．運ぱん　問２．エ　問３．ウ　問４．ア　問５．ウ　問６．エ　問７．ア

2024 算数解説　開智中学校
令和６年度

Ⅰ　(1)　与式＝(60－24÷12)×３＝(60－２)×３＝58×３＝**174**

(2)　与式＝$\frac{3}{8}+\frac{7}{4}\times\frac{3}{7}-(\frac{8}{28}+\frac{7}{28})=\frac{3}{8}+\frac{3}{4}-\frac{15}{28}=\frac{3}{8}+\frac{6}{8}-\frac{15}{28}=\frac{9}{8}-\frac{15}{28}=\frac{63}{56}-\frac{30}{56}=\mathbf{\frac{33}{56}}$

(3)　与式＝(74.32－68.32)÷0.12＝６÷0.12＝**50**

(4)　与式＝$4-\{5-(\frac{13}{4}-\frac{5}{3})\div\frac{3}{8}\}\div\frac{7}{6}=4-\{5-(\frac{39}{12}-\frac{20}{12})\times\frac{8}{3}\}\times\frac{6}{7}=4-(5-\frac{19}{12}\times\frac{8}{3})\times\frac{6}{7}=$
$4-(5-\frac{38}{9})\times\frac{6}{7}=4-(\frac{45}{9}-\frac{38}{9})\times\frac{6}{7}=4-\frac{7}{9}\times\frac{6}{7}=4-\frac{2}{3}=\frac{12}{3}-\frac{2}{3}=\frac{10}{3}=\mathbf{3\frac{1}{3}}$

(5)　与式より，$\frac{2}{5}\times(\frac{15}{16}+\square\times\frac{5}{8})=\frac{9}{8}-\frac{1}{4}$　　$\frac{2}{5}\times(\frac{15}{16}+\square\times\frac{5}{8})=\frac{9}{8}-\frac{2}{8}$　　$\frac{15}{16}+\square\times\frac{5}{8}=\frac{7}{8}\div\frac{2}{5}$
$\frac{15}{16}+\square\times\frac{5}{8}=\frac{7}{8}\times\frac{5}{2}$　　$\square\times\frac{5}{8}=\frac{35}{16}-\frac{15}{16}$　　$\square=\frac{20}{16}\div\frac{5}{8}=\frac{5}{4}\times\frac{8}{5}=\mathbf{2}$

(6)　与式＝(672－172)－(39＋361)＋(413＋287)＋(264－64)＝500－400＋700＋200＝**1000**

(7)　与式＝1.7×480＋22×(1.7×２)－(1.7×300)×1.08＝1.7×480＋1.7×44－1.7×324＝1.7×(480＋44－324)＝
1.7×200＝**340**

(8)　与式より，12×□÷３＋２×□＝30　　４×□＋２×□＝30　　６×□＝30　　□＝30÷６＝**5**

Ⅱ　(1)　実際の道のりは，(12×25000)㎝＝300000㎝＝3000m＝**３**㎞

(2)　売値は1500×(１＋0.4)×(１－0.17)＝1743(円)だから，利益は1743－1500＝**243**(円)である。

(3)　**【解き方】５で割ると３余り，７で割ると５余る整数に２を足した数は，５の倍数でも７の倍数でもある。**
５の倍数でも７の倍数でもある数は，５と７の最小公倍数35の倍数であり，100に最も近い35の倍数は105だから，求める数は105－２＝**103**である。

(4)　**【解き方】全体の生徒数を20と５と６の最小公倍数の$\textcircled{60}$として，表をかいて考える。**
算数が85点以上の生徒数は$\textcircled{60}\times\frac{7}{20}$＝㉑，国語が85点以上の生徒数は
$\textcircled{60}\times\frac{2}{5}$＝㉔，両方とも85点以上の生徒数は$\textcircled{60}\times\frac{1}{6}$＝⑩と表せる。
よって，右表のようにまとめられるから，ア＝㉑－⑩＝⑪，イ＝㉔－⑩＝⑭
となり，両方とも85点未満の生徒数について，$\textcircled{60}$－(⑩＋⑪＋⑭)＝75
㉕＝75　　①＝３となる。したがって，算数が85点以上の生徒は３×$\frac{㉑}{①}$＝**63**(人)

		算数		合計
		85以上	85未満	
国語	85以上	⑩	イ	㉔
	85未満	ア	75	
合計		㉑		$\textcircled{60}$

(5)　**【解き方】同じ道のりを進むのにかかる時間の比は，進む速さの比の逆比になる。**
登りと下りの速さの比は３：５だから，かかる時間の比は３：５の逆比の５：３となる。登りと下りにかかる時間の差が100分だから，下りにかかる時間は100×$\frac{3}{5-3}$＝150(分)，つまり2.5時間なので，求める道のりは
５×2.5＝**12.5**(㎞)である。

(6)　**【解き方】１年は365日であり，365÷７＝52余り１より，１年後の同じ日の曜日は１つあとの曜日となる。ただし，うるう年の２月29日をまたぐ場合は，２つあとの曜日となる。**
2026年は2024年の２年後であり，2024年はうるう年だから，2026年１月１日は月曜日の２＋１＝３(つ)あとの曜日となるので，**木**曜日である。

(7)　**【解き方】分母は２から連続する整数であり，分子は８－３＝５，15－８＝７，24－15＝９，…と最初の３に，５から２ずつ増えた数を足した整数になっている。**
10番目の分数の分母は２＋(10－１)＝11であり，分子は３＋５＋７＋…＋{３＋２×(10－１)}＝$\frac{(3+21)\times10}{2}$＝
120だから，求める分数は，$\mathbf{\frac{120}{11}}$である。

(8)　**【解き方】一番重いおもりがどれかによって場合分けして考える。**

１ｇのおもりが一番重いとき，１ｇのおもりを７個使うので，１通りある。

２ｇのおもりが一番重いとき，おもりの個数の決め方は（２ｇ，１ｇ）＝（３，１）（２，３）（１，５）の３通りある。

３ｇのおもりが一番重いとき，おもりの個数の決め方は（３ｇ，２ｇ，１ｇ）＝（２，０，１）（１，２，０）（１，１，２）（１，０，４）の４通りある。

以上より，重さをはかる方法は全部で１＋３＋４＝**8**（通り）ある。

(9)　【解き方】右図のように補助線を引き，三角形ＢＥＣの内角の和から求める。

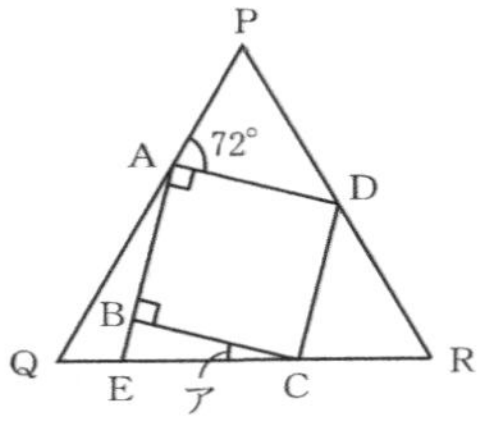

角ＱＡＥ＝180°－(72°＋90°)＝18°

三角形ＰＱＲは正三角形だから，角ＡＱＥ＝60°

三角形ＡＱＥについて，三角形の１つの外角は，これととなり合わない２つの内角の和に等しいから，角ＢＥＣ＝18°＋60°＝78°

よって，角ア＝180°－(78°＋90°)＝**12°**

(10)　【解き方】右図のように，切断する前の大きな円すいをＰ，切断した小さな円すいをＱとすると，ＰとＱは形が同じ円すいである。

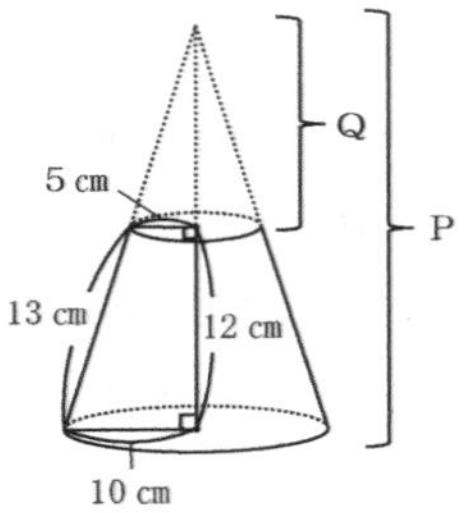

ＰとＱの辺の長さの比は10：５＝２：１であり，体積比は辺の長さの比を３回かけた比に等しいので，(２×２×２)：(１×１×１)＝８：１である。

また，Ｐの高さは $12\times\frac{2}{2-1}=24$(cm)だから，求める体積は，

$10\times10\times3.14\times24\div3\times\frac{8-1}{8}=$ **2198**(cm³)である。

Ⅲ　**(1)　【解き方】Ａの速さを求めてから，ＡとＢの間の道のりが１分間にどれだけちぢまるかを求める。**

〈グラフ１〉より，Ａの速さは，500÷10＝50より，分速50ｍである。また，Ｂが出発して26－10＝16(分間)で，ＡとＢの間の道のりは500－260＝240(ｍ)ちぢまったから，１分間に240÷16＝15(ｍ)ちぢまる。よって，Ｂの速さは分速(50＋15)ｍ＝分速**65**ｍである。

(2)　【解き方】〈グラフ２〉より，ＡとＣが２回目に出会うのは，Ｃが忘れ物をとりに学校にもどる途《と》中《ちゅう》である。Ａが出発して10分後以降，ＡとＣは２回目に出会うまで，両方向から近づく。

Ｃの速さは，1000÷(10－５)＝200より，分速200ｍである。Ａが出発して10分後，Ａは学校から50×10＝500(ｍ)の地点，Ｃは学校から1000ｍの地点にいるから，２人の間の道のりは1000－500＝500(ｍ)である。

ここから，２人は１分間に50＋200＝250(ｍ)ずつ近づいていくので，２人が出会うのはＡが出発してから10＋(500÷250)＝12(分後)である。よって，求める時刻は**午後３時12分**

(3)　【解き方】〈グラフ１〉，〈グラフ２〉から，３人が学校から公園に移動するのに何分かかるかをそれぞれ求める。

〈グラフ１〉より，Ａは学校を出発してから26分後に，Ｂより先に公園に着いた。

Ｂは学校から公園まで移動するのに1300÷65＝20(分)かかるから，Ａが出発してから10＋20＝30(分後)に着いた。

Ｃは学校から公園まで移動するのに1300÷200＝6.5(分)かかるから，〈グラフ２〉より，Ａが出発してから22＋6.5＝28.5(分後)に着いた。

以上より，公園に最初に着いたのはＡ，最後に着いたのはＢであり，Ａの30－26＝**4**(分後)にＢが公園に着いた。

Ⅳ　**(1)**　〈図１〉の斜線《しゃせん》部分の面積は，半径８×２＝16(cm)，中心角90°のおうぎ形の面積から，半径８cmの半円の面積を引いた値《あたい》だから，$16\times16\times3.14\times\frac{90°}{360°}-8\times8\times3.14\times\frac{1}{2}=$ **100.48**(cm²)

(2)　〈図２〉の斜線部分の周の長さは，半径８cmの半円の曲線部分の長さ２つ分，つまり半径８cmの円周の長さと，半径16cm，中心角45°のおうぎ形の曲線部分の長さ１つ分の和に等しい。よって，求める周の長さは

$8\times2\times3.14+16\times2\times3.14\times\frac{45°}{360°}=$**62.8**(cm)

⑶　**【解き方】求める面積は，半径８cmの半円の面積から，右図の色付き部分の面積を引いた値である。**

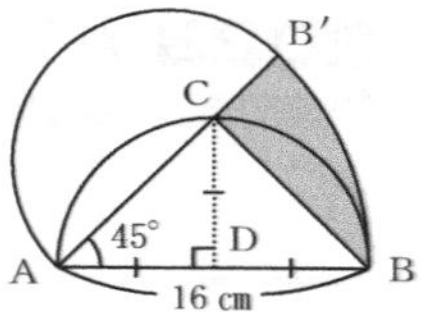

ＣからＡＢに垂直な線を引き，交点をＤとすると，角ＣＡＤ＝45° だから，三角形ＣＡＤは直角二等辺三角形である。よって，ＣＤ＝ＡＤ＝８cmなので，三角形ＡＢＣの面積は 16×８÷２＝64(cm²)である。

よって，求める面積は$8\times8\times3.14\times\frac{1}{2}-(16\times16\times3.14\times\frac{45°}{360°}-64)=$**64**(cm²)

Ｖ　**【解き方】この数の列や階段の上り方は直前の２つの数を足すと，次の数になる。**

55 の次に並ぶ数は 34 と 55 の和だから，ア＝34＋55＝**89** である。

階段２段の上り方は１段ずつ上るか，１回で２段上るかの２通りある。階段４段の上り方は２段の上り方の数と３段の上り方の数の和だから，２＋３＝**5**(通り)ある。同様に考えて，５段の上り方は３＋５＝８(通り)，６段の上り方は５＋８＝13(通り)，７段の上り方は８＋13＝**21**(通り)ある。

①の数の列とエで割ったときの余りの数の列について，６番目の８までは同じ数が並び，７番目の 13 を割った余りが２となり，初めて異なる数になる。つまり，エは８より大きく，13 を割った余りが２となる数なので，**11** である。

2023 解答例
令和５年度

開智中学校

《国　語》

一　問一．①綿雪　②異義　③警笛　④由来　⑤祝辞　⑥除法　⑦付録　⑧臓器　⑨務　⑩奮
問二．①さんかく　②あんうん　③とうよう　④なが　⑤こころ　問三．①まだれ／十　②ころもへん／十二
③こざとへん／十二　④はば(へん)／十　問四．①エ　②イ　問五．①イ　②ウ　問六．①起死回生
②半信半疑　問七．①頂　②直　問八．ウ　問九．①地　②魚　③腹　問十．ア

二　問一．A．ウ　B．エ　C．オ　D．ア　問二．イ　問三．ウ　問四．イ　問五．できるだけ長く生き続けていくために、変化していく必要がある　問六．ウ　問七．エ　問八．ウ　問九．エ　問十．ウ

三　問一．A．エ　B．オ　C．ア　D．イ　問二．エ　問三．最初から才能のある天才を見つけ出すためのもの
問四．イ　問五．母が望むピアニストを目指さなくてもよいこと。／自分で自分のやりたいことを決められること。　問六．ウ　問七．ア　問八．イ

《算　数》

Ⅰ　(1)168　(2)1　(3)2　(4)$\frac{1}{18}$　(5)3.5　(6)$1\frac{1}{6}$　(7)90　(8)$2\frac{1}{3}$

Ⅱ　(1)$\frac{3}{20}$　(2)22，30　(3)4　(4)2.5　(5)2250　(6)62　(7)16　(8)148　(9)60　(10)37.68

Ⅲ　(1)22.5　(2)450　(3)15

Ⅳ　(1)$7\frac{1}{2}$　(2)105　(3)6

Ⅴ　(1)84000　(2)57200　(3)72　(4)120120

《理　科》

Ⅰ　問１．(1)③　(2)④　(3)②　(4)①，④，⑦　問２．(1)ア．蒸散　イ．二酸化炭素　(2)①　(3)87.5

Ⅱ　問１．(1)ア．E　イ．B　ウ．D　(2)ア．A　イ．E　ウ．C　エ．B　問２．(1)ア．④　イ．①　ウ．③
エ．②　(2)拍動　(3)②　(4)①

Ⅲ　問１．②　問２．①　問３．③　問４．③　問５．20　問６．(1)ガス調節ねじ…B　空気調節ねじ…A
(2)エ→イ→ウ→ア→オ

Ⅳ　問１．(1)固体A…②　液体B…⑤　(2)右グラフ
問２．(1)①，④，⑤　(2)ドライアイス　(3)水にとける性質　(4)0.5

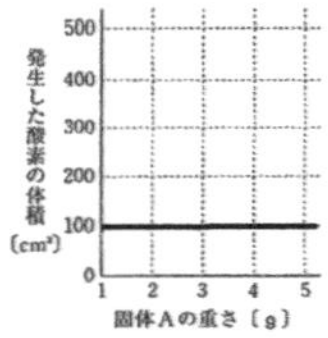

Ⅳ．問１(2)(ア)のグラフ

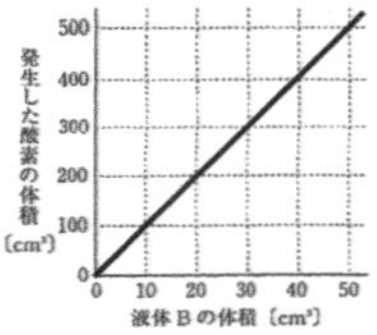

Ⅳ．問１(2)(イ)のグラフ

Ⅴ　問１．③　問２．④　問３．②　問４．②
問５．(1)オ　(2)③　(3)55

Ⅵ　問１．ア　問２．①　問３．25　問４．B．50　C．100　D．250　問５．20　問６．100

Ⅶ　問１．②　問２．A．⑤　B．③　C．①　D．⑥　E．④　問３．(台風の)目　問４．①　問５．③
問６．偏西風　問７．③

Ⅰ (1) 与式＝５×13×３－９×３＝(５×13－９)×３＝(65－９)×３＝56×３＝**168**

(2) 与式＝$1\frac{3}{7}\times\{1-2\times(\frac{8}{20}-\frac{5}{20})\}=\frac{10}{7}\times(1-2\times\frac{3}{20})=\frac{10}{7}\times(1-\frac{3}{10})=\frac{10}{7}\times\frac{7}{10}=$ **1**

(3) 与式＝$\frac{3}{10}\times\frac{4}{3}\div0.8+(\frac{1}{4}+1\frac{1}{4})\times0.8\div0.8=\frac{2}{5}\times\frac{5}{4}+1\frac{1}{2}=\frac{1}{2}+1\frac{1}{2}=$ **2**

(4) 与式＝$\frac{6}{7}\times\frac{5}{9}\times(1\frac{15}{20}-1\frac{8}{20})-\frac{16}{21}\times\frac{5}{12}\div\frac{20}{7}=\frac{6}{7}\times\frac{5}{9}\times\frac{7}{20}-\frac{16}{21}\times\frac{5}{12}\times\frac{7}{20}=\frac{1}{6}-\frac{1}{9}=\frac{3}{18}-\frac{2}{18}=\boldsymbol{\frac{1}{18}}$

(5) 与式＝53. 12＋5. 7－55. 32＝**3. 5**

(6) 与式＝$\{\frac{4}{7}\times\frac{294}{100}\div(\frac{4}{3}-\frac{8}{15})-\frac{7}{9}\}\div\frac{17}{15}=\{\frac{42}{25}\div(\frac{20}{15}-\frac{8}{15})-\frac{7}{9}\}\times\frac{15}{17}=(\frac{42}{25}\div\frac{4}{5}-\frac{7}{9})\times\frac{15}{17}=(\frac{42}{25}\times\frac{5}{4}-\frac{7}{9})\times\frac{15}{17}=$
$(\frac{21}{10}-\frac{7}{9})\times\frac{15}{17}=(\frac{189}{90}-\frac{70}{90})\times\frac{15}{17}=\frac{119}{90}\times\frac{15}{17}=\frac{7}{6}=\boldsymbol{1\frac{1}{6}}$

(7) 与式＝0. 99×３×５×15＋0. 01×３×８×15－3. 03×３×15＝(4. 95＋0. 08－3. 03)×３×15＝２×45＝**90**

(8) **【解き方】分数をわり算の形に直して計算する。**

与式＝$1+4\div\{1+3\div(1+\frac{1}{2})\}=1+4\div(1+3\div\frac{3}{2})=1+4\div(1+3\times\frac{2}{3})=1+4\div3=1\frac{4}{3}=\boldsymbol{2\frac{1}{3}}$

Ⅱ (1) $\frac{6}{5}$，$\frac{5}{4}$，$\frac{11}{10}$を通分すると，$\frac{24}{20}$，$\frac{25}{20}$，$\frac{22}{20}$となるから，$\frac{25}{20}-\frac{22}{20}=\boldsymbol{\frac{3}{20}}$

(2) かかる時間は，15÷40＝$\frac{3}{8}$(時間)

$\frac{3}{8}$時間＝($\frac{3}{8}$×60)分＝$\frac{45}{2}$分＝22$\frac{1}{2}$分で，$\frac{1}{2}$分＝($\frac{1}{2}$×60)秒＝30 秒だから，かかる時間は **22 分 30 秒**である。

(3) **【解き方】$\frac{5}{8}$と$\frac{6}{7}$の分子を３にそろえて，分母を小数で表す。**

$\frac{5}{8}=\frac{5\times0.6}{8\times0.6}=\frac{3}{4.8}$，$\frac{6}{7}=\frac{6\times0.5}{7\times0.5}=\frac{3}{3.5}$だから，□は 3. 5 より大きく 4. 8 より小さい整数なので，**4** である。

(4) **【解き方】食塩水の問題は，うでの長さを濃度《のうど》，おもりを食塩水の重さとしたてんびん図で考えて，うでの長さの比とおもりの重さの比がたがいに逆比になることを利用する。**

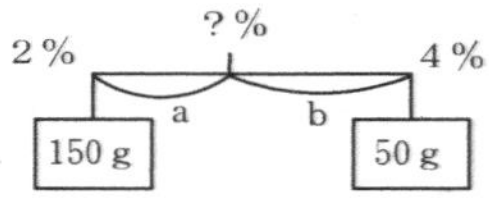

右のようなてんびん図がかける。ａ：ｂは，食塩水の量の比である

150：50＝３：１の逆比になるので，ａ：ｂ＝１：３となる。

これより，ａ：(ａ＋ｂ)＝１：４となるから，ａ＝(４－２)×$\frac{1}{4}$＝0. 5(％)なので，求める濃さは，２＋0. 5＝**2. 5**(％)

(5) **【解き方】２人の所持金の合計は変わらないから，比の数の和をそろえる。**

５：２の比の数の和は５＋２＝７，３：２の比の数の和は３＋２＝５だから，比の数の和が７と５の最小公倍数の 35 となるように２つの比を変化させると，５：２＝<u>25：10</u>，３：２＝<u>21：14</u> となる。下線部の比の数の１は同じ金額を表し，25－21＝４が 360 円にあたる。よって，兄の初めの所持金は，360×$\frac{25}{4}$＝**2250**(円)

(6) **【解き方】(全体の合計点)－(女子の合計点)から(男子の合計点)を出して求める。**

全体の人数は７＋８＝15(人)だから，全体の合計点は，63. 6×15＝954(点)　女子８人の合計点は，65×８＝520(点)だから，男子７人の合計点は 954－520＝434(点)となる。よって，男子７人の平均点は，434÷７＝**62**(点)

(7) **【解き方】１分間に進む角度は，長針が 360°÷60＝６°，短針が 360°÷12÷60＝0. 5° だから，１分間で進む角度の差は，６°－0. 5°＝5. 5°**

ちょうど３時のとき，長針と短針との角度が 30°×３＝90° なので，２° になるには，90°－２°＝88° 縮まればよい。よって，求める時間は，88°÷5. 5°＝**16**(分後)

(8) 右図のように記号をおく。対頂角は等しいから，イ＝17°

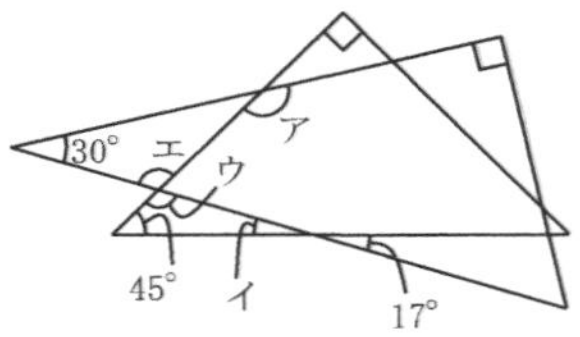

三角形の内角の和より，ウ＝180°－45°－17°＝118°

対頂角は等しいから，エ＝ウ＝118°

三角形の１つの外角は，これととなり合わない２つの内角の和に等しいから，

ア＝30°＋エ＝30°＋118°＝**148°**

(9)　１つ目の正方形に石が12個必要で，２つ目以降の正方形は１つ増えるごとに石が８個ずつ必要である。

よって，正方形を７個作るときに必要な石の個数は，12＋８×（７－１）＝12＋48＝**60**(個)

(10)　**【解き方】できる立体は右の図のような立体である。**

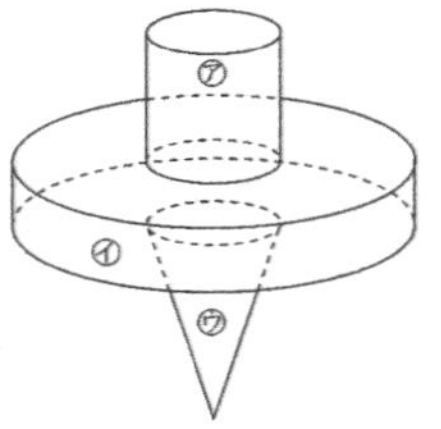

㋐は，底面の半径が１cm，高さが２cmの円柱である。

㋑は，底面の半径が３cm，高さが１cmの円柱である。

㋒は，底面の半径が１cm，高さが３cmの円すいである。

よってこの立体の体積は，

（１×１×3.14）×２＋（３×３×3.14）×１＋（１×１×3.14）×３÷３＝（２＋９＋１）×3.14＝12×3.14＝**37.68**(㎤)

Ⅲ　(1)　Ｂのグラフから６秒間で135m進んでいるので，135÷６＝22.5より，秒速**22.5**m。

(2)　ＢのグラフからＢの先頭が鉄橋に入ってから20秒後に電車の先頭が鉄橋から出たことがわかるので，鉄橋の長さは，22.5×20＝**450**(m)

(3)　**【解き方】ＡとＢが鉄橋をわたり始めてからＢの先頭がＡの最後尾に重なるまでに，Ｂの先頭とＡの最後尾が進んだ道のりの合計は，(鉄橋の長さ)＋(Ａの長さ)である。**

Ａの速さは，75÷６＝12.5より秒速12.5mで，Ａの長さは75mである。Ｂの先頭とＡの最後尾は１秒間に22.5＋12.5＝35(m)近づく。(鉄橋の長さ)＋(Ａの長さ)＝450＋75＝525(m)だから，求める時間は，525÷35＝**15**(秒)

Ⅳ　(1)　与式＝３×２＋３÷２＝６＋$\frac{3}{2}$＝６＋１$\frac{1}{2}$＝**７$\frac{1}{2}$**

(2)　与式＝{(６×２－６÷２)∨３}＋{(８×２＋８÷２)∧４}＝９∨３＋20∧４＝

９×３＋９÷３＋20×４－20÷４＝27＋３＋80－５＝**105**

(3)　○∨３＝○×３＋○÷３＝○×３＋○×$\frac{1}{3}$＝○×（３＋$\frac{1}{3}$）＝○×$\frac{10}{3}$だから，

○×$\frac{10}{3}$＝20　　○＝20÷$\frac{10}{3}$＝20×$\frac{3}{10}$＝**６**

Ⅴ　(1)　100枚で仕入れるので，１枚当たりの仕入れ値は120000÷100＝1200(円)だから，１枚の売り値は，1200×（１＋0.4）＝1680(円)となる。よって，50枚の売り上げは，1680×50＝**84000**(円)

(2)　200枚で仕入れるので，１枚当たりの仕入れ値は220000÷200＝1100(円)だから，１枚の売り値は，1100×（１＋0.4）＝1540(円)となる。180枚の売り上げは1540×180＝277200(円)だから，会社の利益は，(売り上げ)－(仕入れ値)＝277200－220000＝**57200**(円)

(3)　最も少ない枚数を求めるので，100枚で仕入れた場合を考える。この場合１枚の売り値は1680円だから，(仕入れ値)÷(１枚の売り値)＝120000÷1680＝71.4…となるので，売り上げが仕入れ値より大きくなる最も少ないＴシャツの枚数は，**72**枚である。

(4)　300枚で仕入れるので，１枚当たりの仕入れ値は315000÷300＝1050(円)だから，１枚の売り値は，1050×（１＋0.4）＝1470(円)となる。260枚の売り上げは1470×260＝382200(円)となる。残った300－260＝40(枚)をＣ店に売ったときの１枚の値段は，1470×（１－0.1）＝1323(円)なので，Ｃ店に売った売り上げは1323×40＝52920(円)となる。よって，会社の利益は，382200＋52920－315000＝**120120**(円)

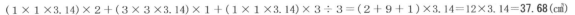

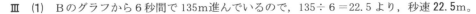

2022 解答例 令和４年度 開智中学校

《国　語》

一　問一．①接種　②参加　③機会　④警報　⑤街路樹　⑥招待　⑦引責　⑧夢中　⑨周　⑩果
問二．①かたん　②まと　③はっぱ　④ほう　⑤はお　問三．①こめへん／十　②れっか〔別解〕れんが／十三
③ふしづくり／六　④うまへん／十四　問四．①ウ　②ア　問五．①エ　②イ　問六．①独断専行
②故事来歴　問七．①育　②冷　問八．ウ　問九．①売　②切　③注　問十．エ

二　問一．自分のたたみ方にこだわって相手を非難するのではなく、話し合い、相手のたたみ方も受けとめる態度。
問二．ア　問三．生徒が家庭科を大切だと考えていること。　問四．エ　問五．生徒本人に「生活力」をつけて欲しいのに、生徒自身は「親」にしてもらうのが当たり前だという感覚からぬけ出せていない　問六．客観
問七．他の人の考　問八．D　問九．ウ

三　問一．はち　問二．A．イ　B．オ　C．ア　D．ウ　問三．エ　問四．ウ　問五．宇宙規模で見たときの中学校という建物の小ささ。　問六．エ　問七．イ　問八．地球よりかなり寿命が短く、人間のような知的生命体にまで進化するには時間が足りない　問九．ア

《算　数》

Ⅰ　(1)75　(2)170　(3)3.9　(4)3.5　(5)$7\frac{5}{7}$　(6)4　(7)2400　(8)$\frac{251}{1680}$

Ⅱ　(1)20　(2)48　(3)12000　(4)450　(5)900　(6)96　(7)240　(8)1000　(9)94.2　(10)15

Ⅲ　(1)47　(2)6，4　(3)361

Ⅳ　(1)1500　(2)10，41　(3)18

Ⅴ　(1)14.13　(2)31.4　(3)10，20　(4)100.48

《理　科》

Ⅰ　問１．(1)B　(2)D　(3)C　(4)F　(5)A　(6)G　問２．ア．蒸散〔別解〕蒸発／水の蒸発　イ．乾燥

Ⅱ　問１．(1)③　(2)ア．②　イ．④　ウ．⑦　エ．③　問２．④　問３．(1)E　(2)①，⑤　問４．①

Ⅲ　問１．(1)③　(2)A．オ　B．ウ　C．カ　D．ア　E．エ　F．イ　問２．(1)水素　(2)2　(3)1650

Ⅳ　問１．(1)ア．②　イ．①　ウ．②　(2)ア．D　イ．B　ウ．C　問２．(1)②　(2)③　問３．(1)265　(2)0.91

Ⅴ　問１．(1)④　(2)①　(3)⑤　問２．(1)①，③，④　(2)③　(3)②

Ⅵ　問１．(1)60　(2)24　(3)20　問２．(1)5　(2)4　(3)2　(4)40

Ⅶ　問１．②　問２．②　問３．気温…③　湿度…⑥　問４．(1)砂　(2)②　(3)④

2022 算数解説 ▶ 開智中学校

令和４年度

Ⅰ (1) 与式＝35＋100－60＝35＋40＝75

(2) 与式＝(2022－2001－11)×17＝10×17＝170

(3) 与式＝1.3×0.33÷0.11＝1.3×３＝3.9

(4) 与式＝3.14×25－３×25＝(3.14－３)×25＝0.14×25＝3.5

(5) 与式＝$21\div(3\frac{3}{18}-\frac{8}{18})=21\div2\frac{13}{18}=21\div\frac{49}{18}=21\times\frac{18}{49}=\frac{54}{7}=7\frac{5}{7}$

(6) 与式＝$(\frac{5}{2}\times\frac{2}{5}+4\times\frac{1}{4})\times(\frac{1}{8}\times8+\frac{1}{2}\div\frac{1}{2})=(1+1)\times(1+1)=2\times2=4$

(7) 与式＝２×３×４×(１＋２×２×２＋３×３×３＋４×４×４)＝24×(１＋８＋27＋64)＝24×100＝2400

(8) 与式＝$\frac{1}{5\times6}+\frac{1}{5\times7}+\frac{1}{5\times8}+\frac{1}{6\times7}+\frac{1}{6\times8}+\frac{1}{7\times8}$となり，分母を５×６×７×８にすると，

$\frac{7\times8+6\times8+6\times7+5\times8+5\times7+5\times6}{5\times6\times7\times8}=\frac{56+48+42+40+35+30}{1680}=\frac{251}{1680}$

Ⅱ (1) １時間＝3600秒，１km＝1000ｍだから，時速72km＝秒速(72×1000÷3600)ｍ＝秒速20ｍ

(2) **【解き方】(１ｍの重さ)→(１ｍの値段)の順に求める。**

１ｍの重さは160÷４＝40(ｇ)だから，１ｍの値段は，$120\times\frac{40}{100}=48$(円)

(3) **【解き方】仕入れ値を１として考える。**

仕入れ値を１とすると，定価は１×(１＋0.36)＝1.36，売値は1.36×(１－0.25)＝1.02になる。

1.02－１＝0.02が利益の240円にあたるから，仕入れ値は，240÷0.02＝12000(円)

(4) **【解き方】同じ金額をもらったので，もらう前ともらった後の２人の所持金の差は変わらない。**

祖父からお金をもらった後の兄の金額と弟の金額の比は３：１だから，比の数の差の，３－１＝２が1500－200＝1300(円)にあたる。祖父からお金をもらった後の弟の金額が$1300\times\frac{1}{2}=650$(円)だから，祖父からもらった金額は，650－200＝450(円)

(5) **【解き方】分速60ｍで26分歩くと，60×26＝1560(ｍ)しか歩けないので，2100－1560＝540(ｍ)足りない。**

そこで１分を分速150ｍにかえると，150－60＝90(ｍ)多く進めるから，分速150ｍで走った時間は，540÷90＝６(分)であり，走った道のりは，150×６＝900(ｍ)

(6) **【解き方】算数との得点の差は，国語が14点，理科が14＋２＝16(点)，社会が16－６＝10(点)である。**

あと14＋16＋10＝40(点)多い点数を取れば，平均点は算数の得点になる。平均点が86点だから，算数の得点は，86＋40÷４＝96(点)

(7) **【解き方】割合の分母が４と５だから，本全体のページ数を４と５の最小公倍数の⑳とする。**

１日目に読んだページ数は，⑳×$\frac{1}{4}$＝⑤，２日目に読んだページ数は，⑳×$\frac{2}{5}$＝⑧だから，残りのページ数は，⑳－⑤－⑧＝⑦になる。３日目に読んだページ数は，⑤＋24ページだから，⑦－⑤＝②が24ページにあたる。よって，この本は全部で，$24\times\frac{\text{⑳}}{\text{②}}$＝240(ページ)

(8) **【解き方】１個200円のパンと１個160円のドーナツを予定数だけ買ったときの差額に注目する。**

予定した個数を買うと，１個160円のドーナツを買ったときの方が，160×１＋40＝200(円)安くなったことがわかる。１個の差額は，200－160＝40(円)だから，予定していた個数は，200÷40＝５(個)，用意したお金は，200×５＝1000(円)

⑼　**【解き方】右図のような立体ができる。**

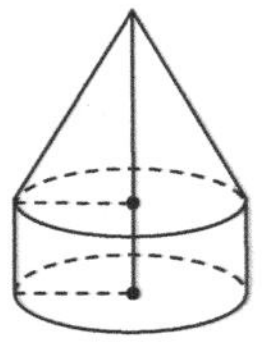

下の部分は，底面の半径が３㎝で高さが２㎝の円柱，上の部分は，底面の半径が３㎝で高さが ６－２＝４(㎝)の円すいになるから，体積は，３×３×3.14×２＋３×３×3.14×４×$\frac{1}{3}$＝ 18×3.14＋12×3.14＝(18＋12)×3.14＝30×3.14＝94.2(㎤)

⑽　**【解き方】右図のようにＡとＯを結ぶ。**

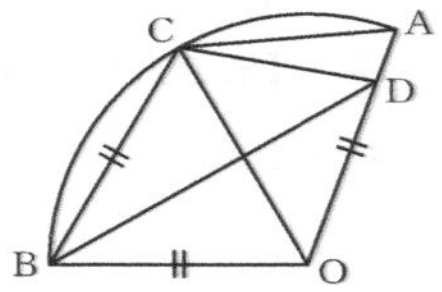

折り返した図形だから，ＣＢ＝ＯＢであり，ＯＣは半径だから，ＯＣ＝ＯＢ

よって，三角形ＢＯＣは正三角形になるから，角ＢＯＣ＝60°である。

三角形ＯＡＣは，角ＡＯＣ＝110°－60°＝50°，ＯＡ＝ＯＣの二等辺三角形だから，

角ＯＣＡ＝(180°－50°)÷２＝65°である。角ＤＣＯ＝角ＤＯＣ＝50°だから，角ア＝65°－50°＝15°

Ⅲ　⑴　**【解き方】【ｎ，ｎ】の数に着目する。右図で色をつけた部分が行数と列数が等しい【ｎ，ｎ】の数になる。また，右図の囲んだ数は，列数と行数の和が同じ数である。**

	1列	2列	3列	4列	5列
1行	1	5	11	19	29
2行	3	9	17	27	39
3行	7	15	25	37	
4行	13	23	35	49	
5行	21	33			81

【５，３】は，行数と列数の和が８だから，８÷２＝４より，【４，４】と行数と列数の和が同じ数である。【４，４】は，４番目の奇数の２×４－１＝７を２回かけた７×７＝49である。【５，３】は【４，４】の１つ前の奇数だから，【５，３】＝49－２＝47

⑵　**【解き方】⑴をふまえて，【ｎ，ｎ】に着目する。**

79＝９×９－２より，79は81の１つ前の奇数である。９＝２×５－１より，９は５番目の奇数だから，

81＝【５，５】である。よって，79＝【６，４】

⑶　**【解き方】⑴⑵をふまえる。**

10番目の奇数は，２×10－１＝19だから，【10，10】＝19×19＝361

Ⅳ　⑴　**【解き方】グラフより，兄が引き返し始めたのは，出発してから30分後とわかる。**

50×30＝1500(m)

⑵　**【解き方】兄が出発してから30分後を起点として，出会い算で求める。**

兄が出発してから30分後には，弟は家から40×(30－20)＝400(m)のところにいるから，10時30分には，２人は1500－400＝1100(m)離《はな》れている。このあと，２人の間の距離《きょり》は，１分あたり，60＋40＝100(m)の割合で近づくから，兄が忘れ物を受け取ったのは，1100÷100＝11(分後)の10時41分である。

⑶　**【解き方】弟は，家から40×(41－20)＝840(m)の地点で兄に出会っている。**

弟は，兄に出会った後，(3000－840)÷40＝54(分)で図書館に着く。兄と弟の進む速さの比は60：40＝３：２だから，同じ道のりを進むのにかかる時間の比は２：３になる。２人の到着時間《とうちゃくじかん》の差は，比の数の差の３－２＝１であり，比の数の３が，弟が兄に出会ってから図書館に着くまでの54分にあたるから，弟が図書館に着いたのは，兄が図書館に着いた，54×$\frac{1}{3}$＝18(分後)

Ⅴ　⑴　**【解き方】45秒後には，長方形は３°×45＝135°回転して，右図のようになる。**

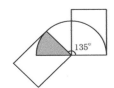

長方形と半円が重なっている部分は，右図の色をつけたおうぎ形であり，

このおうぎ形は，半径が６㎝，中心角が180°－135°＝45°だから，

面積は，６×６×3.14×$\frac{45°}{360°}$＝14.13(㎠)

⑵ **【解き方】点Ｂは，右図のように半径が 10 cmの半円の曲線部分を動く。**

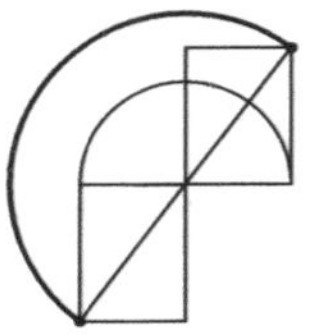

10×２×3.14÷２＝31.4(cm)

⑶ **【解き方】条件に合う図を考えると，右図のようになる。３つのおうぎ形を右図のように㋐，㋑，㋒とおく。**

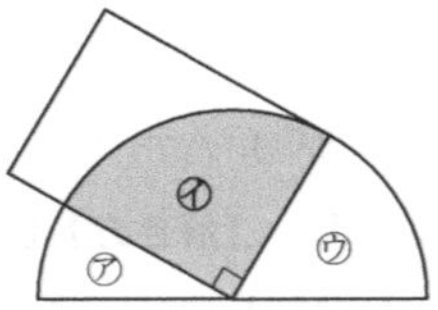

㋑は必ず中心角が 90°になるので，㋑が最も大きいおうぎ形になる。

したがって，面積の比は，㋐：㋑：㋒＝１：３：２または，２：３：１になる。

㋐：㋑：㋒＝１：３：２のとき，㋒の中心角の大きさは，$180° \times \frac{2}{1+3+2} = 60°$

㋐：㋑：㋒＝２：３：１のとき，㋒の中心角の大きさは，$180° \times \frac{1}{2+3+1} = 30°$ だから，

求める時間は，30°÷３°＝10(秒後)と 60°÷３°＝20(秒後)

⑷ **【解き方】辺ＡＢは，右図の色を付けた部分を動く。**

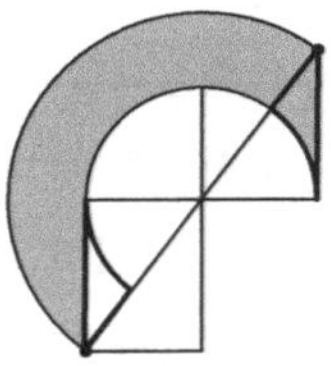

右図の太線で囲んだ部分が合同になることから，色をつけた部分の面積は，半径が 10 cmの半円の面積から，半径が６cmの半円の面積を引いたものに等しく，

10×10×3.14÷２－６×６×3.14÷２＝100.48(cm²)

2021 解答例
令和３年度

開智中学校

《国　語》

一　問一．①弁明　②林立　③土俵　④新緑〔別解〕深緑　⑤歩調　⑥包帯　⑦温厚　⑧親身　⑨営　⑩危　問二．①しゅしゃ　②ざつおん　③がんらい　④こころよ　⑤まか　問三．①とりへん／十　②しめすへん／十三　③りっしんべん／十一　④しんにょう〔別解〕しんにゅう／十　問四．①エ　②ア　問五．①イ　②ウ　問六．①以心伝心　②一意専心　問七．①志　②縮　問八．ア　問九．①皿　②物　③鼻　問十．イ

二　問一．A．イ　B．ウ　C．ア　D．オ　問二．ア　問三．あらかじめ勝ち負けが決まっていると、食べ物をめぐって無駄な争いをせずにすみ、効率的だから。　問四．（ⅰ）「憧れる」という能力　（ⅱ）同情心　問五．頼まれてもいないし望まれてもいないのに助けにいく　問六．教育　問七．（ⅰ）１．アイデンティティ　２．所属　（ⅱ）愛校心／家族愛／愛国心　などから１つ

三　問一．A．イ　B．エ　C．オ　D．ウ　E．ア　問二．五　問三．ア　問四．歌にこめられた気持ちがまっすぐに伝わってきた　問五．ウ　問六．滝田が泣き顔になっていた。　問七．エ　問八．１．他のクラスに勝つことが目標だった　２．ただ全力でよい演奏をしたいという気持ちに変わった

《算　数》

Ⅰ　(1)10　(2)0.933　(3)$\frac{5}{6}$　(4)$\frac{1}{40}$　(5)$\frac{2}{7}$　(6)3　(7)4224　(8)$\frac{8}{33}$

Ⅱ　(1)6160　(2)960　(3)76　(4)7　(5)31480　(6)20　(7)180　(8)34.26　(9)137　(10)31.4

Ⅲ　(1)4：3　(2)40　(3)24　(4)16：7

Ⅳ　(1)1000　(2)$26\frac{2}{3}$　(3)13

Ⅴ　(1)10　(2)21　(3)1024

《理　科》

Ⅰ　問１．(1)ア．④　イ．⑥　(2)ウ．ク　エ．オ　(3)①，③，⑥
問２．(1)関節　(2)③　(3)④

Ⅱ　問１．(1)エ　(2)子葉　(3)④　(4)①→⑤→⑨
問２．(1)④，⑤　(2)空気が不足していたため。

Ⅲ　問１．二酸化炭素　問２．③　問３．⑤，⑧
問４．③　問５．右グラフ　問６．360

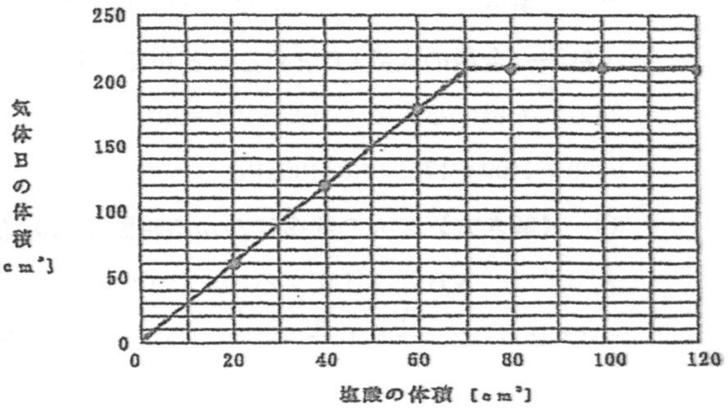

Ⅳ　問１．④　問２．石炭　問３．(1)742　(2)219.5
(3)700　(4)空気よりも軽いため，上の方にたまりやすいから。
問４．地球温暖化

Ⅴ　問１．11　問２．12.5　問３．(1)50　(2)7.5　問４．(1)30　(2)14　問５．15

Ⅵ　問１．ア．169　イ．18　ウ．300　エ．500　問２．64　問３．196　問４．②　問５．(1)⑤　(2)0.8

Ⅶ　問１．④　問２．②　問３．②　問４．③　問５．③　問６．①　問７．④

Ⅰ ⑴ 与式＝８＋３×15÷９－３＝８＋５－３＝10

⑵ 与式＝1.203－1.08÷４＝1.203－0.27＝0.933

⑶ 与式＝$1\frac{3}{8}-(\frac{9}{4}+\frac{3}{16})\times\frac{2}{9}=1\frac{3}{8}-(\frac{36}{16}+\frac{3}{16})\times\frac{2}{9}=1\frac{3}{8}-\frac{39}{16}\times\frac{2}{9}=1\frac{9}{24}-\frac{13}{24}=\frac{33}{24}-\frac{13}{24}=\frac{20}{24}=\frac{5}{6}$

⑷ 与式＝$(\frac{1}{4}-\frac{3}{16})\div2.5=(\frac{4}{16}-\frac{3}{16})\div\frac{5}{2}=\frac{1}{16}\times\frac{2}{5}=\frac{1}{40}$

⑸ 与式＝$\{\frac{4}{5}-3\times(\frac{11}{15}-\frac{3}{5})\}\div\frac{7}{5}=\{\frac{4}{5}-3\times(\frac{11}{15}-\frac{9}{15})\}\times\frac{5}{7}=(\frac{4}{5}-3\times\frac{2}{15})\times\frac{5}{7}=(\frac{4}{5}-\frac{2}{5})\times\frac{5}{7}=\frac{2}{5}\times\frac{5}{7}=\frac{2}{7}$

⑹ 与式＝$3.52\div\frac{22}{5}+1.3+\frac{6}{19}\times2.85=3.52\times\frac{5}{22}+1.3+6\times0.15=0.16\times5+1.3+0.9=0.8+1.3+0.9=3$

⑺ 与式＝10×９×８×(11－７)＋８×７×６×(９－５)＝10×９×８×４＋８×７×６×４＝
８×４×３×(30＋14)＝96×44＝4224

⑻ 与式＝$(\frac{1}{3}-\frac{1}{5})+(\frac{1}{5}-\frac{1}{7})+(\frac{1}{7}-\frac{1}{9})+(\frac{1}{9}-\frac{1}{11})=\frac{1}{3}-\frac{1}{11}=\frac{11}{33}-\frac{3}{33}=\frac{8}{33}$

Ⅱ ⑴ **【解き方】単位がそろっていないことに注意する。**

８kg＝8000ｇのうち，残ったのは100－23＝77(％)だから，8000×0.77＝6160(ｇ)

⑵ **【解き方】１Ｌの値段を求める。**

10dL＝１Ｌだから，45dL＝45×$\frac{1}{10}$＝4.5(Ｌ)である。このジュース１Ｌは，360÷4.5＝80(円)だから，
12Ｌ買うと，80×12＝960(円)

⑶ **【解き方】(平均点)×(人数)＝(得点の合計)を考える。**

ＡとＢとＣの得点の合計は79×３＝237(点)，ＢとＤとＥの得点の合計は83×３＝249(点)だから，237＋249＝486(点)は，５人の得点の合計より，Ｂの得点だけ高い点である。５人の得点の合計は，82×５＝410(点)だから，Ｂの得点は，486－410＝76(点)

⑷ **【解き方】(食塩の重さ)＝(食塩水の重さ)×$\frac{(濃さ)}{100}$を使って，それぞれの食塩水にふくまれる食塩の重さを求めていく。**

５％の食塩水300ｇには300×$\frac{5}{100}$＝15(ｇ)，10％の食塩水200ｇには200×$\frac{10}{100}$＝20(ｇ)がふくまれているから，この２つの食塩水を混ぜ合わせると，食塩を15＋20＝35(ｇ)ふくんだ，300＋200＝500(ｇ)の食塩水ができる。
よって，その濃さは，$\frac{35}{500}$×100＝７(％)

⑸ **【解き方】どちらにも行かない人はいないから，両方に入場する人数は(水族館に行く人数)＋(動物園に行く人数)－(全員の人数)で求めることができる。**

両方に入場する人は42＋68－90＝20(人)だから，全員分で，490×20＋200×(42－20)＋360×(68－20)＝9800＋4400＋17280＝31480(円)

⑹ **【解き方】２人の往復にかかる時間を求める。**

太郎君は，ＡＢ間を往復するのに(10×２)÷10＝２(時間)かかる。次郎君は，ＡＢ間を往復するのに(10×２)÷12＝$\frac{5}{3}$＝$1\frac{2}{3}$(時間)，つまり，１時間40分かかる。２時間－１時間40分＝20分より，次郎君は太郎君の20分後に出発した。

⑺　**【解き方】線分図などをつくって，３日目から逆算していく。**

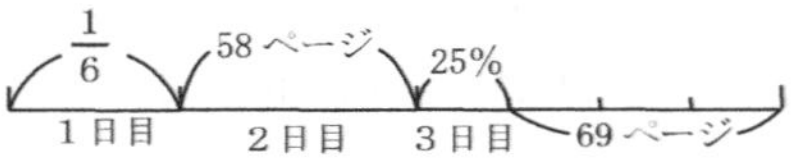

最後に残った 69 ページは，３日目に読む前のページ数の１－0.25＝0.75 だから，３日目に読む前のページ数は，69÷0.75＝92(ページ)

２日目に読む前のページ数は，58＋92＝150(ページ)で，これは全体の $1-\frac{1}{6}=\frac{5}{6}$ にあたるから，この本は全部で，$150\div\frac{5}{6}=150\times\frac{6}{5}=180$ (ページ)

⑻　**【解き方】直線部分があることに注意する。**

曲線部分は，半径が６㎝で中心角が 90° のおうぎ形の曲線部分２つと，直径が６㎝の半円の曲線部分１つの長さを足せばよい。$(6\times2)\times3.14\times\frac{90°}{360°}\times2+6\times3.14\div2=12\times3.14\times\frac{1}{4}\times2+3\times3.14=(6+3)\times3.14=$ $9\times3.14=28.26$ (㎝)だから，求める長さは直線部分を合わせて，６＋28.26＝34.26(㎝)

⑼　**【解き方】右図の角ＧＥＦがわかれば，角アの大きさは，三角形の外角の性質から求めることができる。**

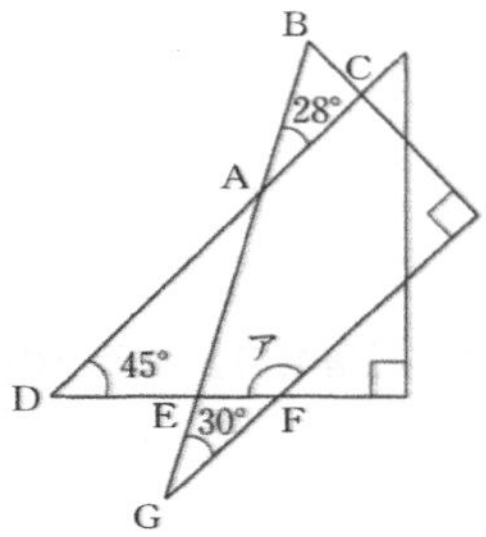

対頂角は等しいから，角ＤＡＥ＝角ＢＡＣ＝28°

三角形の内角の和は 180° だから，角ＤＥＡ＝180° －28° －45° ＝107°

対頂角は等しいから，角ＧＥＦ＝角ＤＥＡ＝107°

三角形の１つの外角は，これと隣《とな》り合わない２つの内角の和に等しいから，

三角形ＥＧＦにおいて，角ア＝角ＧＥＦ＋角ＥＧＦ＝107° ＋30° ＝137°

⑽　**【解き方】右図のような立体ができる。**

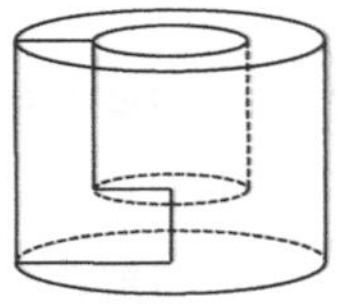

底面の半径が２㎝で高さが３㎝の円柱の体積から，底面の半径が１㎝で高さが２㎝の円柱の体積を引けば求められるから，求める体積は，

(２×２×3.14)×３－(１×１×3.14)×２＝(12－２)×3.14＝10×3.14＝31.4(㎤)

Ⅲ　⑴　**【解き方】同じ形の三角形を見つけて，ＢＦ，ＧＤの長さがＢＤの何倍であるかを考える。**

Ｆは対角線ＡＣとＢＤの交わる点だから，ＦはＢＤの真ん中の点になるので，ＢＦ：ＢＤ＝１：２

ＥＤとＢＣが平行だから，三角形ＥＧＤと三角形ＣＧＢは同じ形であり，ＧＤ：ＧＢ＝ＥＤ：ＣＢ

四角形ＡＢＣＤが平行四辺形だから，ＡＤ＝ＢＣなので，ＥＤ：ＣＢ＝ＥＤ：ＡＤ＝３：５である。

したがって，ＧＤ：ＧＢ＝３：５だから，ＧＤ：ＢＤ＝３：(3＋5)＝３：８

ＢＦ＝ＢＤ×$\frac{1}{2}$で，ＧＤ＝ＢＤ×$\frac{3}{8}$だから，ＢＦ：ＧＤ＝(ＢＤ×$\frac{1}{2}$)：(ＢＤ×$\frac{3}{8}$)＝４：３

⑵　**【解き方】ＦＧ：ＢＤがわかれば，高さの等しい三角形の面積の比は底辺の長さの比に等しいことが利用できる。**

ＢＦ：ＧＤ＝４：３で，ＢＦ：ＢＤ＝１：２だから，ＢＦ＝④とおけば，ＧＤ＝③，ＢＤ＝④×２＝⑧になる。

ＦＧ＝ＢＤ－ＢＦ－ＧＤだから，ＦＧ＝⑧－④－③＝①になる。ＦＧ：ＢＤ＝①：⑧＝１：８だから，

三角形ＣＧＦと三角形ＢＣＤの面積の比も１：８になるので，三角形ＢＣＤの面積は，５×８＝40(㎠)

⑶　**【解き方】三角形ＡＢＤの面積は三角形ＢＣＤの面積に等しいこと，高さの等しい三角形の面積の比は底辺の長さの比に等しいことを利用する。**

三角形ＡＢＤの面積は，三角形ＢＣＤの面積に等しく 40 ㎠である。三角形ＢＤＥと三角形ＡＢＤの面積の比は，ＥＤ：ＡＤ＝３：５だから，三角形ＢＤＥの面積は，$40\times\frac{3}{5}=24$ (㎠)

⑷　**【解き方】実際に面積を求めていく。**

三角形ＡＢＤの面積が 40 ㎠で，三角形ＢＤＥの面積が 24 ㎠だから，三角形ＡＢＥの面積は，40－24＝16(㎠)

四角形ＢＣＤＥの面積は，(平行四辺形ＡＢＣＤの面積)－(三角形ＡＢＥの面積)＝40×２－16＝64(㎠)

ＢＤ：ＦＤ＝２：１だから，三角形ＥＦＤの面積は三角形ＢＤＥの面積の半分になるので，三角形ＥＦＤの面積は，24÷２＝12(㎠)

したがって，四角形ＡＢＦＥの面積は，(三角形ＡＢＤの面積)－(三角形ＥＦＤの面積)＝40－12＝28(㎠)

よって，四角形ＢＣＤＥと四角形ＡＢＦＥの面積の比は，64：28＝16：７

Ⅳ　⑴　**【解き方】＜図２＞のグラフから水を入れた時間と入った水の量を読み取る。**

＜図２＞より，４分間に 10×20×20＝4000(㎤)の水が入ったから，毎分(4000÷４)㎤＝毎分 1000 ㎤

⑵　**【解き方】＜図２＞のグラフから，８分後にはどの部分に水が入っているかを読み取る。**

＜図２＞より，水を入れ始めてから８分後には水面の高さは，底面から 20 ㎝より高く 30 ㎝より低いことが読み取れる。30 ㎝の仕切りを越えない部分に水をためていくときの底面積は，10×30＝300(㎠)であり，水を入れ始めてから８分間で，1000×８＝8000(㎤)の水が入るから，水面の高さは，$8000\div300=\frac{80}{3}=26\frac{2}{3}$(㎝)

⑶　**【解き方】水そうの容積を考えて，あとどれくらいの水を入れたら水そうがいっぱいになるかを考える。**

水そうの容積は，10×40×40＝16000(㎤)だから，水そうがいっぱいになるまでにあと，16000－8000＝8000(㎤)の水を入れることになる。毎分(1000＋600)㎤＝毎分 1600 ㎤の割合で水を入れると，8000 ㎤の水を入れるのに，8000÷1600＝５(分)かかるから，水そうがいっぱいになるのは，水を入れ始めてから，８＋５＝13(分後)

Ⅴ　⑴　**【解き方】５段目の左から３番目には，４段目の左から２番目と３番目の和があてはまる。**

４段目には，左から，１，４，６，４，１が並ぶから，５段目の左から３番目には，４＋６＝10 が並ぶ。

⑵　**【解き方】２段目には３個，３段目には４個，４段目には５個の数が並ぶから，ｎ段目には(ｎ＋１)個の数が並ぶ。**

20 段目には，20＋１＝21(個)の数が並ぶ。

⑶　**【解き方】各段の数の和を求めて，法則を導く。**

３段目の和は，１＋３＋３＋１＝８　　４段目の和は，１＋４＋６＋４＋１＝16

５段目の和は，１＋５＋10＋10＋５＋１＝32　　６段目は，１＋６＋15＋20＋15＋６＋１＝64

以上のことから，ｎ段目に並んでいる数の和は，(ｎ－１)段目の数の和の２倍になっていることがわかる。

つまり，10 段目に並んでいる数の和は，１段目に並んでいる数の和に２を９回かけた値になるから，

(エ)にあてはまる数は，(１＋１)×２×２×２×２×２×２×２×２×２＝1024

開智中学校

《国　語》

一　問一．①俳人　②開祖　③洗礼　④往生　⑤軽減　⑥育児　⑦仏具　⑧要　⑨老　⑩富
問二．①しゃくはち　②しじゅう　③かなもの　④そ　⑤たも　問三．①きへん／十二　②のぎへん／九
③くにがまえ／六　④にくづき／十　問四．①経度　②応答　問五．①将来　②欠点
問六．①大器晩成　②上意下達　問七．①関　②尊　問八．ウ　問九．①赤　②法　③問
問十．ア

二　問一．A．ア　B．オ　C．イ　D．ウ　問二．アリは地球　問三．ダーウィンが使った「適者生存」という言葉の「適者」が、いつの間にか「強者」と混同されてしまったから。　問四．ウ　問五．ア，エ
問六．ウ　問七．勝ったものが強い　問八．(ⅰ)1．自然界　2．人間の社会　(ⅱ)イ

三　問一．A．エ　B．イ　C．ウ　問二．知っている子に鉄棒の練習を見られずにすむことに安心したから。
問三．エ　問四．いくじなし　問五．ウ　問六．すずしい風が、　問七．イ　問八．ア　問九．子どもへの言葉がけに注意し、子どもの可能性を信じて、最後まで温かく見守っていくような先生。

《算　数》

Ⅰ　(1)120　(2)73　(3)14.7　(4)50　(5)$\frac{19}{21}$　(6)5　(7)123　(8)$\frac{1}{4}$

Ⅱ　(1)5000　(2)62.4　(3)2.7　(4)23　(5)6　(6)34　(7)5.1　(8)26　(9)81.4　(10)75.36

Ⅲ　(1)一郎君…60　お母さん…180　(2)945　(3)29，30

Ⅳ　(1)251　(2)126　(3)23

Ⅴ　(1)(正)六角形　(2)$10\frac{2}{3}$　(3)$74\frac{2}{3}$

《理　科》

Ⅰ　問1．蒸散　問2．［実験／予想される結果］［②／ふくろの内側に水てきが多くついた］，［④／ふくろの内側に水てきがほとんどつかなかった］　問3．(1)レボルバー　(2)100　(3)②　(4)②

Ⅱ　問1．消化管　問2．③　問3．(1)③　(2)②　(3)実験1…④　実験2…③

Ⅲ　問1．(1)⑥　(2)③　(3)①　問2．(1)③　(2)1.2　(3)1.5

Ⅳ　問1．(1)②　(2)①　(3)②　(4)③　(5)③　問2．①，④

Ⅴ　問1．ばねAの長さ…60　おもりの重さ…80　問2．ばねAの長さ…100　おもりの重さ…200
問3．ばねBの長さ…50　おもりの重さ…40　問4．ばねAの長さ…80　おもりの重さ…90

Ⅵ　問1．(1)③　(2)③　(3)③　問2．(1)144　(2)1　(3)B→A→D→C

Ⅶ　問1．クレーター　問2．②　問3．②　問4．③　問5．①　問6．③

Ⅰ (1) 与式＝211－162＋71＝211＋71－162＝282－162＝120

(2) 与式＝321－(283－35)＝321－248＝73

(3) 与式＝1.0584÷0.072＝14.7

(4) 与式＝(36.5－34.44＋6.94)÷0.18＝(43.44－34.44)÷0.18＝9÷0.18＝50

(5) 与式＝$(\frac{10}{7}-\frac{2}{3})\times\frac{7}{4}-0.45\times\frac{20}{21}=(\frac{30}{21}-\frac{14}{21})\times\frac{7}{4}-\frac{45}{100}\times\frac{20}{21}=\frac{16}{21}\times\frac{7}{4}-\frac{3}{7}=\frac{28}{21}-\frac{9}{21}=\frac{19}{21}$

(6) 与式＝$(3.3+1.75-3.25)\div\frac{24}{100}\times\frac{2}{3}=1.8\div\frac{6}{25}\times\frac{2}{3}=\frac{9}{5}\times\frac{25}{6}\times\frac{2}{3}=5$

(7) 与式＝$0.123\times100\times3.6-12.3\times1.6+12.3\times20\times\frac{2}{5}=12.3\times(3.6-1.6+8)=12.3\times10=123$

(8) 与式＝$1-\cfrac{3}{1+\cfrac{2\times3}{(1-\frac{1}{3})\times3}}=1-\cfrac{3}{1+\cfrac{6}{3-1}}=1-\frac{3}{1+3}=1-\frac{3}{4}=\frac{1}{4}$

Ⅱ (1) 900÷0.18＝5000(円)

(2) 男子13人の得点の合計は60×13＝780(点)，女子12人の得点の合計は65×12＝780(点)だから，クラス全体の得点の合計は，780＋780＝1560(点)になり，平均点は，1560÷(12＋13)＝1560÷25＝62.4(点)

(3) 濃さが等しい食塩水の重さと，中に入っている食塩の量は比例するから，$1.5\times\frac{135}{75}=2.7$(g)

(4) 求める数をAとする。96，142，211をAで割ると余りが同じになることから，これら3つの数の間の差は，Aで割り切れることがわかる。つまり，Aは，142－96＝46と211－142＝69と211－96＝115の公約数である。3つの数を素数の積で表すと46＝2×23，69＝3×23，115＝5×23になるから，求める数Aは23である。

(5) 全体の仕事の量を1とすると，AとBでは1日に$1\div1\frac{1}{3}=\frac{3}{4}$の仕事を，BとCでは1日に$1\div2\frac{2}{5}=\frac{5}{12}$の仕事を，CとAでは1日に$1\div1\frac{1}{5}=\frac{5}{6}$の仕事をすることになる。

AとBとCの3人では1日に，$(\frac{3}{4}+\frac{5}{12}+\frac{5}{6})\div2=1$の仕事をするから，B1人では1日に，$1-\frac{5}{6}=\frac{1}{6}$の仕事をすることになる。よって，Bが1人ですると，$1\div\frac{1}{6}=6$(日)かかる。

(6) 1人に分けるボールの数を5－3＝2(個)増やすと，必要なボールが7＋11＝18(個)になることから，子どもの人数は，18÷2＝9(人)であり，ボールは，3×9＋7＝34(個)

(7) A～Bまでが2.7km，C～Dまでが7.3km，A～Dまでが15.1kmだから，(イ)＝15.1－2.7－7.3＝5.1(km)

(8) 百の位が1である3けたの整数は，101，102，103，110，112，113，120，121，123，130，131，132の12個ある。百の位が2である3けたの整数は，201，203，210，211，213，230，231の7個ある。百の位が3である3けたの整数も7個できるから，全部で，12＋7×2＝26(通り)

(9) 右のように記号をおいて，直線部分と曲線部分に分けて考える。

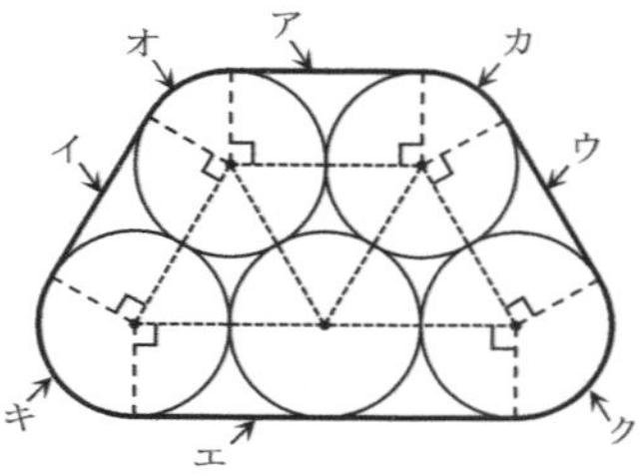

直線部分について，ア＝イ＝ウ＝5＋5＝10(cm)，エ＝5＋10＋5＝20(cm)である。円の中心どうしを結ぶと，右のように正三角形が3個作図できることから，オとカを曲線部分とするおうぎ形の中心角は，360－60×2－90×2＝60(度)，キとクを曲線部分とするおうぎ形の中心角は，360－60－90×2＝120(度)とわかるので，60×2＋120×2＝360より，オとカとキとクの曲線部分を合わせると，半径が5cmの円になる。よって，求める長さは，10×3＋20＋5×2×3.14＝81.4(cm)

(10) 右のような立体ができる。一番下の段は，半径が4cmで高さが1cmの円柱から，半径が2cmで高さが1cmの円柱をくり抜いた図形である。

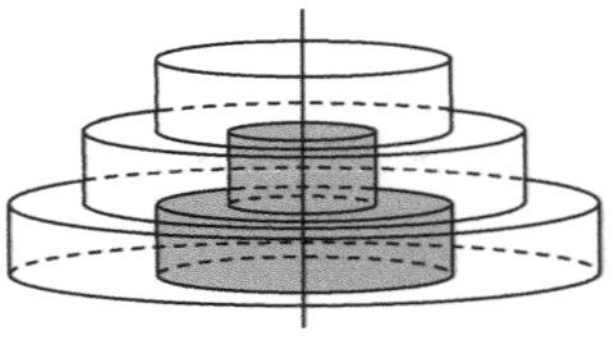

真ん中の段は，半径が3cmで高さが1cmの円柱から半径が1cmで高さが1cmの円柱をくり抜いた図形である。一番上の段の円柱は，一番下の段でくり抜く円柱と同じ立体である。よって，求める体積は，半径4cmで高さが1cmの円柱の体積と，半径が3cmで高さが1cmの円柱の体積の和から，半径が1cmで高さが1cmの円柱の体積を引いて，

$4\times4\times3.14\times1+3\times3\times3.14\times1-1\times1\times3.14\times1=(16+9-1)\times3.14=24\times3.14=75.36$ (cm³)

Ⅲ (1) 一郎君は，15分間で900m進んだから，速さは，分速$(900\div15)$m＝分速60m

お母さんは，一郎君が歩き始めてから，15～18分までの3分間で$900-540=360$(m)近づいたから，1分あたり，$360\div3=120$(m)近づいたことになる。よって，お母さんの速さは，分速$(60+120)$m＝分速180m

(2) 一郎君は歩き始めてから18分後にもどり始めたとき，一郎君とお母さんは540m離《はな》れている。ここから，2人が，進む道のりの比は，(一郎君の進むきょり)：(お母さんの進むきょり)＝60：180＝1：3だから，一郎君がもどり始めてからお母さんが進むきょりは，$540\times\frac{3}{1+3}=405$(m)である。お母さんは，一郎君がもどり始めるまでに，$180\times3=540$(m)進んでいるから，2人が出会ったのは，家から$540+405=945$(m)のところである。

(3) お母さんは，一郎君と出会うまでに$945\div180=5.25$(分)進んでいるから，一郎君が再び学校に向かって歩き始めたのは，一郎君が最初に歩き始めてから$15+5.25=20.25$(分後)である。ここから，一郎君は，$1500-945=555$(m)を，$555\div60=9.25$(分)で歩くから，全部で，$20.25+9.25=29.5$(分)，つまり，29分30秒かかる。

Ⅳ (1) 過半数を取れば必ず生徒会長になれるから，$500\div2+1=251$(票)必要である。

(2) 4人の得票数が同じになるのは，$500\div4=125$(票)ずつ入ったときである。ここから，Aさん以外のだれかからAさんに1票移動すれば，Aさんは$125+1=126$(票)，2人は125票，もう1人は124票となり，Aさんが当選できる。よって，Aさんが生徒会長になるためには，少なくとも126票必要である。

(3) Aさんが$500\times0.24=120$(票)で生徒会長になったから，残りの3人は119票以下である。よって，投票数の最大値は，$120+119\times3=477$(票)だから，欠席者は，少なくとも$500-477=23$(人)以上いたと考えられる。

Ⅴ (1) となり合う2つの平面の切り口を考えるときは，2つの平面を1平面として直線で結べばよい。右図で平面ＤＨＥＡとＡＥＦＢの切り口の考え方を示した。2平面を1平面として，ＰＳを延長すると，ＨＥの真ん中の点Ｔで交わることがわかる。あとは，平行な平面には平行な切り口ができることから，ＰＱ，ＰＳ，ＳＴと平行な辺を，平行な平面上にかき込《こ》めば，正六角形ができる。

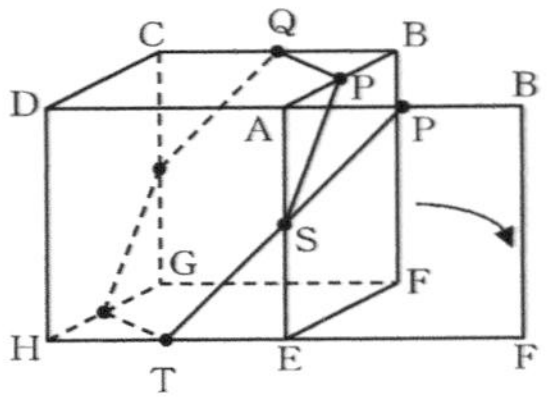

(2) 点Ａを含む立体は，$8\div2=4$(cm)の辺が1点で交わる三角すいになるから，求める体積は，

$(4\times4\div2)\times4\times\frac{1}{3}=\frac{32}{3}=10\frac{2}{3}$ (cm³)

(3) 3点Ｄ，Ｑ，Ｓを通る面で2つに分けると，点Ｂを通る立体は，右のような，三角すいＶ‐ＡＤＳから三角すいＶ‐ＢＱＵを取り除いた形になる。

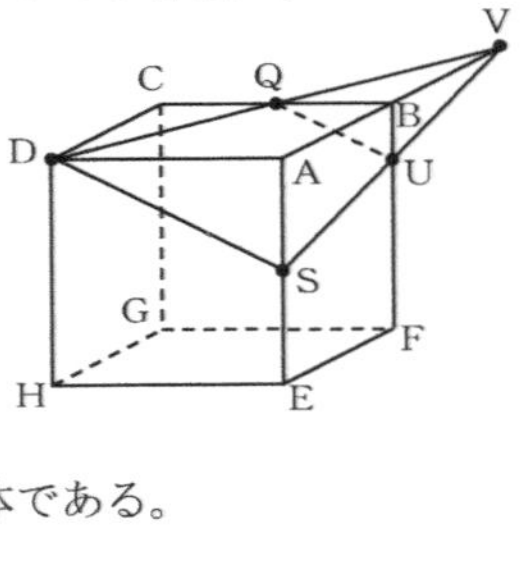

このとき，三角形ＶＡＤと三角形ＶＢＱが同じ形であることから，ＡＶ：ＢＶ＝ＡＤ：ＢＱ＝2：1とわかり，ＢはＡＶの真ん中の点である。

つまり，三角すいＶ‐ＢＱＵは三角すいＶ‐ＡＤＳの各辺の長さを半分にした立体である。

よって，$AV=8+8=16$(cm)，$BU=AS\times\frac{1}{2}=2$(cm)だから，

求める体積は，$(8\times4\div2)\times16\times\frac{1}{3}-(4\times2\div2)\times8\times\frac{1}{3}=\frac{224}{3}=74\frac{2}{3}$ (cm³)

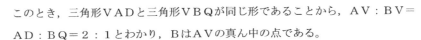

■ ご使用にあたってのお願い・ご注意

（1）問題文等の非掲載

著作権上の都合により，問題文や図表などの一部を掲載できない場合があります。

誠に申し訳ございませんが，ご了承くださいますようお願いいたします。

（2）過去問における時事性

過去問題集は，学習指導要領の改訂や社会状況の変化，新たな発見などにより，現在とは異なる表記や解説になっている場合があります。過去問の特性上，出題当時のままで出版していますので，あらかじめご了承ください。

（3）配点

学校等から配点が公表されている場合は，記載しています。公表されていない場合は，記載していません。

独自の予想配点は，出題者の意図と異なる場合があり，お客様が学習するうえで誤った判断をしてしまう恐れがあるため記載していません。

（4）無断複製等の禁止

購入された個人のお客様が，ご家庭でご自身またはご家族の学習のためにコピーをすることは可能ですが，それ以外の目的でコピー，スキャン，転載（ブログ，ＳＮＳなどでの公開を含みます）などをすることは法律により禁止されています。学校や学習塾などで，児童生徒のためにコピーをして使用することも法律により禁止されています。

ご不明な点や，違法な疑いのある行為を確認された場合は，弊社までご連絡ください。

（5）けがに注意

この問題集は針を外して使用します。針を外すときは，けがをしないように注意してください。また，表紙カバーや問題用紙の端で手指を傷つけないように十分注意してください。

（6）正誤

制作には万全を期しておりますが，万が一誤りなどがございましたら，弊社までご連絡ください。

なお，誤りが判明した場合は，弊社ウェブサイトの「ご購入者様のページ」に掲載しておりますので，そちらもご確認ください。

■ お問い合わせ

解答例，解説，印刷，製本など，問題集発行におけるすべての責任は弊社にあります。

ご不明な点がございましたら，弊社ウェブサイトの「お問い合わせ」フォームよりご連絡ください。迅速に対応いたしますが，営業日の都合で回答に数日を要する場合があります。

ご入力いただいたメールアドレス宛に自動返信メールをお送りしています。自動返信メールが届かない場合は，「よくある質問」の「メールの問い合わせに対し返信がありません。」の項目をご確認ください。

また弊社営業日（平日）は，午前９時から午後５時まで，電話でのお問い合わせも受け付けています。

2025 春

株式会社教英出版
〒422-8054　静岡県静岡市駿河区南安倍３丁目 12-28
TEL　054-288-2131　　FAX　054-288-2133
URL　https://kyoei-syuppan.net/
MAIL　siteform@kyoei-syuppan.net

神奈川県

①[県立]相模原中等教育学校
　　　　平塚中等教育学校
②[市立]南高等学校附属中学校
③[市立]横浜サイエンスフロンティア高等学校附属中学校
④[市立]川崎高等学校附属中学校
✿⑤聖光学院中学校
✿⑥浅野中学校
⑦洗足学園中学校
⑧法政大学第二中学校
⑨逗子開成中学校（1次）
⑩逗子開成中学校（2·3次）
⑪神奈川大学附属中学校（第1回）
⑫神奈川大学附属中学校（第2·3回）
⑬栄光学園中学校
⑭フェリス女学院中学校

新潟県

①[県立]村上中等教育学校
　　　　柏崎翔洋中等教育学校
　　　　燕中等教育学校
　　　　津南中等教育学校
　　　　直江津中等教育学校
　　　　佐渡中等教育学校
②[市立]高志中等教育学校
③新潟第一中学校
④新潟明訓中学校

石川県

①[県立]金沢錦丘中学校
②星稜中学校

福井県

①[県立]高志中学校

山梨県

①山梨英和中学校
②山梨学院中学校
③駿台甲府中学校

長野県

①[県立]屋代高等学校附属中学校
　　　　諏訪清陵高等学校附属中学校
②[市立]長野中学校

岐阜県

①岐阜東中学校
②鶯谷中学校
③岐阜聖徳学園大学附属中学校

静岡県

①[国立]静岡大学教育学部附属中学校（静岡·島田·浜松）
②[県立]清水南高等学校中等部
　[県立]浜松西高等学校中等部
　[市立]沼津高等学校中等部
③不二聖心女子学院中学校
④日本大学三島中学校
⑤加藤学園暁秀中学校
⑥星陵中学校
⑦東海大学付属静岡翔洋高等学校中等部
⑧静岡サレジオ中学校
⑨静岡英和女学院中学校
⑩静岡雙葉中学校
⑪静岡聖光学院中学校
⑫静岡学園中学校
⑬静岡大成中学校
⑭城南静岡中学校
⑮静岡北中学校
⑯常葉大学附属常葉中学校
　常葉大学附属橘中学校
　常葉大学附属菊川中学校
⑰藤枝明誠中学校
⑱浜松開誠館中学校
⑲静岡県西遠女子学園中学校
⑳浜松日体中学校
㉑浜松学芸中学校

愛知県

①[国立]愛知教育大学附属名古屋中学校
②愛知淑徳中学校
③名古屋経済大学市邨中学校
　名古屋経済大学高蔵中学校
④金城学院中学校
⑤椙山女学園中学校
⑥東海中学校
⑦南山中学校男子部
⑧南山中学校女子部
⑨聖霊中学校
⑩滝中学校
⑪名古屋中学校
⑫大成中学校
⑬愛知中学校
⑭星城中学校
⑮名古屋葵大学中学校
（名古屋女子大学中学校）
⑯愛知工業大学名電中学校
⑰海陽中等教育学校（特別給費生）
⑱海陽中等教育学校（I·II）
⑲中部大学春日丘中学校
新刊⑳名古屋国際中学校

三重県

①[国立]三重大学教育学部附属中学校
②暁中学校
③海星中学校
④四日市メリノール学院中学校
⑤高田中学校
⑥セントヨゼフ女子学園中学校
⑦三重中学校
⑧皇學館中学校
⑨鈴鹿中等教育学校
⑩津田学園中学校

滋賀県

①[国立]滋賀大学教育学部附属中学校
②[県立]河瀬中学校
　　　　守山中学校
　　　　水口東中学校

京都府

①[国立]京都教育大学附属桃山中学校
②[府立]洛北高等学校附属中学校
③[府立]園部高等学校附属中学校
④[府立]福知山高等学校附属中学校
⑤[府立]南陽高等学校附属中学校
⑥[市立]西京高等学校附属中学校
⑦同志社中学校
⑧洛星中学校
⑨洛南高等学校附属中学校
⑩立命館中学校
⑪同志社国際中学校
⑫同志社女子中学校（前期日程）
⑬同志社女子中学校（後期日程）

大阪府

①[国立]大阪教育大学附属天王寺中学校
②[国立]大阪教育大学附属平野中学校
③[国立]大阪教育大学附属池田中学校

④[府立]富田林中学校
⑤[府立]咲くやこの花中学校
⑥[府立]水都国際中学校
⑦清風中学校
⑧高槻中学校（A日程）
⑨高槻中学校（B日程）
⑩明星中学校
⑪大阪女学院中学校
⑫大谷中学校
⑬四天王寺中学校
⑭帝塚山学院中学校
⑮大阪国際中学校
⑯大阪桐蔭中学校
⑰開明中学校
⑱関西大学第一中学校
⑲近畿大学附属中学校
⑳金蘭千里中学校
㉑金光八尾中学校
㉒清風南海中学校
㉓帝塚山学院泉ヶ丘中学校
㉔同志社香里中学校
㉕初芝立命館中学校
㉖関西大学中等部
㉗大阪星光学院中学校

兵庫県

①[国立]神戸大学附属中等教育学校
②[県立]兵庫県立大学附属中学校
③雲雀丘学園中学校
④関西学院中学部
⑤神戸女学院中学部
⑥甲陽学院中学校
⑦甲南中学校
⑧甲南女子中学校
⑨灘中学校
⑩親和中学校
⑪神戸海星女子学院中学校
⑫滝川中学校
⑬啓明学院中学校
⑭三田学園中学校
⑮淳心学院中学校
⑯仁川学院中学校
⑰六甲学院中学校
⑱須磨学園中学校（第1回入試）
⑲須磨学園中学校（第2回入試）
⑳須磨学園中学校（第3回入試）
㉑白陵中学校
㉒夙川中学校

奈良県

①[国立]奈良女子大学附属中等教育学校
②[国立]奈良教育大学附属中学校
③[県立] 国際中学校
　　　　青翔中学校
④[市立]一条高等学校附属中学校
⑤帝塚山中学校
⑥東大寺学園中学校
⑦奈良学園中学校
⑧西大和学園中学校

和歌山県

①[県立] 古佐田丘中学校
　　　　向陽中学校
　　　　桐蔭中学校
　　　　日高高等学校附属中学校
　　　　田辺中学校
②智辯学園和歌山中学校
③近畿大学附属和歌山中学校
④開智中学校

岡山県

①[県立]岡山操山中学校
②[県立]倉敷天城中学校
③[県立]岡山大安寺中等教育学校
④[県立]津山中学校
⑤岡山中学校
⑥清心中学校
⑦岡山白陵中学校
⑧金光学園中学校
⑨就実中学校
⑩岡山理科大学附属中学校
⑪山陽学園中学校

広島県

①[国立]広島大学附属中学校
②[国立]広島大学附属福山中学校
③[県立]広島中学校
④[県立]三次中学校
⑤[県立]広島叡智学園中学校
⑥[市立]広島中等教育学校
⑦[市立]福山中学校
⑧広島学院中学校
⑨広島女学院中学校
⑩修道中学校
⑪崇徳中学校
⑫比治山女子中学校
⑬福山暁の星女子中学校
⑭安田女子中学校
⑮広島なぎさ中学校
⑯広島城北中学校
⑰近畿大学附属広島中学校福山校
⑱盈進中学校
⑲如水館中学校
⑳ノートルダム清心中学校
㉑銀河学院中学校
㉒近畿大学附属広島中学校東広島校
㉓AICJ中学校
㉔広島国際学院中学校
㉕広島修道大学ひろしま協創中学校

山口県

①[県立] 下関中等教育学校
　　　　高森みどり中学校
②野田学園中学校

徳島県

①[県立] 富岡東中学校
　　　　川島中学校
　　　　城ノ内中等教育学校
②徳島文理中学校

香川県

①大手前丸亀中学校
②香川誠陵中学校

愛媛県

①[県立] 今治東中等教育学校
　　　　松山西中等教育学校
②愛光中学校
③済美平成中等教育学校
④新田青雲中等教育学校

高知県

①[県立] 安芸中学校
　　　　高知国際中学校
　　　　中村中学校

福岡県

- ①[国立]福岡教育大学附属中学校（福岡·小倉·久留米）
- ②[県立]
  - 育徳館中学校
  - 門司学園中学校
  - 宗像中学校
  - 嘉穂高等学校附属中学校
  - 輝翔館中等教育学校
- ③西南学院中学校
- ④上智福岡中学校
- ⑤福岡女学院中学校
- ⑥福岡雙葉中学校
- ⑦照曜館中学校
- ⑧筑紫女学園中学校
- ⑨敬愛中学校
- ⑩久留米大学附設中学校
- ⑪飯塚日新館中学校
- ⑫明治学園中学校
- ⑬小倉日新館中学校
- ⑭久留米信愛中学校
- ⑮中村学園女子中学校
- ⑯福岡大学附属大濠中学校
- ⑰筑陽学園中学校
- ⑱九州国際大学付属中学校
- ⑲博多女子中学校
- ⑳東福岡自彊館中学校
- ㉑八女学院中学校

佐賀県

- ①[県立]
  - 香楠中学校
  - 致遠館中学校
  - 唐津東中学校
  - 武雄青陵中学校
- ②弘学館中学校
- ③東明館中学校
- ④佐賀清和中学校
- ⑤成穎中学校
- ⑥早稲田佐賀中学校

長崎県

- ①[県立]
  - 長崎東中学校
  - 佐世保北中学校
  - 諫早高等学校附属中学校
- ②青雲中学校
- ③長崎南山中学校
- ④長崎日本大学中学校
- ⑤海星中学校

熊本県

- ①[県立]
  - 玉名高等学校附属中学校
  - 宇土中学校
  - 八代中学校
- ②真和中学校
- ③九州学院中学校
- ④ルーテル学院中学校
- ⑤熊本信愛女学院中学校
- ⑥熊本マリスト学園中学校
- ⑦熊本学園大学付属中学校

大分県

- ①[県立]大分豊府中学校
- ②岩田中学校

宮崎県

- ①[県立]五ヶ瀬中等教育学校
- ②[県立]
  - 宮崎西高等学校附属中学校
  - 都城泉ヶ丘高等学校附属中学校
- ③宮崎日本大学中学校
- ④日向学院中学校
- ⑤宮崎第一中学校

鹿児島県

- ①[県立]楠隼中学校
- ②[市立]鹿児島玉龍中学校
- ③鹿児島修学館中学校
- ④ラ・サール中学校
- ⑤志學館中等部

沖縄県

- ①[県立]
  - 与勝緑が丘中学校
  - 開邦中学校
  - 球陽中学校
  - 名護高等学校附属桜中学校

もっと過去問シリーズ

北海道

北嶺中学校
7年分（算数・理科・社会）

静岡県

静岡大学教育学部附属中学校
（静岡·島田·浜松）
10年分（算数）

愛知県

愛知淑徳中学校
7年分（算数・理科・社会）
東海中学校
7年分（算数・理科・社会）
南山中学校男子部
7年分（算数・理科・社会）
南山中学校女子部
7年分（算数・理科・社会）
滝中学校
7年分（算数・理科・社会）
名古屋中学校
7年分（算数・理科・社会）

岡山県

岡山白陵中学校
7年分（算数・理科）

広島県

広島大学附属中学校
7年分（算数・理科・社会）
広島大学附属福山中学校
7年分（算数・理科・社会）
広島学院中学校
7年分（算数・理科・社会）
広島女学院中学校
7年分（算数・理科・社会）
修道中学校
7年分（算数・理科・社会）
ノートルダム清心中学校
7年分（算数・理科・社会）

愛媛県

愛光中学校
7年分（算数・理科・社会）

福岡県

福岡教育大学附属中学校
（福岡·小倉·久留米）
7年分（算数・理科・社会）
西南学院中学校
7年分（算数・理科・社会）
久留米大学附設中学校
7年分（算数・理科・社会）
福岡大学附属大濠中学校
7年分（算数・理科・社会）

佐賀県

早稲田佐賀中学校
7年分（算数・理科・社会）

長崎県

青雲中学校
7年分（算数・理科・社会）

鹿児島県

ラ·サール中学校
7年分（算数・理科・社会）

※もっと過去問シリーズは
国語の収録はありません。

教英出版

〒422-8054
静岡県静岡市駿河区南安倍3丁目12－28
TEL 054-288-2131
FAX 054-288-2133
詳しくは教英出版で検索
教英出版　検索
URL https://kyoei-syuppan.net/

令和六年度　入学試験問題

国　語（前期日程）

（60分）

開智中学校

2024(R6) 開智中
教英出版

【注意】答えはすべて解答用紙に書きなさい。特に指定のない場合、句読点や記号も字数にふくみます。

一　次の問いに答えなさい。

問一　次の①～⑩の～～～線を引いたカタカナの部分を漢字に直しなさい。

①　生徒会長にイニンする。
②　神社ブッカクを参拝する。
③　祖父は今もケンザイだ。
④　修学旅行でコウキョを訪問する。
⑤　制服をチャクヨウする。
⑥　チュウギをつくす家臣。
⑦　ツウカイな冒《ぼう》険小説を読んだ。
⑧　ボートでキュウリュウを下る。
⑨　夢ナカばであきらめる。
⑩　反対の意見をシリゾける。

問二　次の①～⑤の～～～線を引いた漢字の読み方をひらがなで答えなさい。

①　主従の関係を結ぶ。
②　山で野鳥を観察する。
③　地方をまわって興行する。
④　月の満ち欠けを観察する。
⑤　彼《かの》女が最もすぐれた演奏家だ。

問三　次の①～④の漢字の部首名をひらがなで答えなさい。また総画数を漢数字で答えなさい。

①　常　　②　腸　　③　破　　④　慣

問四　次の①・②について、組み合わせが対義語として正しくないものをそれぞれ一つずつ選び、記号で答えなさい。

①　**ア**　特殊《しゅ》・一般《ぱん》　　**イ**　理論・空論　　**ウ**　建設・破壊《かい》　　**エ**　固定・流動
②　**ア**　貧《ひん》困・裕《ゆう》福　　**イ**　悲観・楽観　　**ウ**　濃厚《のうこう》・希薄《はく》　　**エ**　予約・注文

問五　次の①・②について、組み合わせが類義語として正しくないものをそれぞれ一つずつ選び、記号で答えなさい。

①　**ア**　独占《せん》・占有　　**イ**　計画・企《き》画　　**ウ**　容疑・疑惑《わく》　　**エ**　伝統・文化

②　**ア**　暴落・下降　　**イ**　精算・会計　　**ウ**　流行・流布《る》　　**エ**　奉《ほう》納・献《けん》上

問六　次の①・②の意味にあてはまる四字熟語を、それぞれ後の語群から一つずつ選び、カタカナを漢字に直して答えなさい。

①　行動が非常にすばやいさま

②　他の力に逆らわず、自然のなりゆきに従うさま

【語群】

・ウオウサオウ　　・カチョウフウゲツ　　・コウウンリュウスイ　　・デンコウセッカ

問七　次の①・②の□に共通して入る漢字一字を答えなさい。

①
海外への□学を考える。
一人で□守番をする。
道端《ばた》の花に目が□まる。

②
スプーンでよく□ぜる。
□雑をさけて進む。
あの道は□んでいる。

問八　次の**ア**～**エ**の各文のうち、慣用句の使い方として正しいものを一つ選び、記号で答えなさい。

ア　彼《かれ》の手に乗り、彼女は成功した。　　**イ**　花を持たせて、あやまらせる。

ウ　前後を忘れて、父が落ち着く。　　**エ**　角が取れて、優《やさ》しくなった。

問九　次の①～③の意味を持つ慣用句になるように、□にあてはまる漢字一字を答えなさい。

①　大げさで現実にはあり得ないこと。
絵□事のような計画

②　人の訪れがなく、ひっそりと静まりかえっている様子。
閑《かん》古□が鳴く

③　もとの何もない状態にもどす。
□紙にもどす

問十　次のア～エの各文のうち、敬語の使い方として正しくないものを一つ選び、記号で答えなさい。

ア　昨日は、先生が家にいらっしゃる日でした。
イ　旅行にお出かけになるときに、お持ち下さい。
ウ　父が、おうかがいするとおっしゃっていました。
エ　今日はこれで、おいとまさせていただきます。

二　次の文章を読んで、後の問いに答えなさい。

この時代、私たちが求めてきたものは何よりも、「①便利さ」と「豊かさ」だったと言ってよいでしょう。[A]、家庭の中に入ってきたのが洗濯《たく》機、電気冷蔵庫、テレビ（モノクロ）で、三種の神器と言われました。タライを使って子どもたちが汚《よご》してきたシャツからシーツまで手洗いしていた女性にとって、スイッチ一つで汚れを落としてくれる洗濯機は夢の道具でした。便利さの象徴《ちょう》です。冷蔵庫も然《しか》りです。その後三種の神器は三Cと呼ばれるカラーテレビ、自動車、空調機になりました。便利さは、ぜいたく気分へと移行したのです。

ここで言う「便利さ」「豊かさ」は物が支えてくれるものであり、物を手に入れるためのお金が豊かさの象徴となりました。便利さとは速くできること、手が抜《ぬ》けること、思い通りになることであり、さまざまな電化製品、自動車や新幹線などの交通手段、携《けい》帯電話、その他諸《もろ》々、次々と開発された機器はさらなる便利さをもたらし、それらの製品を生産する産業が活発化することで経済成長、つまりお金の豊かさが手に入りました。私たちはこのような変化を進歩と呼び、そのような社会を近代化した文明社会、[B]先進国の象徴として評価し、この方向での拡大を求めたのです。

しかし、「人間は生きものであり、自然の中にある」という切り口で見た時、②この方向には大きな問題があり、見直さなければなりません。なぜなら、それが前節で述べた生きものとしての特徴と合わないところが多いからです。

速くできる、手が抜ける、思い通りにできる。日常生活の中ではとてもありがたいことですが、困ったことに、これはいずれも生きものには合いません。生きるということは時間を紡《つむ》ぐことであり、時間を飛ばすことはまったく無意味、むしろ生きることの否定になるからです。

同じように、「手が抜ける」も気になります。[X]にかけるという言葉があるように、生きものに向き合う時は、それをよく見つめ相手の思いを汲《く》みとり、求めていると思うことをやってあげられる時にこそ喜びを感じます。野菜づくりを趣《しゅ》味にしている、ある会社の社長さんが、「肥料や水じゃないんだよ。毎朝ご機嫌《げん》はどうかと声をかけてやればおいしいトマトができるんだ」と話す時の顔は、経営について語る時のそれとは違《ちが》い、なんとも柔《にゅう》和です。日常は厳しいけれど、その底には③このような生きものへの眼があるのだと思うと安心します。

C 戦後の日本社会は、そうした生きものへのまなざしをむしろ切り捨て、圧倒《とう》的に、便利さ、効率、自然離《ばな》れした人工環《かん》境をよしとする価値観のもとに「進歩」してきました。そうした価値観のもたらした最たるものの一つが、「東京圏《けん》への一極集中」だと思います。この異常とも言える一極集中社会は、生物が生きる場としては、大きな問題を抱《かか》えています。生物とは本来「多様」なものであるのに、この社会は均一性を求めるからです。

生物多様性という言葉は環境問題との関連で語られることが多く、人間が環境を「保護する」ために守らなければならないこと、というニュアンスで受けとめられていますが、生物は本質的に多様であり、人間もその中の一つだということはこれまでに何度も指摘《てき》してきました。生きものの多様性は、それが暮らす場所との関わりで生まれているわけで、あるところに集中して暮らしたら一様になるのは当然です。東京への一極集中は、生きものとして生きるという生き方を許しません。しかも、多くの発信が東京からなので、社会としての価値観や生き方の選択《たく》が東京で決められてしまうことになります。北海道から沖縄までさまざまな自然の中でそれを生かした暮らしを作っていくことが、④「ヒト」としての豊かな暮らしにつながるのに、です。

地球儀《ぎ》の中での日本列島を眺《なが》めると、なんと自然に恵《めぐ》まれ、可能性に満ちた場所に私は生まれたのだろうと思います。是《ぜ》非一度眺めてください。北緯《い》四五度から二六度まで、北海道から沖縄《なわ》までの自然は多様で美しく、資源に満ちています。世界六位の長さと言われる海岸線は、観光資源であると同時に豊かな海産物を提供してくれます。中央には森林で覆《おお》われた山脈が並び、富士山は三七七六メートルの高さ、一方日本海溝《こう》は最も深い所で八〇二〇メートルの深さ、南北だけでなく高低でも多様な自然を楽しめます。独立した島としての特徴を生かした国づくりを考えると、次々とアイディアが浮《う》かぶ場です。

そんな呑《のん》気なことを言っていては、現代の国際社会において立ち後《おく》れてしまうと言われるでしょう。もちろん、国際社会の一員であることは重要ですが、グローバルであれと言って、そこで動いている政治や経済のみから生き方を決めていくことのほうが、もはや、後れた考え方だと思います。そうでなく、この列島の「自然」にふさわしい生き方を考えたうえで、そこから世界に発信し、世界と交渉《しょう》し、世界に学び、尊敬される国として存在していくことを考えられる、私たちの国はそんな豊かな地盤《ばん》を持った国だと思うのです。

とくに東日本大震《しん》災を体験し、今後も太平洋プレートの動きは大型の地震の発生を予測させると言われる今、日本列島で上手に暮らしていく方策を考えるなら、生きものであることを実感できる、新しい豊かさを求めていくことが不可欠でしょう。

私は東京で生まれ東京で育ったのですが、この二〇年間大阪に職場を持ち、そこで活動をしてきました。その中で、一極集中のマイナスを実感したのですが、もっとも強く感じたことは、⑤東京という場の特殊《しゅ》性です。大阪には大阪の人々の暮らしがあり、文化があります。けれどもそこで起きていることはほとんど東京には伝わりません。大阪に異動になった新聞記者の友人は独自の活動を発信すると張り切っていましたが、数カ月後には東京へ戻《もど》りたいと言い始めました。大事と思うことを書いても、全国版にはほとんど採用されないからです。札幌《ぽろ》や名古屋や福岡などでも恐《おそ》らく同じ思いをしている人々がいるのでしょう。日本のどこに暮らしていても東京の情報はテレビなどで知らされます。地方にいれば東京と自分の暮らす地域とを見る複眼が持てます。一方、東京の人は東京しか知りません。しかも、それがすべてだと思っています。政治、経済、官庁、マスコミなどの中心がすべて東京にありますから、事はどうしても東京の眼で動きます。

生きものの基本は多様性であり、さまざまな視点があることです。「人間は生きもの」という考え方は、多様性を大事にしますので、さまざまな場にある自然、暮らし、文化が織りなす社会を求めます。その方が一極集中型より柔軟《じゅうなん》性があり、その結果強い社会になると思います。

（中村桂子『科学者が人間であること』岩波新書　設問の都合上小題省略）

問一　[A]～[C]にあてはまる言葉として適切なものを次の中からそれぞれ一つずつ選び、記号で答えなさい。

ア　だから　　イ　つまり　　ウ　例えば　　エ　まず　　オ　しかし

問二　――線①「便利さ」とありますが、それはどのようなことですか。本文中から二十五字でぬき出して答えなさい。

問三　――線②「この方向には大きな問題があり、見直さなければなりません」とありますが、それはなぜですか。その理由として適切なものを次の中から一つ選び、記号で答えなさい。

ア　「便利さ」「豊かさ」を目標とし社会を進歩させることは、結果としてお金が豊かさの象徴となる間違った社会の誕生につながるから。
イ　「便利さ」だけを求めて、生きものを進歩させることで、「豊かさ」のみが強調されることとなり、それは本来の進歩ではないから。
ウ　「豊かさ」だけを追い求め、手に入れようとすることは、人間の持つ欲深さを強調してしまうことになり、社会が発展しないから。
エ　「便利さ」「豊かさ」を追い求め、進歩し続けることは、時間をかけて進歩していく生きもの本来の特徴とは大きく異なるから。

問四　「世話をして大切に育てる」という意味の慣用句となるように、[X]にあてはまる漢字二字を答えなさい。

問五　――線③「このような生きものへの眼」とありますが、生きものへの向き合い方として、適切でないものを一つ選び、記号で答えなさい。

ア　厚《こう》意　　イ　愛情　　ウ　厳格　　エ　配慮《りょ》

問六　――線④「『ヒト』としての豊かな暮らし」とありますが、それに欠かせないものは何ですか。本文中から三字でぬき出して答えなさい。

問七　――線⑤「東京という場の特殊性」とありますが、東京のもつ特殊性とは何ですか。七十字以内で答えなさい。

問八　筆者の理想とする社会を説明したものとして適切なものを次の中から一つ選び、記号で答えなさい。

ア　生活する人の便利さや効率を追い求めた結果、地域に受け継《つ》がれている独自の文化はなくなり、どこにいても同じ生活レベルが保てるように工夫された、一様化した社会。

イ　外の世界にも目を向け、外国の地域文化などを取り入れつつ、その街に受け継がれている歴史や文化、自然を大切に扱《あつか》い、新しい文化と上手く一体化させている社会。

ウ　その地域に脈々と受け継がれている伝統文化を守り、それを次世代につなげることを一番に考え、他の地域や外国の文化を取り入れることをせずに、独自の発展を見せる社会。

エ　現代の国際社会から立ち後れてしまわないように、国際社会の一員であることを重要視し、地域の持つ文化や伝統を捨て去り、まったく新しい文化を築き上げた新しい社会。

三　次の文章を読んで、後の問いに答えなさい。

(8)　1 g，2 g，3 g の重さのおもりがそれぞれたくさんあります。これらのおもりを使って、7 g の重さをはかる方法は何通りありますか。ただし、使わない重さのおもりがあってもよいものとします。

(9)　下の図のように、正方形ABCDの頂点A，C，Dが、それぞれ正三角形PQRの辺PQ，QR，PR上にあります。このとき、アの角の大きさは何度になりますか。

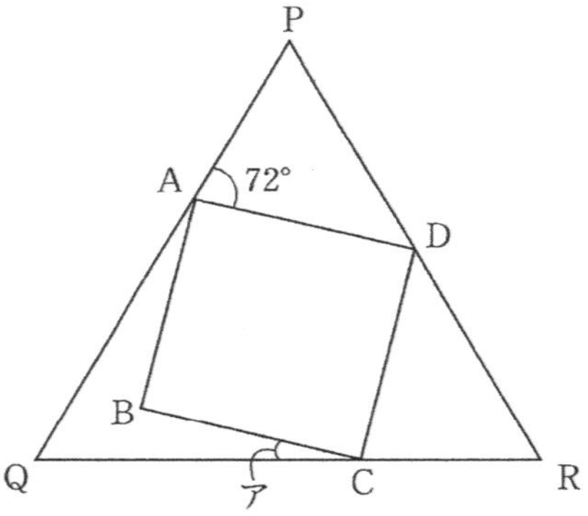

(10)　次の図は、ある円すいを、底面に平行な面で切ったときにできる立体です。この立体の体積は何 cm^3 ですか。ただし、円周率は 3.14 とします。

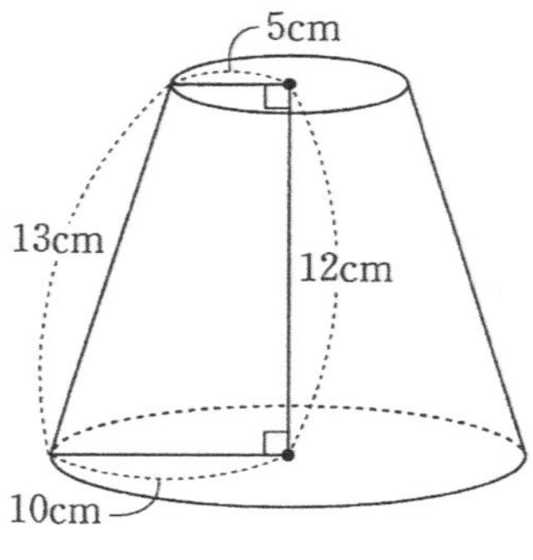

Ⅲ　A，B，Cの３人は、学校から1300ｍ離《はな》れた公園で放課後に遊ぶ約束をしていました。公園に集合した後の３人の会話と説明文を読んで、下の各問いに答えなさい。

A：私は午後３時に学校を出発したよ。Bさんは何時に学校を出たの？
B：私はAさんの出発した10分後に出たよ。Cさんはどうしたの？
C：私はAさんの出発した５分後に自転車で学校を出たの。でもその５分後に忘れ物に気づいちゃって、一度学校にもどってから来たわ。

〈グラフ１〉は、Aが出発してからの時間（分）と、AとBの距離《きょり》（ｍ）との関係、〈グラフ２〉は、Aが出発してからの時間（分）と、AとCそれぞれの学校からの距離（ｍ）との関係を表したものです。ただし、３人は同じ道を通ったものとし、３人それぞれの速さは一定であるとします。

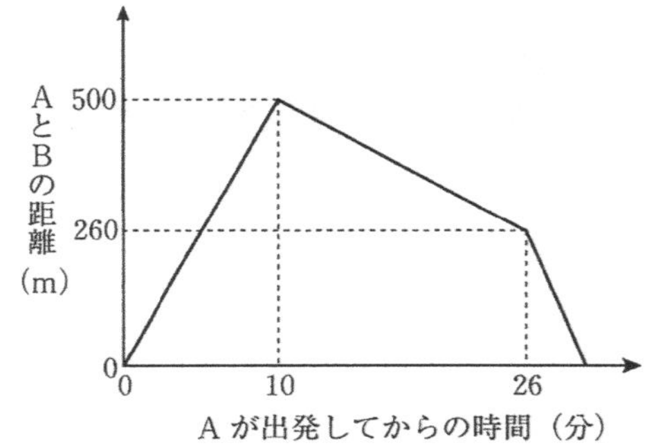

〈グラフ１〉

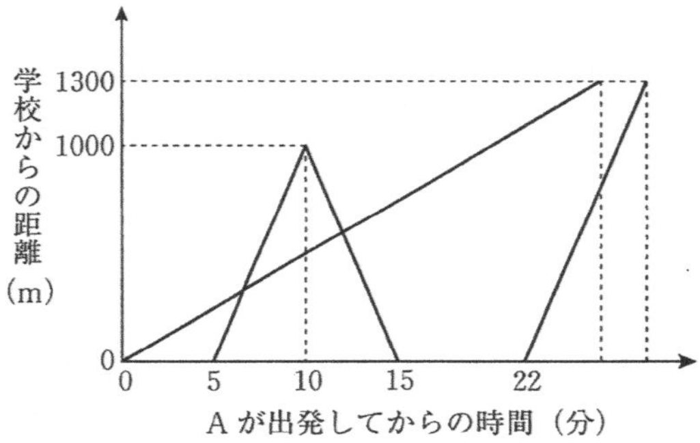

〈グラフ２〉

(1)　Bの速さは毎分何ｍですか。

(2)　AとCが出発してから２人が２回目に出会うのは午後何時何分ですか。

(3)　最後に公園に着いた人は、最初に公園に着いた人の何分後に到着しましたか。

Ⅳ　半径 8 cm の半円があります。〈図 1〉は半円を点Aを中心に時計回りに 90° 回転させた図、〈図 2〉は半円を点Aを中心に反時計回りに45° 回転させた図です。このとき、下の各問いに答えなさい。ただし、円周率は 3.14 とします。

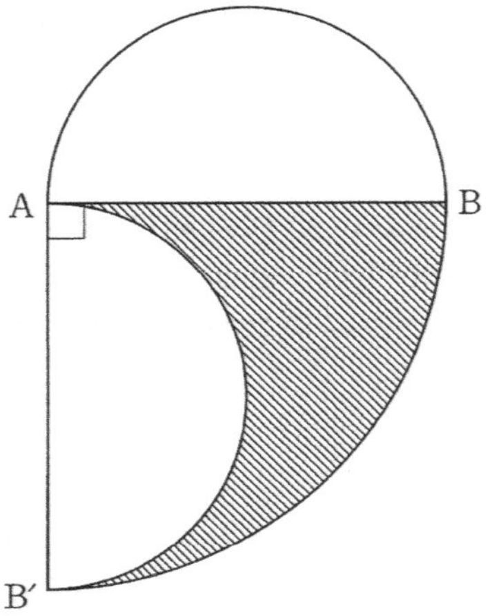

〈図 1〉

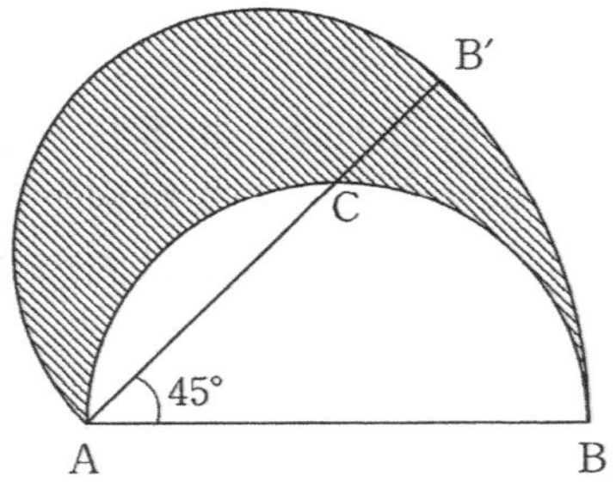

〈図 2〉

(1)　〈図 1〉の斜《しゃ》線部分の図形の面積は何 cm^2 ですか。

(2)　〈図 2〉の斜線部分の図形の周の長さは何 cm ですか。

(3)　〈図 2〉の斜線部分の図形を線分 B′C で 2 つに分けたとき、2 つの図形の面積の差は何 cm^2 ですか。

V　ある算数の授業で、先生が黒板に次のような数の列を書きました。

1，1，2，3，5，8，13，21，34，55，・・・・　……①

これについての先生と太郎さんと花子さん３人の会話を読んで、[ア]～[エ]に入る数を答えなさい。

先生：これらの数の列は、１番目と２番目は１が並び、それ以降はある規則に基づいて並んでいます。どんな規則で並んでいるか気づくことができれば、次に並ぶ数もわかりますね。それでは太郎さん、55の次に並ぶ数は分かりますか。

太郎：分かりました。その数は[ア]です。

先生：その通りです。この数の列はさまざまな場面で応用されます。その例のひとつとして、階段の上り方の総数を求める問題があります。いっしょに考えていきましょう。

花子：よろしくお願いします。

先生：階段は１回で１段か２段（１段飛ばし）のいずれかで上るとします。このとき、５段の階段の上り方は何通りあるでしょうか。

太郎：うーん。５段だと段数が多くて難しいです。３段や４段の上り方だと考えられそうです。

花子：３段の上り方は３通り、４段の上り方は[イ]通りだと思います。

先生：その通りです。それでは５段を上る時の１歩目を、１段だけ上るか、１段飛ばしで上るかに分けて考えるとどうでしょうか。

太郎：なるほど。１段だけ上った時は残りの４段を上る方法を考えて、１段飛ばしで上った時は残りの３段を上る方法を考えて、それらを足せばいいのか！

先生：太郎さん、よく気づきましたね。これで５段の上り方は求められそうですね。それでは、今の考え方を応用させて、７段を上る方法の総数を考えてみましょう。

花子：7段を上る方法は［ウ］通りだと思います。

先生：大正解です。よくできました。

花子：やった!!

先生：この数の列には他にもおもしろい性質があります。例えば、①で並んでいるそれぞれの数を2で割って、その余りだけを順番に並べると、

1，1，0，1，1，0，1，1，0，1，・・・・

というように1，1，0がくり返し出てきます。このように、①の数の列をある数で割って、その余りだけを順番に並べると、くり返し現れる数の列を見つけることができます。実際に他の数でもやってみましょう。

花子：本当だ。4で割ってみると1，1，2，3，1，0という6個の数の列がくり返されているよ。

太郎：他にも［エ］で割ってみると、1，1，2，3，5，8，2，10，1，0という10個の数の列がくり返されるんだね。

先生：2人ともすばらしいですね。

2024(R6) 開智中
K 教英出版

問３　＜表１＞は、食塩とミョウバンが、20℃，40℃，60℃の各温度の水50mLに溶ける最大の量を表しています。また、＜表２＞は、ビーカーＡ～Ｃに入れた水の量と加えた物質の量を表しています。なお、Ａ～Ｃには、それぞれ40℃の水を入れ、食塩かミョウバンのどちらかの物質を加えています。

温度	食塩	ミョウバン
20℃	17.9g	5.7g
40℃	18.2g	12.0g
60℃	18.6g	28.8g

＜表１＞

ビーカー	A	B	C
水の量	25mL	50mL	100mL
加えた物質の量	5g	10g	30g

＜表２＞

（１）Ａ～Ｃのうち、Ｃだけ溶け残りが見られました。Ｃに加えた物質は何ですか。

（２）Ｃの溶け残りをすべて溶かすために、水を１回につき10mLずつ加えます。少なくとも何回加えると、溶け残りがなくなりますか。ただし、水を加えても温度は変化しないものとします。

（３）Ａ，Ｂを、それぞれ20℃まで冷やしました。すると、Ｂだけ溶け残りが見られました。

①　Ａに加えた物質は何ですか。

②　Ｂの溶け残りは何gですか。

（４）　Ｂに水を25mL加えた後、60℃まで温めました。このとき、Ｂに加えた物質をあと何g溶かすことができますか。

Ⅴ　いろいろな回路を作り、電流の流れ方を調べました。次の各問いに答えなさい。ただし、回路に使われている乾《かん》電池，豆電球，スイッチはすべて同じものとします。

問１　＜図１＞のＡ，Ｂの回路でスイッチを入れました。これらの回路の説明として<u>適当でないもの</u>を、下の**ア**～**ウ**の中から１つ選び、記号で答えなさい。

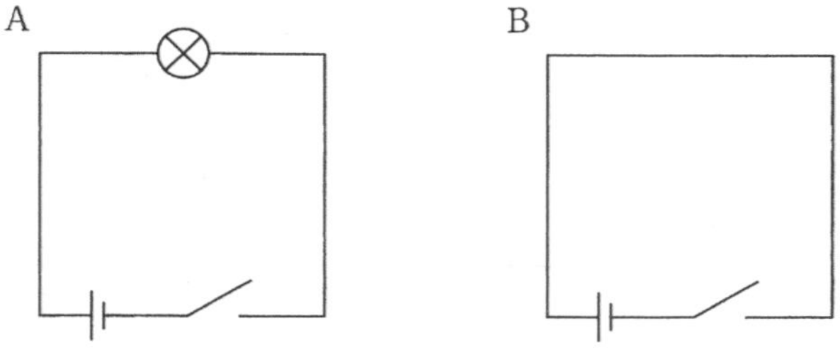

＜図１＞

ア　Ｂの方がＡよりも、大きな電流が流れる。
イ　Ｂの方がＡよりも、乾電池や導線が高温になりやすい。
ウ　Ｂの方がＡよりも、乾電池が長もちする。

問２　＜図２＞の回路でスイッチを入れました。このときのようすについて正しく説明しているものを、下の**ア**～**エ**の中から１つ選び、記号で答えなさい。

ア　スイッチを入れる前は豆電球が点灯していないが、スイッチを入れると点灯した。
イ　スイッチを入れる前から豆電球は点灯しており、スイッチを入れると、より明るくなった。
ウ　スイッチを入れる前から豆電球は点灯しており、スイッチを入れると暗くなった。
エ　スイッチを入れる前は豆電球が点灯しているが、スイッチを入れると点灯しなくなった。

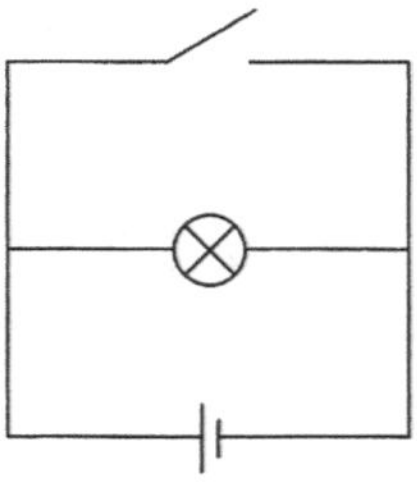

＜図２＞

問３　＜図３＞の回路のＸの部分につないで、スイッチを入れたとき、豆電球が点灯するものを、下の**ア**～**エ**の中から２つ選び、記号で答えなさい。

ア　針金　　　　**イ**　木片
ウ　消しゴム　　**エ**　アルミホイル

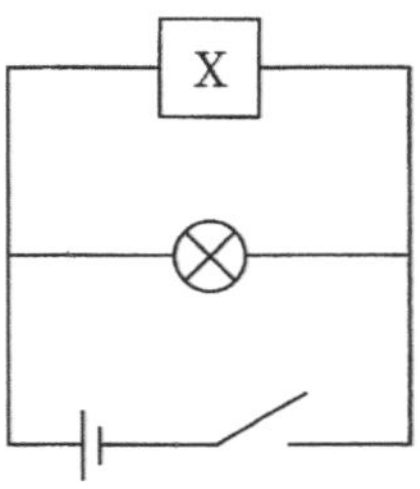

＜図３＞

問４　次の（１）～（４）にあてはまる回路を、下の**ア**～**カ**の中からそれぞれ１つずつ選び、記号で答えなさい。

（１）豆電球が最も明るい回路

（２）乾電池が最も長持ちする回路

（３）豆電球がすべて点灯しない回路

（４）豆電球が１つだけ点灯しない回路

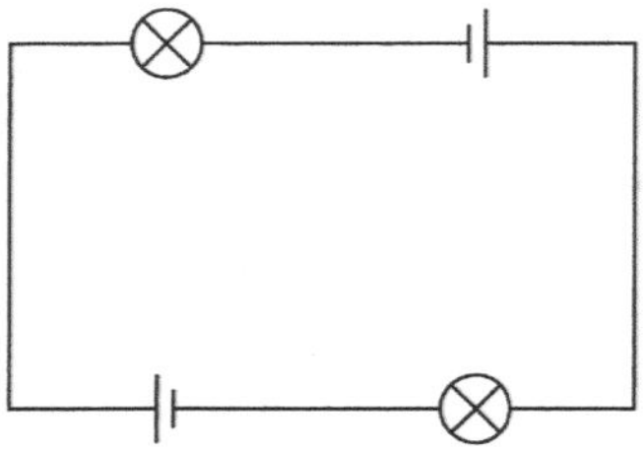

ア

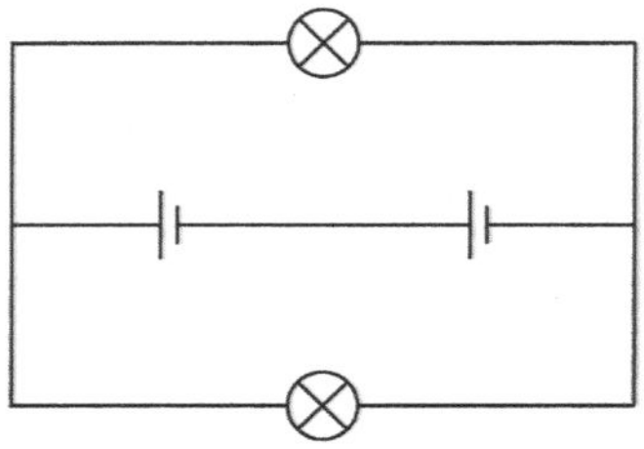

イ

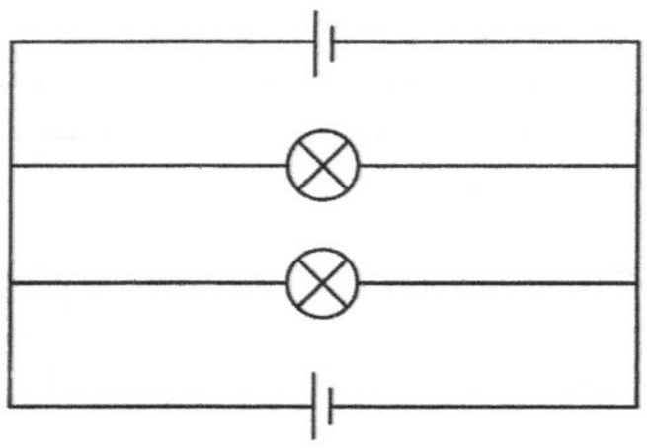

ウ

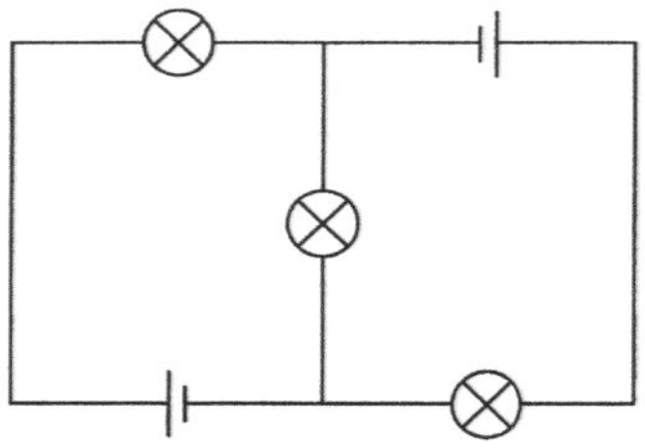

エ

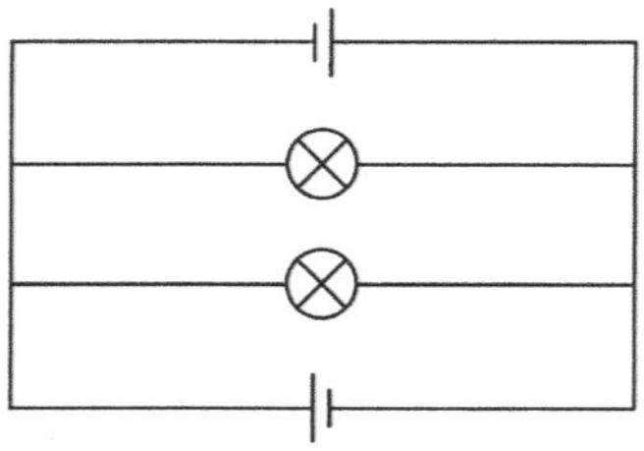

オ

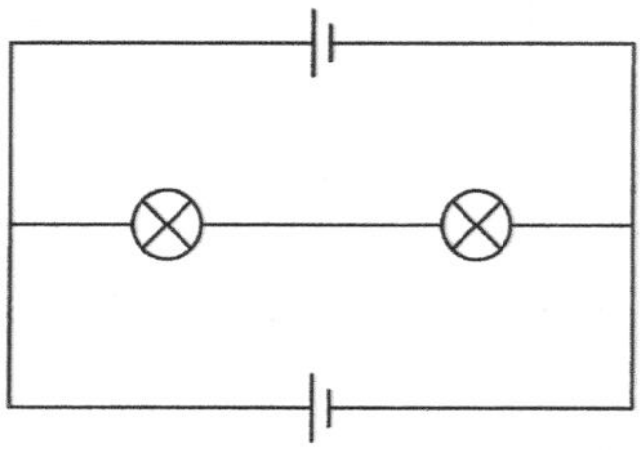

カ

Ⅵ　長さが24cmで均一な太さの棒におもりをつるし、てこのつりあいの実験をしました。次の各問いに答えなさい。ただし、糸の重さは考えないものとします。

問１　＜図１＞～＜図４＞のように、棒の中央を糸でささえ、水平になるようにおもりをつるしました。

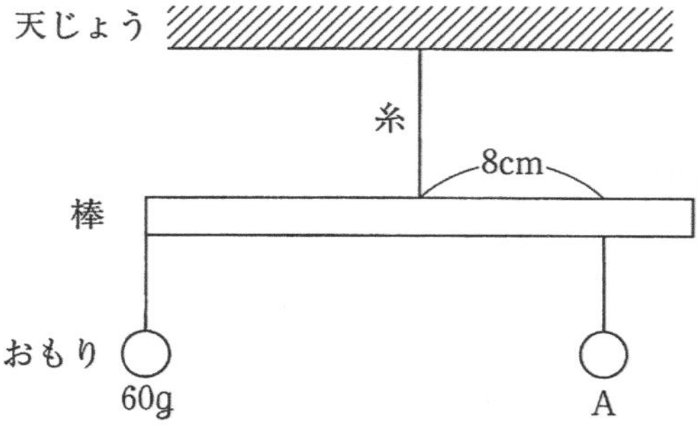

＜図１＞

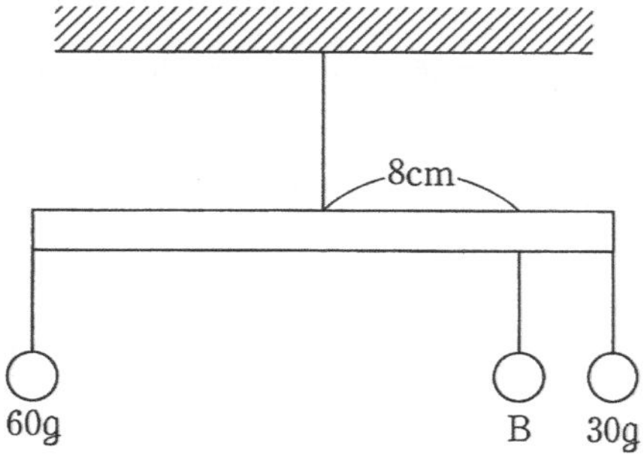

＜図２＞

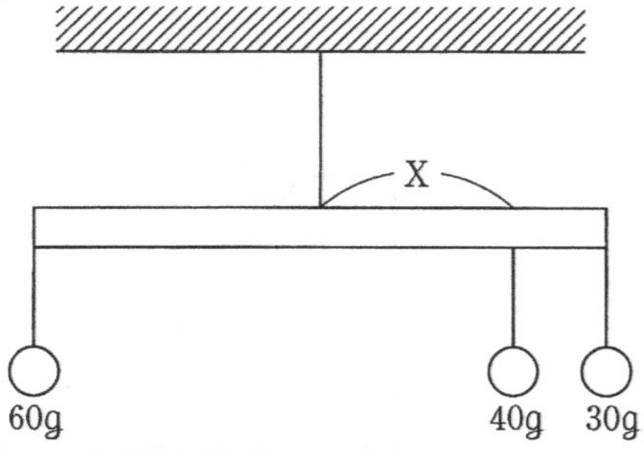

＜図３＞

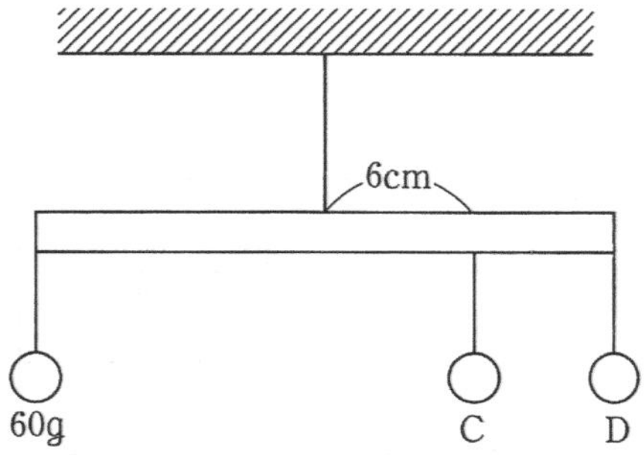

＜図４＞

（１）おもりＡの重さは何gですか。

（２）おもりＢの重さは何gですか。

（３）Ｘの長さは何cmですか。

（４）おもりＣとＤは同じ重さです。おもりＣの重さは何gですか。

問２　＜図５＞～＜図７＞のように、棒の左はしから８cmのところを糸でささえ、水平になるようにおもりをつるしました。

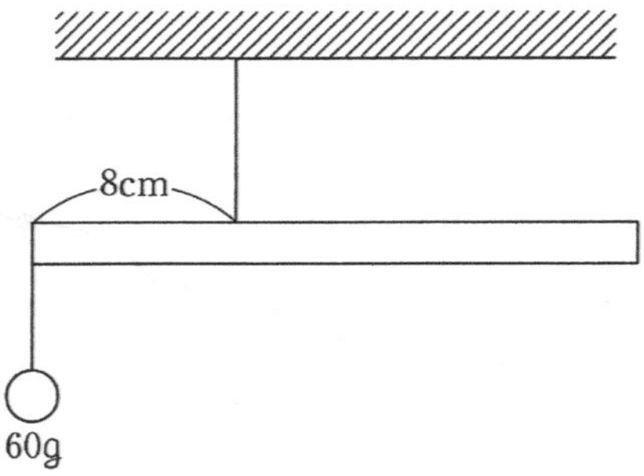

＜図５＞

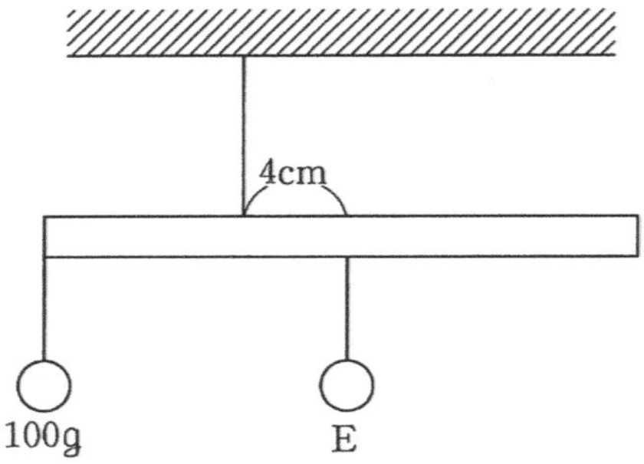

＜図６＞

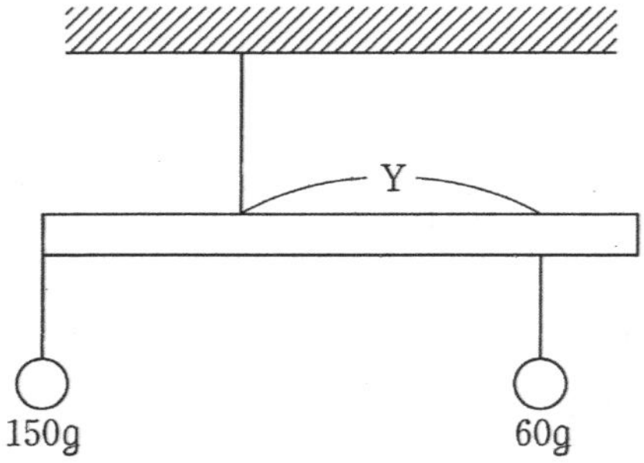

＜図７＞

（１）棒の重さは何gですか。

（２）おもりEの重さは何gですか。

（３）Yの長さは何cmですか。

Ⅶ　＜図１＞は、ある川の河口から50kmまでのようすを表したものです。これについて、次の各問いに答えなさい。ただし、この川は河口に向かって標高が下がり続けているものとします。

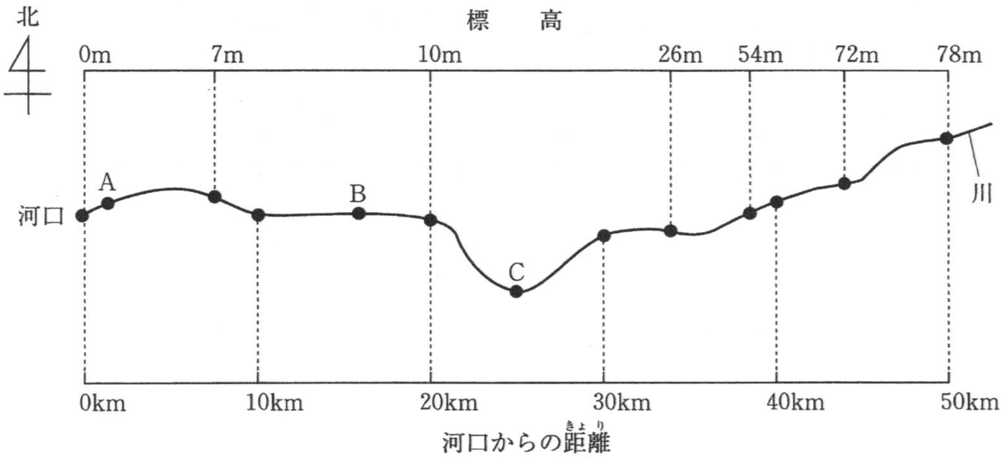

＜図１＞

問１　川の水が、土や石を運ぶはたらきを何といいますか。

問２　＜図１＞で、川のかたむきが最も急な区間はどこですか。最も適当なものを、下の**ア**～**オ**の中から１つ選び、記号で答えなさい。

ア　０kmから10kmの間　　　**イ**　10kmから20kmの間
ウ　20kmから30kmの間　　　**エ**　30kmから40kmの間
オ　40kmから50kmの間

問３　A地点を流れる水のはたらきのうち、最も大きなものは何ですか。下の**ア**～**ウ**の中から１つ選び、記号で答えなさい。

ア　地面をけずるはたらき
イ　土や石を運ぶはたらき
ウ　土や石を積もらせるはたらき

問４　A地点にできる地形として最も適当なものを、下の**ア**～**エ**の中から１つ選び、記号で答えなさい。

ア　三角州《す》　　**イ**　三日月湖　　**ウ**　扇《せん》状地　　**エ**　V字谷

問５　＜図２＞は、Ｂ地点を上から見たようすを表しています。水の流れが最もおそいところを、＜図２＞のア～ウの中から１つ選び、記号で答えなさい。

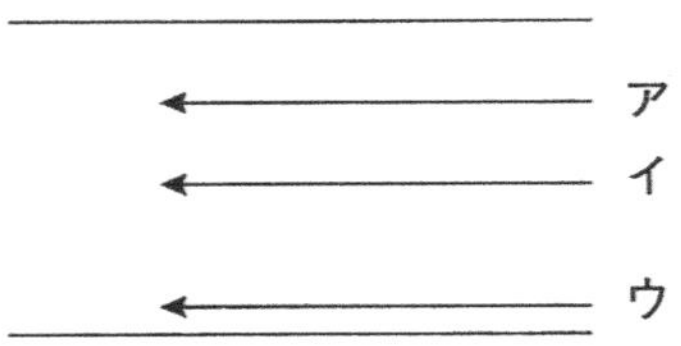

＜図２＞

問６　Ｃ地点の川の断面を下流側から見たときのようすとして最も適当なものを、下のア～エの中から１つ選び、記号で答えなさい。

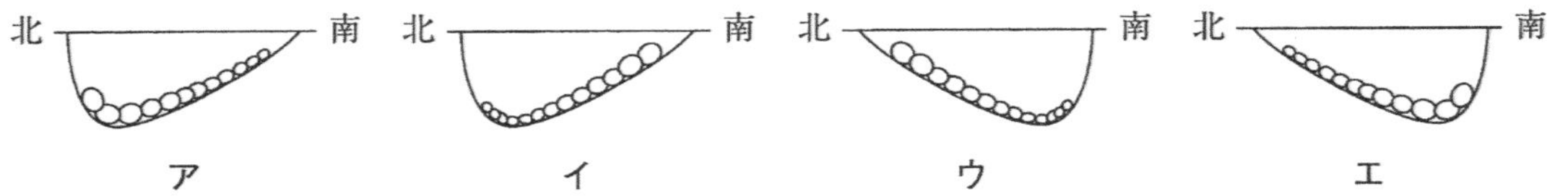

問７　＜図３＞は、Ｃ地点を上から見たようすを表しています。＜図４＞のように、砂と小石をのせた板を２つ用意し、＜図３＞のＸとＹの位置にそれぞれしずめました。しばらくして板のようすを観察すると、Ｙの位置にしずめた板は＜図５＞のようになっていました。このとき、Ｘの位置にしずめた板のようすとして最も適当なものを、下のア～エの中から１つ選び、記号で答えなさい。

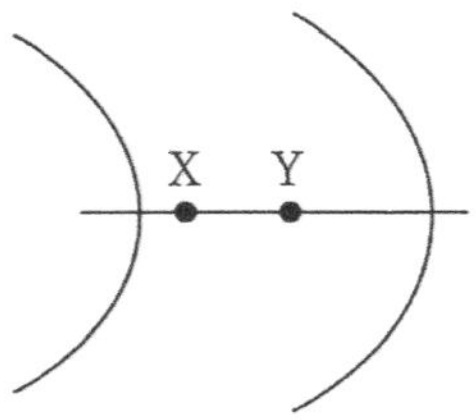

＜図３＞

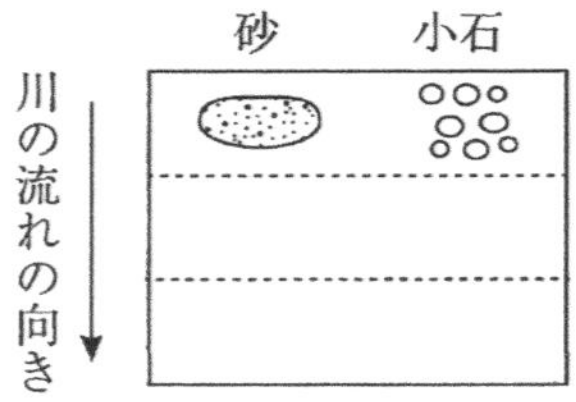

＜図４＞

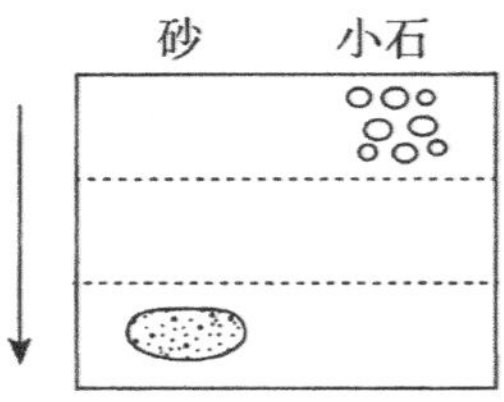

＜図５＞

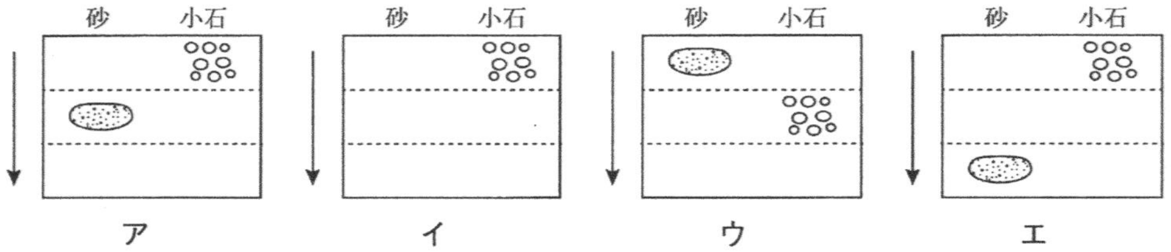

問八

三

問一

A

B

C

問二

問三

②

④

問四

問五

問六

I

II

問七

問八

受験番号

採　点

※150点満点
（配点非公表）

受験番号

令和６年度　入学試験　算数（前期日程）解答用紙　　開智中学校

Ⅰ	(1)		(2)		(3)		(4)	
	(5)		(6)		(7)		(8)	

Ⅱ	(1)	km	(2)	円	(3)		(4)	人
	(5)	km	(6)	曜日	(7)		(8)	通り
	(9)	度	(10)	cm^3				

【解答

受験番号

令和６年度　入学試験　理科（前期日程）　解答用紙　　　開智中学校

Ⅰ	問１			問２		問３		
	問４	（１）		（２）				
		（３）		（４）				

Ⅱ	問１							
	問２	（１）		（２）		（３）		
	問３			問４		問５		

Ⅲ	問１	（１）		（２）	
	問２			問３	
	問４	（１）	℃	（２）	倍

Ⅳ	問3	(1)		(2)	回		
		(3)	①	②	g	(4)	g

Ⅴ	問1		問2		問3
	問4	(1)		(2)	
		(3)		(4)	

Ⅵ	問1	(1)	g	(2)	g	(3)	cm
		(4)	g				
	問2	(1)	g	(2)	g	(3)	cm

Ⅶ	問1		問2		問3	
	問4		問5		問6	
	問7					

採　　　点
※100点満点（配点非公表）

Ⅲ	(1)	毎分　　　　m	(2)	午後　　時　　分	(3)	分後

Ⅳ	(1)	cm^2	(2)	cm	(3)	cm^2

Ⅴ	ア		イ		ウ		エ	

採　　点
※150点満点 （配点非公表）

令和六年度入学試験　国語（前期日程）解答用紙　開智中学校

一

問一
①
②
③
④
⑤
⑥
⑦
⑧
⑨ ば
⑩ ける

問二
①
②
③
④ ち
⑤ も

問三
① 画
② 画
③ 画
④ 画

問四
①
②

問五
①
②

問六
①
②

問七
①
②

問八

問九
①
②
③

問十

二

問一
A
B
C

問二

問三

問四

問五

問六

【注意】答えはすべて解答用紙に書きなさい。

Ⅰ　次の文章を読み、下の各問いに答えなさい。

　ヒトのからだにはたくさんの骨があり、体を支えたり臓器を守ったりしています。ひとつひとつの骨はかたく、曲げることはできませんが、骨と骨のつなぎ目の部分で曲げられるようになっています。

　このつなぎ目の近くにつながった筋肉が縮んだりゆるんだりすることによって、ヒトのからだは腕《うで》や足の曲げ伸ばしをはじめとするいろいろな動きができます。

　筋肉が縮むためには酸素や養分が必要で、これらは血液の流れによって筋肉に運ばれます。血液の流れをつくるのは心臓の拍《はく》動です。心臓には４つの部屋があり、２つが縮むと同時に残りの２つはゆるみます。これを交互《ご》にくり返すことにより、心臓に取りこんだ血液を全身に送り出しています。

問１　骨と骨のつなぎ目を何といいますか。漢字２字で答えなさい。

問２　＜図１＞は、ヒトが腕を曲げたときの骨のようすを表しています。腕を曲げるときに縮む筋肉がつながっている部分はどことどこですか。正しい組み合わせを下の**ア**～**エ**の中から１つ選び、記号で答えなさい。

ア　ＡとＣ　　　**イ**　ＡとＤ
ウ　ＢとＣ　　　**エ**　ＢとＤ

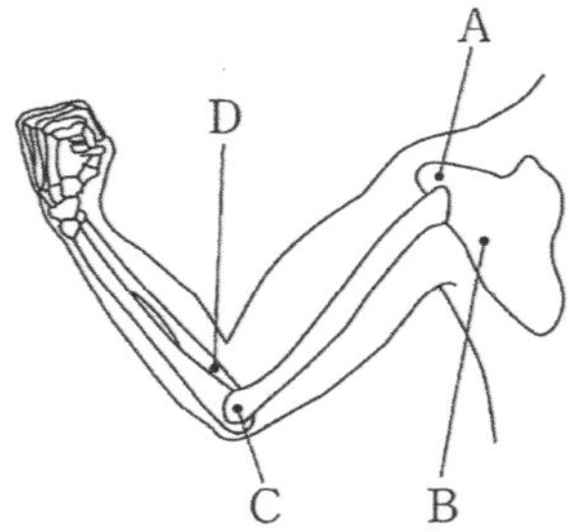

＜図１＞

問３　＜図２＞は、ヒトがいすに座《すわ》っているようすを表しています。このヒトがひざを伸ばすとき、Ｅ（太ももの前側の筋肉）と、Ｆ（太ももの後ろ側の筋肉）はどうなりますか。正しく説明しているものを、下の**ア**～**エ**の中から１つ選び、記号で答えなさい。

ア　Ｅは縮み、Ｆはゆるむ。
イ　Ｅはゆるみ、Ｆは縮む。
ウ　ＥもＦも縮む。
エ　ＥもＦもゆるむ。

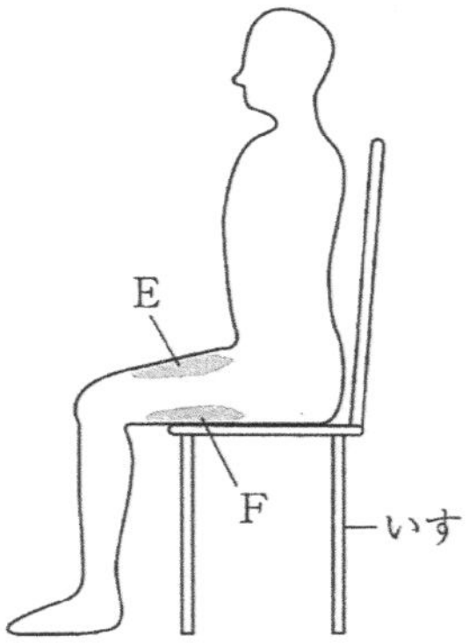

＜図２＞

2024(R6) 開智中

問４　＜図３＞は、心臓のつくりを表しています。図中の**あ**～**え**は心臓につながる血管です。また、Ｇ～Ｊは心臓の中の４つの部屋を表しています。

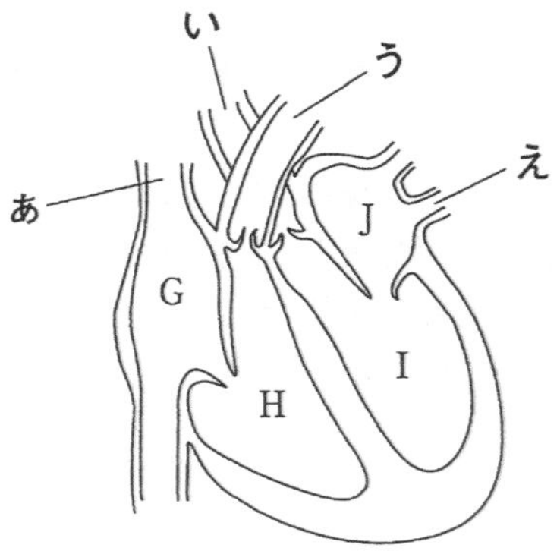

＜図３＞

（１）心臓から送り出される血液が流れる血管を、**あ**～**え**の中からすべて選び、記号で答えなさい。

（２）二酸化炭素を最も多く含《ふく》む血液が流れる血管を、**あ**～**え**の中から１つ選び、記号で答えなさい。

（３）心臓から血液が送り出されるときに筋肉が縮む部屋はどれとどれですか。正しい組み合わせを、下の**ア**～**カ**の中から１つ選び、記号で答えなさい。

ア　ＧとＨ　　**イ**　ＧとＩ　　**ウ**　ＧとＪ
エ　ＨとＩ　　**オ**　ＨとＪ　　**カ**　ＩとＪ

（４）ある人の心臓は１回の動きで70mLの血液を送り出します。１分間に心臓が60回動くとすると、１日でおよそ何Ｌの血液を送り出すことになりますか。最も適当なものを、下の**ア**～**エ**の中から１つ選び、記号で答えなさい。

ア　４Ｌ　　**イ**　100Ｌ　　**ウ**　250Ｌ　　**エ**　6000Ｌ

Ⅱ　次の文章を読み、下の各問いに答えなさい。

私たちの身の回りには、いろいろなこん虫がいます。こん虫は卵で生まれ、幼虫から成虫へと成長し、やがて死んでいきます。こん虫の種類によって、卵が産みつけられる場所や成長のしかた、食べ物、寿命《じゅみょう》（生まれてから死ぬまでの時間）の長さはさまざまですが、からだのつくりはどのこん虫も似ています。

問１　＜図１＞のＡ～Ｄは、いろいろなこん虫の卵です。これについて、正しく説明しているものを、下の**ア**～**エ**の中から１つ選び、記号で答えなさい。

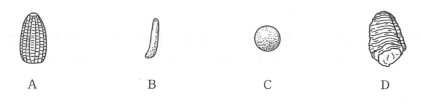

＜図１＞

ア　Ａはモンシロチョウの卵で、ミカンの葉に産みつけられる。
イ　Ｂはショウリョウバッタの卵で、ススキの葉に産みつけられる。
ウ　Ｃはアゲハの卵で、サンショウの葉に産みつけられる。
エ　Ｄはアキアカネの卵で、落ち葉に産みつけられる。

問２　こん虫は、次の①の順に成長するものと、②の順に成長するものがあります。たとえばモンシロチョウは①の順で成長しますが、どちらの順で成長するこん虫も、幼虫の時期に何度か皮をぬいで大きくなります。

①　卵　→　幼虫　→　（　Ｅ　）　→　成虫
②　卵　→　幼虫　→　成虫

（１）（　Ｅ　）にあてはまる言葉を答えなさい。

（２）モンシロチョウは、卵からかえった幼虫が、最も大きい幼虫になるまでの間に、ふつう何回皮をぬぎますか。最も適当なものを、下の**ア**～**エ**の中から１つ選び、記号で答えなさい。

ア　２回　　**イ**　４回　　**ウ**　６回　　**エ**　８回

（3）②の順で成長するこん虫を、下の**ア**～**カ**の中から2つ選び、記号で答えなさい。

ア　カブトムシ　　　**イ**　トノサマバッタ　　　**ウ**　ハエトリグモ
エ　シオカラトンボ　　**オ**　クロオオアリ　　　**カ**　オオムカデ

問3　アブラゼミの幼虫は何を食べて成長しますか。最も適当なものを、下の**ア**～**エ**の中から1つ選び、記号で答えなさい。

ア　木のしる　　**イ**　落ち葉　　**ウ**　小さい虫　　**エ**　花のみつ

問4　寿命が最も短いこん虫はどれですか。最も適当なものを、下の**ア**～**エ**の中から1つ選び、記号で答えなさい。

ア　モンシロチョウ　　**イ**　カブトムシ
ウ　オオクワガタ　　　**エ**　アブラゼミ

問5　こん虫のからだは、頭，胸，腹の3つに分かれています。<図2>は、カブトムシのからだを表しています。胸にあたる部分を、**あ**～**か**の中からすべて選び、記号で答えなさい。

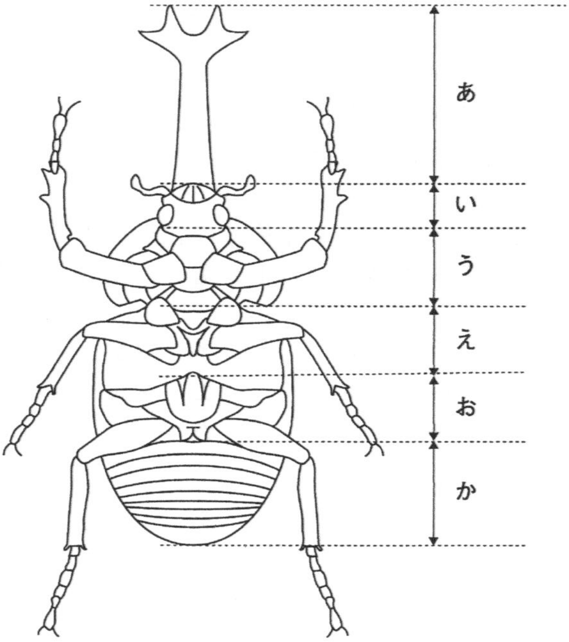

<図2>

Ⅲ　ものの温度変化について、次の各問いに答えなさい。

問１　＜図１＞のように、試験管に示温インクを混ぜた水を入れ、（　Ａ　）を加えて加熱しました。示温インクは温度が高くなると色が変化する性質があります。

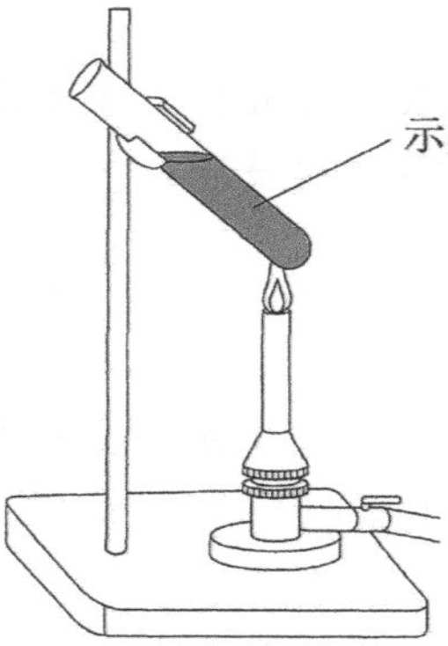

＜図１＞

（１）（　Ａ　）は、急に湯がわき立つのをふせぐものです。（　Ａ　）の名前を答えなさい。

（２）＜図１＞の水の色の変化として最も適当なものを、下の**ア**～**ウ**の中から１つ選び、記号で答えなさい。

ア　水面の方から先に色が変わり、その後、すぐに底の方まで色が変わった。
イ　底の方から先に色が変わり、その後、すぐに水面の方まで色が変わった。
ウ　まんべんなく全体の色が変わった。

問２　空気，水，金属を、温度による体積の変化が大きい順に並べたものとして最も適当なものを、下の**ア**～**カ**の中から１つ選び、記号で答えなさい。

ア　空気　→　水　→　金属
イ　空気　→　金属　→　水
ウ　金属　→　水　→　空気
エ　金属　→　空気　→　水
オ　水　→　空気　→　金属
カ　水　→　金属　→　空気

問３　空気の体積変化による現象のうち、温度による変化ではないものを、下のア～エの中から１つ選び、記号で答えなさい。

ア　少しへこんだピンポン玉を湯の中に入れると、元の形にもどった。
イ　よく晴れた夏の日に砂浜に置いていたビーチボールを海水につけると、ボールがやわらかくなった。
ウ　ガラスびんの口に水でぬらした１円玉を置き、あたためた手でびんをにぎると１円玉が動いた。
エ　おかしのふくろを山のふもとから山頂に持って行くと、ふくろがふくらんだ。

問４　＜図２＞は、水１cm^3の重さが温度によってどのように変化するかを表したグラフです。

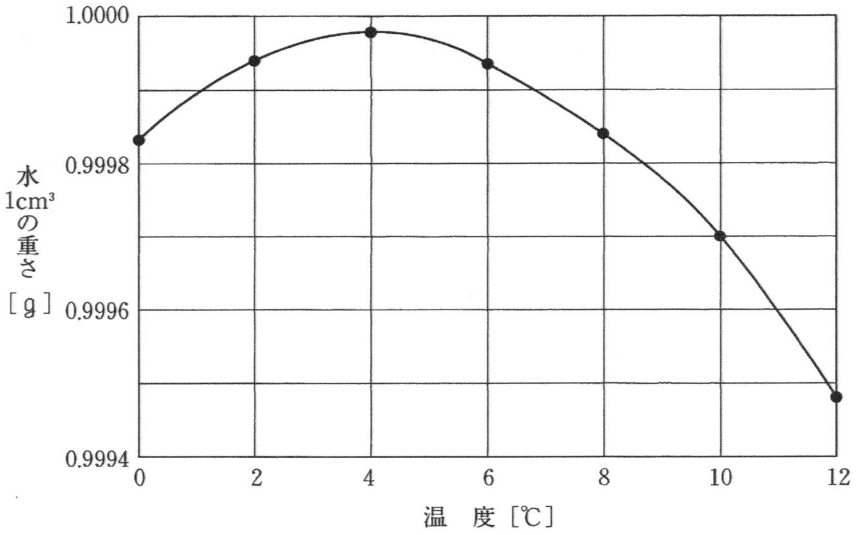

＜図２＞

（１）０℃から12℃の間で、水１ｇの体積が最も小さくなるのは何℃のときですか。整数で答えなさい。

（２）氷１cm^3の重さは－１℃のとき0.92ｇです。10℃の水が－１℃の氷になると体積は何倍になりますか。ただし、計算で割り切れないときは小数第３位を四捨五入し、小数第２位まで答えなさい。

Ⅳ　ものの溶《と》け方と水溶《よう》液について、次の各問いに答えなさい。

問1　水溶液であるものを、下の**ア**～**エ**の中からすべて選び、記号で答えなさい。

ア　食塩を水に加えた、無色でとうめいな液体。
イ　コーヒーシュガーを水に加えた、茶色でとうめいな液体。
ウ　青色の絵の具を水に加えた、青色でにごった液体。
エ　かたくり粉を水に加えた、白色でにごった液体。

問2　水にデンプンを加えた液体をろ過したところ、デンプンを取り出すことができました。このとき、ろ紙へのデンプンのつき方はどのようになりますか。最も適当なものを、下の**ア**～**エ**の中から1つ選び、記号で答えなさい。

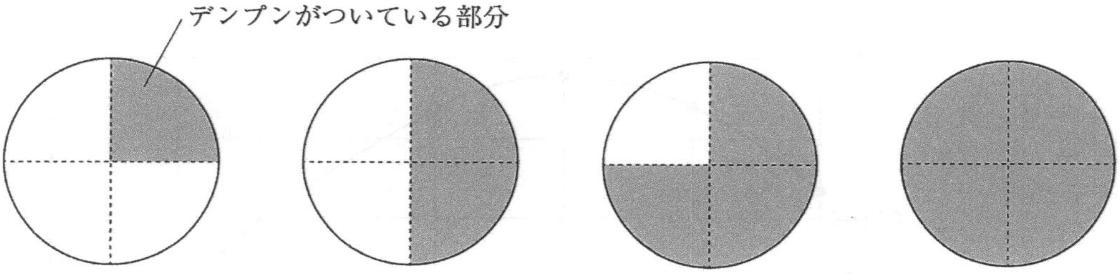

ア　　**イ**　　**ウ**　　**エ**

令和６年度　入 学 試 験 問 題

理　科(前期日程)

(45分)

開 智 中 学 校

(5)　ふもとから山頂までの同じ道を、時速 3 km の速さで登るのと、時速 5 km の速さで下るのとでは、かかる時間が 100 分ちがいます。ふもとから山頂までの道のりは何 km ですか。

(6)　うるう年の 2024 年 1 月 1 日は月曜日でした。2026 年 1 月 1 日は何曜日ですか。

(7)　分数がある規則にしたがって、次のように並んでいます。はじめから数えて 10 番目の分数は何ですか。

$$\frac{3}{2},\ \frac{8}{3},\ \frac{15}{4},\ \frac{24}{5},\ \frac{35}{6},\ \cdots\cdots$$

Ⅱ 次の各問いに答えなさい。

(1) 縮尺 25000 分の 1 の地図上で 12 cm の道のりは、実際には何 km ですか。

(2) 原価 1500 円の商品に 40 % の利益を見込《こ》んで定価をつけましたが売れなかったので、定価の 17 %引きで売りました。このとき、利益はいくらですか。

(3) 5 で割ると 3 余り、7 で割ると 5 余る整数のうち、100 に最も近い数は何ですか。

(4) ある小学校で算数と国語のテストをしました。算数が 85 点以上の生徒は全体の $\frac{7}{20}$、国語が 85 点以上の生徒は全体の $\frac{2}{5}$、両方とも 85 点以上の生徒は全体の $\frac{1}{6}$ でした。両方とも 85 点未満の生徒の人数が 75 人であるとき、算数が 85 点以上の生徒は何人ですか。

(5) $1\frac{1}{8} - 0.4 \times \left(\frac{15}{16} + \boxed{} \div \frac{8}{5}\right) = \frac{1}{4}$

(6) $672 - 39 + 413 - 172 + 287 - 64 - 361 + 264 = \boxed{}$

(7) $1.7 \times 480 + 22 \times 3.4 - 510 \times 1.08 = \boxed{}$

(8) $\left(\boxed{} + 11 \times \boxed{}\right) \div 3 + 2 \times \boxed{} = 30$

【注意】答えはすべて解答用紙に書きなさい。

Ⅰ　次の □ にあてはまる数を答えなさい。ただし、(8)の □ にはすべて同じ数が入ります。

(1)　$\{60-24\div(18-6)\}\times 3=\square$

(2)　$\frac{3}{8}+1\frac{3}{4}\times\frac{3}{7}-\left(\frac{2}{7}+\frac{1}{4}\right)=\square$

(3)　$(80.3-42.7\times 1.6-5.98)\div 0.12=\square$

(4)　$4-\left\{5-\left(3\frac{1}{4}-1\frac{2}{3}\right)\div 0.375\right\}\div 1\frac{1}{6}=\square$

令和６年度　入学試験問題

算　数（前期日程）

（60分）

開　智　中　学　校

お詫び

著作権上の都合により、文章は掲載しておりません。
ご不便をおかけし、誠に申し訳ございません。

教英出版

お詫び

著作権上の都合により、文章は掲載しておりません。
ご不便をおかけし、誠に申し訳ございません。

教英出版

お詫び

著作権上の都合により、文章は掲載しておりません。
ご不便をおかけし、誠に申し訳ございません。

教英出版

（安《あ》壇《だん》美緒《お》『金木犀とメテオラ』）

問一 [A]～[C]にあてはまる言葉として適切なものを次の中からそれぞれ一つずつ選び、記号で答えなさい。

ア ちらりと　イ ほっと　ウ もっと　エ さっさと

問二 ――線①「クラス合唱の伴奏なんて弾くうちには入らないと思っていたのに、つい宮田はそう答えてしまった」とありますが、ここにみられる「宮田」の様子として適切なものを次の中から一つ選び、記号で答えなさい。

ア 乗り気　イ 短気　ウ 負けん気　エ 弱気　オ 移り気

問三 ――線②「引導を渡す」、――線④「合点がいき」の意味として適切なものを次の中からそれぞれ一つずつ選び、記号で答えなさい。

②
ア 引き継《つ》がせる
イ 決断させる
ウ 調子に乗せる
エ あきらめさせる
オ 勢いづかせる

④
ア 仲直りして
イ 事情が分かり
ウ 不思議に思い
エ うれしくなって
オ 納《なっ》得せずに

問四 ――線③「宮田は不思議に思った」とありますが、宮田はどのようなことを不思議に思ったのですか。五十字以内で答えなさい。

問五 ――線⑤「お先にどうぞ？　私もあなたのピアノ、聴いてみたいから」とありますが、この時の宮田の気持ちとして適切なものを次の中から一つ選び、記号で答えなさい。

ア　汐見の自信にあふれる態度から、そのピアノの実力を想像して自分の実力に自信がなくなったので、早く彼女の演奏を聴くことで見込《こ》みのないピアノをあきらめたいと考えている。

イ　自分のピアノの実力には絶対的な自信があるので、他人の演奏に対して特に興味はないが、先輩として汐見の演奏を聴き、自分より未熟な汐見の指導にあたりたいと考えている。

ウ　自信あふれる汐見の態度や口調からそのピアノの高い実力を想像し、汐見と自分にはどれくらいの差があるのか、自分は汐見よりも実力が上なのかを早く知りたいと考えている。

エ　汐見が自分に及《およ》ぶはずもないので、この無駄《だ》な時間を早く終わらせたいと思い、特に汐見の演奏に興味はないが、汐見の自信をなくさせるために、先に演奏させようと考えている。

問六　――線⑥「何かに取り憑かれたかのように、宮田は机に向かっていた」とありますが、それはなぜですか。次の説明にあてはまるように、Ⅰは二十八字、Ⅱは十三字で本文中からぬき出して答えなさい。

汐見の演奏を聴いて、［　Ⅰ　］ことが分かり、［　Ⅱ　］と感じたから。

問七　［　X　］にあてはまる語句を本文中から三字でぬき出して答えなさい。

問八　本文の内容や表現の効果について説明したものとしてふさわしいものを次の中から一つ選び、記号で答えなさい。

ア　自分に対する絶対的な自信を持っていた宮田が、自分の実力の足りなさを実感し挫《ざ》折する様子が、冷静で淡《たん》々とした作者の語り口で展開されることで、かえって生き生きと表現されている。

イ　東京から田舎《いなか》にやってきた宮田が、自分に対する絶対的な自信を失い挫折する様子を、情景描写やたとえを用い、また心情の詳《くわ》しい描写を多用することで、劇的に表現している。

ウ　田舎での暮らしになかなかなじめなかった宮田が、周囲の人々との関わり合いの中で成長する様子を、田舎の美しい自然や温かな人とのつながりを通して、爽《さわ》やかに表現している。

エ　旧宣教師館での二人の会話を中心に展開させることで、その緊迫《きんぱく》した雰囲気と、宮田が汐見との出会いを通して挫折し成長する様子が読者に見事に伝わるよう、巧《たく》みに表現されている。

令和五年度　入学試験問題

国　語（前期日程）

（60分）

開智中学校

★

2023(R5) 開智中
教英出版

【注意】答えはすべて解答用紙に書きなさい。特に指定のない場合、句読点や記号も字数にふくみます。

一　次の問いに答えなさい。

問一　次の①～⑩の～～線を引いたカタカナの部分を漢字に直しなさい。

① ワタユキがチラチラと舞《ま》う。
② 同音イギ語を調べる。
③ 特急列車がケイテキを鳴らす。
④ 校名のユライを調べる。
⑤ 入学式でシュクジを述べる。
⑥ 四則計算のジョホウ。
⑦ フロクが目当てで雑誌を買う。
⑧ ゾウキ提供者が現れた。
⑨ 児童会長をツトめる。
⑩ 勇気をフルって前に進む。

問二　次の①～⑤の～～線を引いた漢字の読み方をひらがなで答えなさい。

① 生徒会の活動に参画する。
② 会社の経営に暗雲が立ちこめる。
③ 有望な人物を登用する。
④ 永い歴史が感じられる伝統。
⑤ 新しい方法を試みる。

問三　次の①～④の漢字の部首名をひらがなで答えなさい。また総画数を漢数字で答えなさい。

① 庭　② 補　③ 隊　④ 帯

問四　次の①・②の意味が反対になる熟語の組み合わせとして正しくないものをそれぞれ一つずつ選び、記号で答えなさい。

① ア 発散・吸収　イ 好評・悪評　ウ 整理・散乱　エ 地味・主役
② ア 親切・冷淡《たん》　イ 公平・戦乱　ウ 圧勝・完敗　エ 基本・応用

問五　次の①・②の意味が同じになる熟語の組み合わせとして正しくないものをそれぞれ一つずつ選び、記号で答えなさい。

①　ア　助言・忠告　　イ　明細・総額　　ウ　向上・進歩　　エ　広告・宣伝

②　ア　実直・誠実　　イ　願望・希望　　ウ　風潮・錯《さく》誤　　エ　敬服・感心

問六　次の①・②の意味にあてはまる四字熟語を、それぞれ後の語群から一つずつ選び、カタカナを漢字に直して答えなさい。

①　絶望的な状況《きょう》を切りぬけ、勢いを盛り返すこと。

②　本当かどうかわからず迷うこと。

【語群】

・シンキイッテン　　・ゴンゴドウダン　　・ハンシンハンギ　　・キシカイセイ

問七　次の①・②の□に共通して入る漢字一字を答えなさい。

①
山の□に立つ。
おいしい食事を□く。
優勝して有《う》□天になった。

②
計画の失敗を、素《す》□に認める。
全員集合したら□ちに出発する。
思ったことを率《そっ》□に言う。

問八　次のア～エの各文のうち、慣用句の使い方として正しいものを一つ選び、記号で答えなさい。

ア　魚心あれば水心で彼《かれ》に説教をしても無駄《だ》だ。

イ　借りたお金は一カ月後に、胸を張ってお返しします。

ウ　君の自分勝手な行動は目に余るものだ。

エ　不注意で失敗し、これまでの苦労を水に流してしまった。

問九　次の①～③の意味を持つ慣用句になるように、□にあてはまる漢字一字を答えなさい。

①　悪いことがあった後は、かえって前よりもよくなること。
雨降って□固まる

②　方法が間違《ちが》っていると、目的を達成することはできないこと。
木に縁《よ》りて□を求む

③　大事なことのためには、他を犠牲《ぎせい》にしても仕方がないこと。
背に□はかえられぬ

問十　次の**ア**～**エ**の各文のうち、敬語の使い方が正しくないものを一つ選び、記号で答えなさい。

ア　お客様、ご用件を申してください。
イ　お客様、私が荷物をお持ちします。
ウ　お客様、こちらをご覧ください。
エ　お客様、ようこそお越《こ》しくださいました。

二　次の文章を読んで、後の問いに答えなさい。

時間の経過に注目すると、人間の体には、①あるおもしろい現象が起きていることに気づきました。人間は毎日、時間の経過と共に、自分を形づくっている細胞《ぼう》をどんどん入れ替《か》えているのです。

気づかないうちに、あなたは体の外から入ってきた新しいものと、今のあなたを構成している細胞の中身とを交換《かん》しています。例えば、胃や小腸、大腸などの細胞は、たった2、3日で入れ替わります。筋肉の細胞は、2週間くらいで約半数が入れ替わっています。あなた自身の細胞はウンチなどでどんどん捨てられていく一方で、食事や外の環《かん》境からやってくる新しいものが取り入れられているのです。だから1年もすれば、あなたを形づくっていた細胞は、あなたの中からほとんどなくなってしまいます。いわば、②今のあなたは、1年前のあなたとは物質的に「別人」なのです。

それでも見かけ上は、あなたはあなたであるように見えます。ジグソーパズルでたとえるなら、全部のピースが一度に入れ替わるのではなく、他のピースとの関係性を保ちながらピースが一つひとつ入れ替わっているのです。ピースをひとつ抜《ぬ》いても、③全体の絵柄《がら》はそう変わりません。

おもしろいのは、新しいものを入れる前に、体は自分で自分のことを分解し、古いピースを捨てていることです。自分の一部を壊《こわ》し、捨てては入れて、また捨てては入れてと、体は絶えず動きながら「あなたであること」のバランスを取っています。

私はそのことに「動的平衡《こう》」という名前をつけました。「動的」は動いていること、「平衡」はバランスのこと。絶えず変化し、動きながらバランスを取る姿そのものを表現する言葉をつくったのです。

生命とは、遺伝子のことでもなければ細胞のことでもない。自分で細胞をどんどん壊す。壊し続けることで安定する。そう、生命は動的平衡である――これが私の見つけた、「生命とは何か?」への私なりの答えでした。

［A］、④なぜ私たち生命は、わざわざ壊してまで、自分の一部を入れ替え続けているのでしょうか。その背景には、すべての生き物が抱《かか》えている運命がありました。

2023(R5) 開智中
教英出版

宇宙には、あらゆるものは「整った状態」から「散らかった状態」の方向へと動く、という大原則があります。ちょっと難しいので、身近な例で説明しましょう。

例えば、あなたが部屋の片づけを終えたばかりだとします。きれいに整理整頓《とん》した部屋は、もう二度と散らかることがないように見えるでしょう。ところが、何もしなければ、1か月もすると散らかってしまいます。［B］、あなたが恋《こい》をしたとします。どんなに「あなたを愛し続けます」と誓《ちか》っても、「恋をしたばかりの気持ちのままずっと変わらない」なんてことはないのです。

どちらも、あなたのせいではありません。形あるものは崩《くず》れ、光っているものは錆《さ》びる。宇宙にあるものはすべて、何もせずにそのままでいたら、ただ悪いほうへと転がり落ちていく運命にあるのです。

植物や生き物も同じです。［X］ように、人間の体も時間が経《た》つと酸化して、肌《はだ》にシミができたり、血液がドロドロになったりします。生き物は常に、劣《れっ》化する脅威《きょうい》にさらされています。［C］、できるだけ長く生き続けるために、自分自身をどんどん壊し、入れ替えて、変化していくことが必要なのです。古くなったものや悪いもの、ごみのようなものを捨て続けながら、変わることで生きていく。だから、生命は「動的平衡」なのです。

この「動的平衡」の考え方は、生き物だけではなく、世界のあらゆるものの見方までをも変えていきます。

自分自身を壊し、パーツを入れ替えて、絶えず動きながらバランスを取っている。そんな「動的平衡」という考え方で世の中を見てみると、気づいたことがありました。それは、生命以外にも「動的平衡」なものがある、ということです。

例えば、プロ野球チームの阪《はん》神タイガースは、長年応援《えん》を続けている熱狂《きょう》的なファンが多い球団です。熱狂的な阪神ファンの中でも年配の人に阪神タイガースについて聞いてみると、うれしそうにこんな話をしてくれる人がいるかもしれません。

「やっぱりバックスクリーン3連発はすごかった」

バックスクリーン3連発とは、阪神タイガース対読売ジャイアンツ（巨人）戦で、ランディ・バース、掛《かけ》布《ふ》雅之《まさゆき》、岡《おか》田《だ》彰布《あきのぶ》の看板3選手が、3者連続でバックスクリーンにホームランを打ったというできごとです。歴史的な瞬《しゅん》間として、今もなお、「阪神タイガースといえばバックスクリーン3連発」と語り、熱心に応援している人がたくさんいるのだそうです。

でも、⑤これは少し不思議な話です。バースも掛布も岡田も、今の阪神タイガースの選手ではありません。実は、バックスクリーン3連発は1985年のできごと。30年以上前の話です。かつて活躍《やく》した選手はもうとっくに引退していて、「その人の好きだった阪神タイガース」と「今の阪神タイガース」はまるで別物なのに、一体なぜ、今も阪神タイガースを応援しているのでしょうか。

それは、阪神タイガースが「［Y］」だからです。

常に古い選手が卒業し、新しい選手が入ってくるけれど、そこにあったブランドやチームの文化、他の球団との違《ちが》いは継《けい》承されていく。そして、選手や監督《かんとく》の単位で見ればまったくの別物になりながら、阪神タイガースというものが続いているのです。

阪神タイガース以外でも、長く続いている組織では同じようなことが起きています。

あなたの学校にも、長く続く伝統のある部活がありませんか？

一見変わらないように見えても、毎年先輩《ぱい》が卒業し、新入生が入部し、長い期間で見ると常にメンバーが変化しています。人や時代が変わるたびに、部活の決まりごとや成果も変わっているかもしれません。それでも「〇〇部の伝統」と言われるようなものが、なぜか変わらず続いていく。

これは、細かい部分を少しずつ入れ替えながら、⑥同じものであり続けるためにバランスを取っているからです。［D］、ずっと同じ人たちだけで何年も続けていたら、そのうちマンネリ化したり、弱体化したりすることもあるでしょう。

常に動いて変化し、変化することでバランスを取る。この「生命っぽい」ふるまいは、何もせずにいたら劣化する運命の中で、何かを長続きさせていくヒケツです。

（『生命を究める』所収 福岡伸一「生命とは何か？」設問の都合上小題省略。）

問一 ［A］～［D］にあてはまる言葉として適切なものを次の中からそれぞれ一つずつ選び、記号で答えなさい。

ア むしろ　イ なぜなら　ウ ところで　エ また　オ だから

問二 ――線①「おもしろい現象」とありますが、筆者が「おもしろい」と感じていることとして適切でないものを次の中から一つ選び、記号で答えなさい。

ア 胃や小腸、大腸などの細胞が、たった2、3日で入れ替わること。

イ 形あるものは崩れ、光っているものは錆びること。

ウ 古くなったものや悪いもの、ごみのようなものを捨て続けながら、生きていくこと。

エ 自分で細胞をどんどん壊し、壊し続けることで安定すること。

問三　——線②「今のあなたは、1年前のあなたとは物質的に『別人』なのです」とありますが、これはどういうことですか。その説明として適切なものを次の中から一つ選び、記号で答えなさい。

ア　「今のあなた」は「1年前のあなた」より精神的に成長しているということ。
イ　「今のあなた」と「1年前のあなた」とでは細胞の数が、まったく違うということ。
ウ　「今のあなた」の中には、「1年前のあなた」を形づくっていた細胞がほとんどないということ。
エ　「1年前のあなた」の記憶《おく》は「今のあなた」の記憶からすでに失われてしまっているということ。

問四　——線③「全体の絵柄」がたとえているものとして適切なものを次の中から一つ選び、記号で答えなさい。

ア　1年前の「あなた」　イ　見かけ上の「あなた」　ウ　新しい「あなた」　エ　かつての「あなた」

問五　——線④「なぜ私たち生命は、わざわざ壊してまで、自分の一部を入れ替え続けているのでしょうか」とありますが、それはなぜですか。次の説明に合うように三十字以内で答えなさい。

【すべての生き物は、（　　　　　　　　）から。】

問六　［X］にあてはまる例として適切なものを次の中から一つ選び、記号で答えなさい。

ア　都市の人口が減少し空き家が増えていく　イ　寒い冬が終わり暖かい春がやってくる
ウ　リンゴを切って置いておくと茶色に変色する　エ　植物が光合成し生物が呼吸する

問七　——線⑤「これは少し不思議な話です」とありますが、どうして不思議なのですか。適切なものを次の中から一つ選び、記号で答えなさい。

ア　阪神タイガースを熱心に応援しているファンの語るエピソードは、30年以上も前の話なのに、まるで昨日のできごとのように熱狂的に話すから。
イ　阪神タイガースのバックスクリーン3連発は、当時のファンの記憶には強く残っているが、今のファンにとっては昔話でしかないように思われるから。

(8) 下の図のように、２種類の三角定規が重なっているとき、アの角は何度ですか。

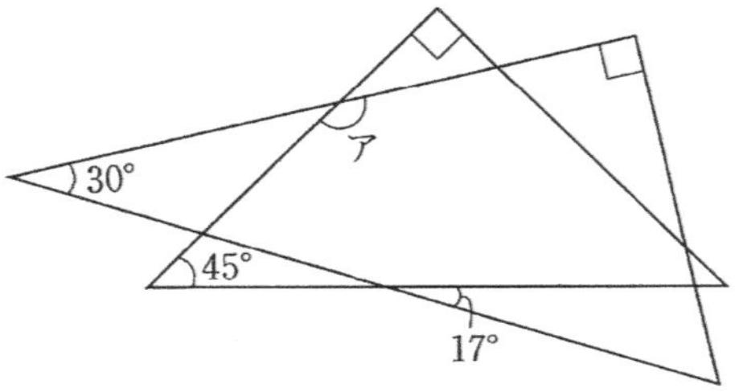

(9) 下の図のように、石を正方形状に並べていきます。正方形を７個作るとき、石は何個必要ですか。

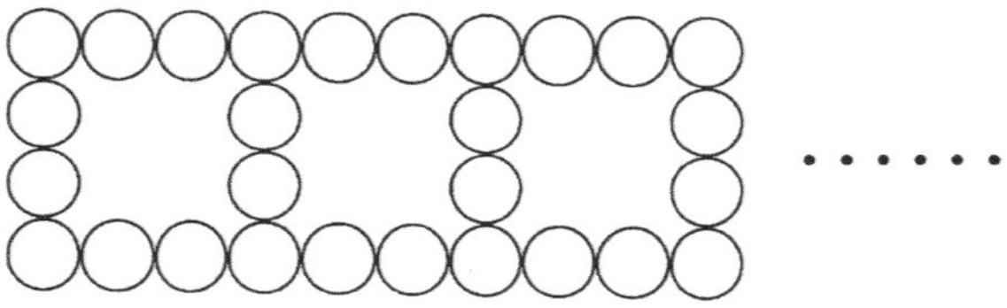

(10) 下の図のような図形を、直線（ア）のまわりに１回転してできる立体の体積は何 cm^3 になりますか。ただし、円周率は3.14とします。

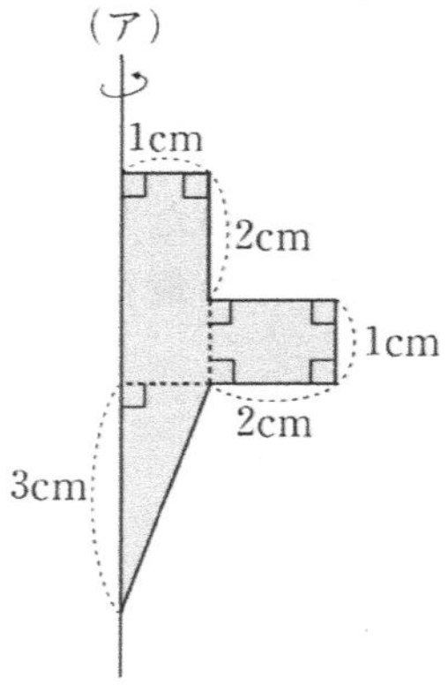

Ⅲ　下のグラフは、電車Ａと電車Ｂが同じ鉄橋をわたり始めてからわたり終わるまでの時間と、鉄橋上を通過しているそれぞれの車りょうの長さとの関係を表したものです。このとき、次の各問いに答えなさい。ただし、電車Ａ，Ｂの速さは一定とします。

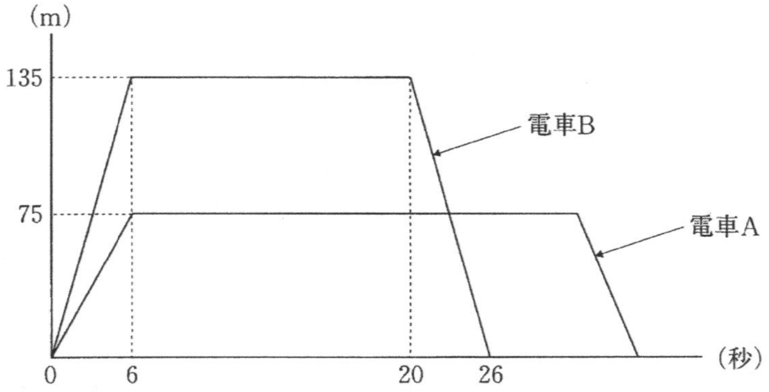

(1)　電車Ｂは秒速何ｍですか。

(2)　この鉄橋の長さは何ｍですか。

(3)　電車Ａ，Ｂが鉄橋の両端《はし》から同時にわたり始めたとします。このとき、鉄橋をわたり始めてから、電車Ｂの先頭が電車Ａの最後尾《び》にちょうど重なるまでに何秒かかりますか。

Ⅳ　２つの記号∨と∧について、次のような約束で計算するものとします。

○∨□＝○×□＋○÷□
○∧□＝○×□－○÷□

（例）

２∨１＝２×１＋２÷１＝４
２∧１＝２×１－２÷１＝０

このとき、次の各問いに答えなさい。

(1)　３∨２は何になりますか。

(2)　｛(６∧２)∨３｝＋｛(８∨２)∧４｝は何になりますか。

(3)　○∨３＝20となる数○は何ですか。

Ⅴ　次の二人の会話を読んで、(1)〜(4)にあてはまる数を答えなさい。

太郎：こんにちは、花子さん。
花子：こんにちは、太郎さん。そういえばこの間、会社見学に行ってきたんだって？
太郎：うん。いろんな町の衣料品店にＴシャツを売る会社を見学してきたんだ。
花子：その話をくわしく聞かせて。
太郎：いいよ。その会社は衣料品店からＴシャツの注文を受けると、Ｔシャツを作っている工場から100枚、200枚、300枚の3通りの方法で仕入れるんだ。次の表は仕入れるＴシャツの枚数と、仕入れ値との関係を表しているものだよ。

（表）

Ｔシャツの仕入れ値
100枚で120,000円
200枚で220,000円
300枚で315,000円

花子：ふぅん。Ｔシャツの売り値はどう計算していたの？
太郎：Ｔシャツ1枚の売り値は、1枚当たりの仕入れ値に4割の利益を見込《こ》んで決めていたよ。
花子：なるほどね。じゃあ、「会社の利益」はどう計算していたの？
太郎：まずこの会社では店から注文を受けると、できるだけ売れ残りが少なくなるように工場に注文していたよ。「会社の利益」は売り上げから仕入れ値を引いた金額になるんだ。
例えば、ある店から150枚の注文を受けた場合、工場からは200枚仕入れて150枚をその店に売り、残りの50枚は捨てないでいったん会社の倉庫に保管しておく。つまりこの取引での「会社の利益」を式で表すと、

（会社の利益）＝（売り上げ）－（仕入れ値）
＝（1枚の売り値）×150枚－（220,000円）

となるよ。
ここでいくつか問題を出していいかい？
花子：いいわよ。
太郎：今倉庫にあるＴシャツは0枚とします。Ａ店から50枚の注文を受けてその50枚をＡ店に売りました。さて、このとき売り上げはいくらになるでしょう？
花子：［（1）］円になるわね。

太郎：計算がはやいね！　では、同じように、倉庫に残っているＴシャツが0枚で、180枚の注文を受け、それを売ったとします。このとき、「会社の利益」はいくらになりますか？

花子：そうね……。（2）円じゃない？

太郎：うん、その通り。すごい計算力だね！　じゃあ最後にもう1問。倉庫が空で店から注文を受けたとき、売り上げが仕入れ値より大きくなる最も少ないＴシャツの枚数は何枚ですか？

花子：え～と、難しいわね……。何枚になるの？

太郎：難しかったかな。それはね（3）枚です！

花子：あぁ、なるほど！　ところで、太郎さんが見学してきた当日はどうだったの？

太郎：う～んとね……。その日も最初会社の倉庫は空で、Ｂ店から260枚の注文を受けそれを売ったんだ。そして、保管するはずだった残りのＴシャツは、売り値の1割引きですべてＣ店に売ることができた。この日の取引はこれだけだったよ。

花子：じゃあ、その日の「会社の利益」は（4）円になったのね！

太郎：はい、よくできました！

（３）二酸化炭素を水の入ったペットボトルに入れ、ふたをかたくしめてふると、ペットボトルがへこみました。ペットボトルがへこんだのは、二酸化炭素にどのような性質があるからですか。

（４）石灰石に液体Ｃを加えると二酸化炭素が発生するのは、石灰石の主な成分である炭酸カルシウムが反応するからです。実験で、石灰石10ｇに液体Ｃを十分に加えたときに発生した二酸化炭素は2128cm^3でした。この石灰石10ｇ中に炭酸カルシウム以外の成分は何ｇ含《ふく》まれますか。ただし、炭酸カルシウム１ｇから発生する二酸化炭素の体積は224cm^3です。

Ⅴ　＜図１＞のように、軽くて伸《の》びない糸に100ｇのおもりをつけて、ふりこを作りました。糸の長さ，ふれはばを変えて、ふりこのおもりが10往復する時間を計ると、＜表＞のような結果になりました。これについて、次の各問いに答えなさい。

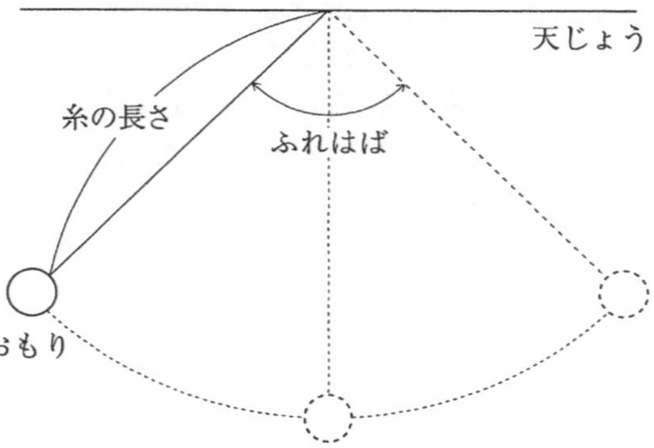

＜図１＞

ふれはば［°］	20	20	20	30	30	30	40	40	40
糸の長さ［cm］	10	20	25	25	40	80	40	80	100
10往復する時間［秒］	6.3	9.0	10.0	10.0	12.6	18.0	12.6	18.0	20.0

＜表＞

問１　糸の長さを400cm、ふれはばを10°にすると、ふりこが10往復する時間は何秒になりますか。最も適当なものを、下の①～④の中から１つ選び、番号で答えなさい。

①　10秒　　②　20秒　　③　40秒　　④　60秒

問２　１往復する時間が3.6秒のふりこを作りました。このときの、ふりこの糸の長さとふれはばの組み合わせとして最も適当なものを、下の①～④の中から１つ選び、番号で答えなさい。

①　長さ　80cm　ふれはば　20°　　②　長さ　160cm　ふれはば　40°
③　長さ　240cm　ふれはば　30°　　④　長さ　320cm　ふれはば　20°

問３　おもりの重さを100ｇから200ｇに変えました。ふりこの糸の長さを100cm、ふれはばを30°にしたとき、ふりこが10往復する時間は何秒になりますか。最も適当なものを、下の①～④の中から１つ選び、番号で答えなさい。

①　10秒　　②　20秒　　③　30秒　　④　40秒

問４　＜図３＞のようなふりこを用意して、おもりから手を離《はな》しました。ふりこを１往復させたとき、おもりが最も速く動いているところを、＜図４＞の①～④の中から１つ選び、番号で答えなさい。

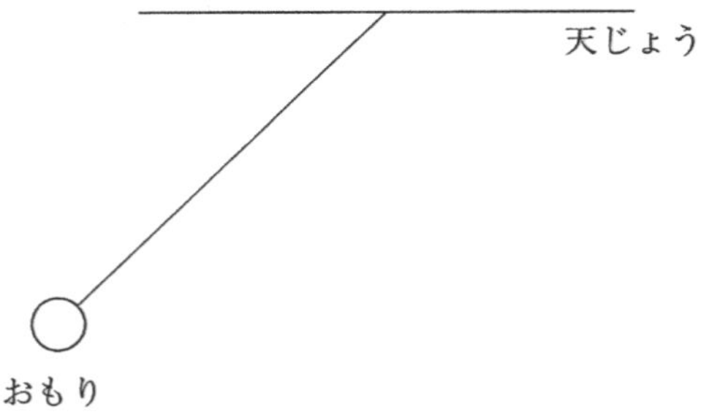

＜図３＞

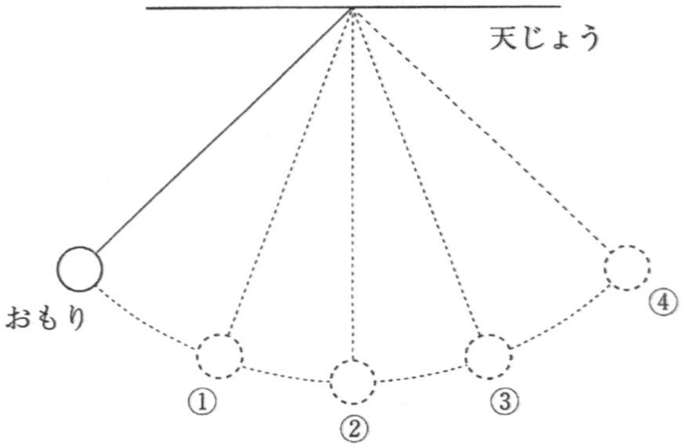

＜図４＞

問５　＜図５＞のように、ふりこの糸の長さを80cmにして、支点の真下60cmの点にくぎを打ち、糸が引っかかるようにしました。ただし、点**オ**ははじめにおもりを離す位置と同じ高さ、点**エ**はくぎと同じ高さとします。

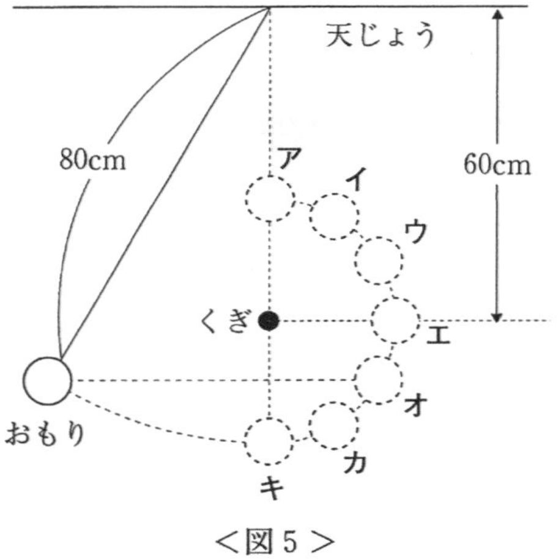

＜図５＞

（１）静かに手を離した後、おもりはどの高さまで上がりますか。最も適当なものを、＜図５＞の**ア**～**キ**の中から１つ選び、記号で答えなさい。

（２）おもりが１往復するのにかかる時間は何秒ですか。最も適当なものを、下の①～⑤の中から１つ選び、番号で答えなさい。

①　1.05秒　　②　1.20秒　　③　1.35秒　　④　1.50秒　　⑤　1.65秒

（３）くぎを打つ位置を上下どちらかに移動させると、ふりこが１往復する時間が1.4秒になりました。このとき、くぎは天じょうから何cmの位置にありますか。

Ⅵ　てこについて、次の各問いに答えなさい。

問１　てこは、小さい力でも楽に作業ができるような仕組みです。代表的な例として、＜図１＞のようなバールがあります。作用点はどれですか。ア～ウの中から１つ選び、記号で答えなさい。

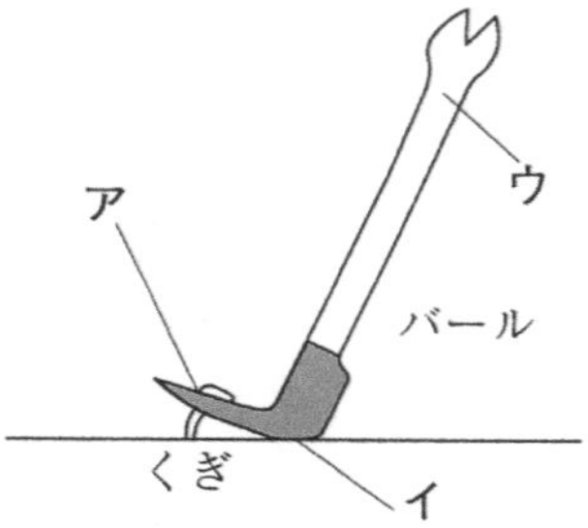

＜図1＞

問２　てこを利用した道具はたくさんあります。＜図２＞のように作用点が支点と力点の間にあるものとして最も適当なものを、下の①～④の中から１つ選び、番号で答えなさい。

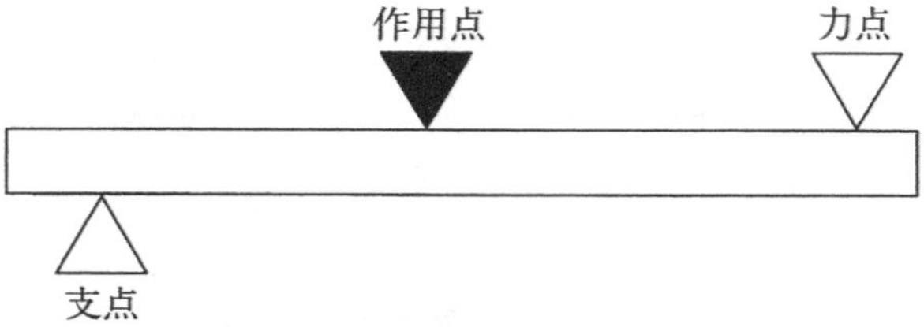

＜図2＞

①　せんぬき　　②　せんたくばさみ　　③　糸切りばさみ　　④　ピンセット

問３　＜図３＞のような状態で、てこがつり合っています。このとき、Ａのおもりの重さは何ｇですか。ただし、糸や棒の重さは考えないものとします。

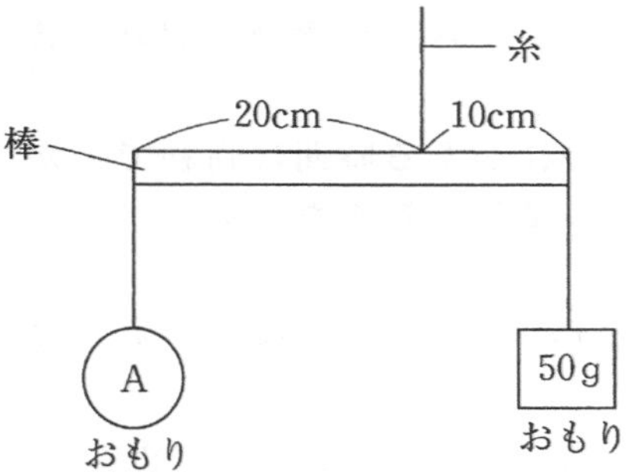

＜図3＞

問4　＜図4＞，＜図5＞のような状態で、てこがそれぞれつり合っています。このとき、B，C，Dのおもりの重さはそれぞれ何gですか。ただし、糸や棒の重さは考えないものとします。

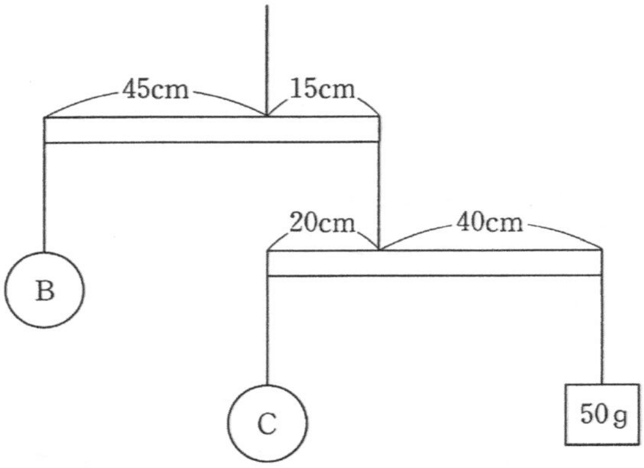

＜図4＞

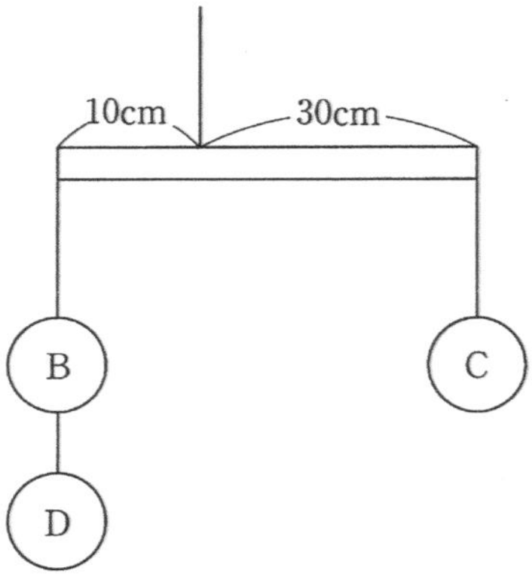

＜図5＞

問5　＜図6＞のような状態で、棒の長さが70cmのてこがつり合っています。このとき、棒の左端《はし》から糸までの長さは何cmですか。ただし、糸や棒の重さは考えないものとします。

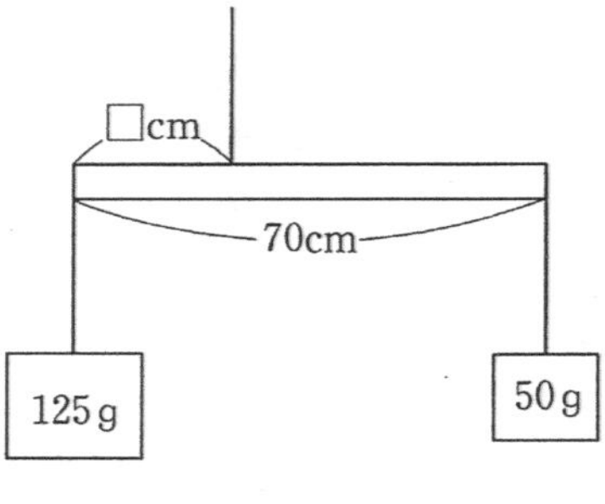

＜図6＞

問6　均一な太さの50gの棒を使って、＜図7＞のような状態で、てこをつり合わせました。このとき、Eのおもりの重さは何gですか。ただし、糸の重さは考えないものとします。

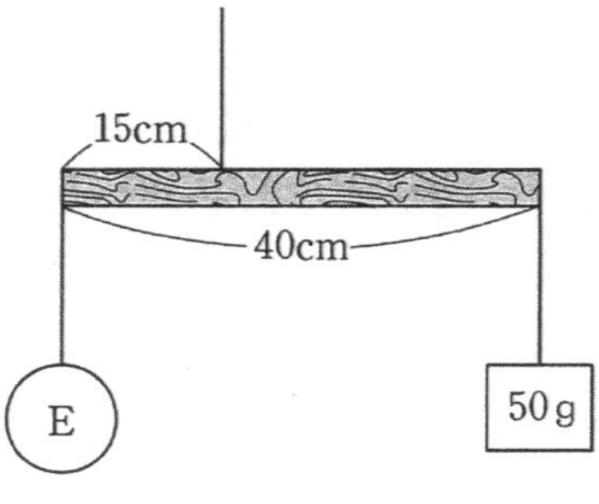

＜図7＞

Ⅶ　日本の上空を台風が通過することがあります。＜図１＞は台風の進路予報を模式的に表したものです。次の各問いに答えなさい。

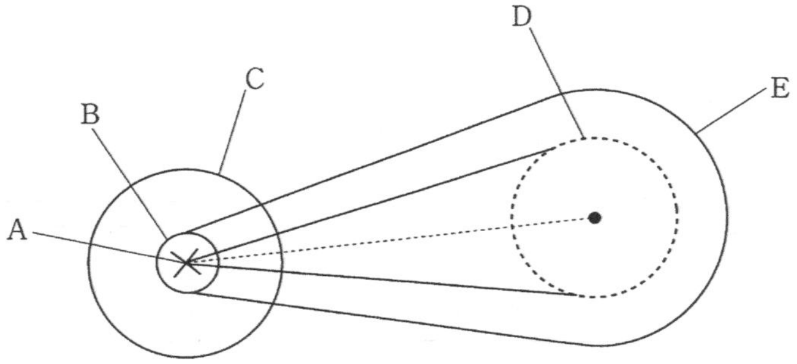

＜図１＞

問１　下の文は、台風について説明した文です。文中の（　ア　），（　イ　）に適する語、（　ウ　）に適する数値の組み合わせとして最も適当なものを、下の①～⑧の中から１つ選び、番号で答えなさい。

> 熱帯地方で発生した（　ア　）が、北西太平洋海上で発達し、中心付近の（　イ　）風速（秒速）が約（　ウ　）m以上になったものを台風と呼ぶ。

	ア	イ	ウ
①	熱帯低気圧	最大	15
②	熱帯低気圧	最大	17
③	熱帯低気圧	瞬《しゅん》間	15
④	熱帯低気圧	瞬間	17
⑤	熱帯高気圧	最大	15
⑥	熱帯高気圧	最大	17
⑦	熱帯高気圧	瞬間	15
⑧	熱帯高気圧	瞬間	17

問２　＜図１＞のＡ～Ｅは、それぞれ何を表していますか。最も適当なものを、下の①～⑧の中から１つずつ選び、番号で答えなさい。

①　風速15m（秒速）以上の風がふいているところ
②　風速15m（秒速）以上の風がふくおそれがあるところ
③　風速25m（秒速）以上の風がふいているところ
④　風速25m（秒速）以上の風がふくおそれがあるところ
⑤　現在の台風の中心の位置
⑥　今後、台風の中心が通る可能性が高い範《はん》囲
⑦　予想される台風の大きさ
⑧　予想される台風の発達状況《きょう》

問 3　台風の中心を何といいますか。

問 4　台風の中心を㊀台、地表での風のふき方を矢印で表したとき、日本上空を通る台風の風のふき方として最も適当なものを、下の①～④の中から１つ選び、番号で答えなさい。

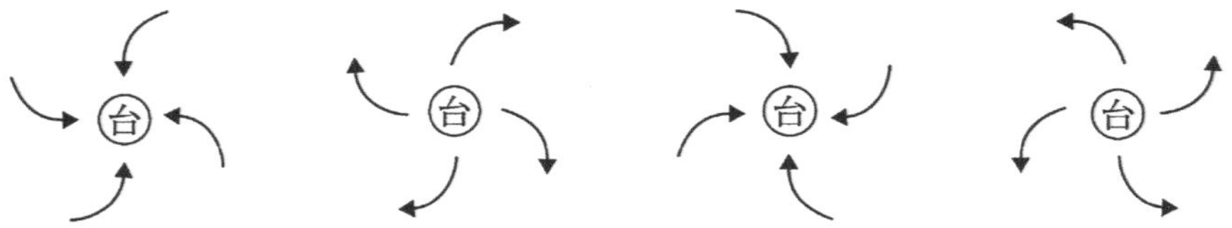

①　②　③　④

問 5　台風が日本に近づくのはいつごろが多いですか。最も適当なものを、下の①～④の中から１つ選び、番号で答えなさい。

①　２月ごろ　②　５月ごろ　③　８月ごろ　④　11月ごろ

問 6　台風は気圧や上空の風によって進む方向が決まります。台風の進路を決める、日本上空にふく強い風の名前を答えなさい。

問 7　台風が過ぎた後、一般《ぱん》に天気はどのように変わりますか。最も適当なものを、下の①～④の中から１つ選び、番号で答えなさい。

①　海からのしめった風が流れ込み、蒸《む》し暑いくもりの日になる。
②　台風のうずまきの雲が残り、長時間雨が降る日になる。
③　風雨がおさまり、晴天の日になる。
④　大陸からの温度の低い空気が流れ込み、寒いくもりの日になる。

三

問一

A

B

C

D

問二

問三

問四

問五

問六

問七

問八

受験番号

採　点

※150点満点
（配点非公表）

受　験　番　号

令和５年度　入学試験　算数（前期日程）解答用紙　　開智中学校

Ⅰ	(1)		(2)		(3)		(4)	
	(5)		(6)		(7)		(8)	

Ⅱ	(1)		(2)	分　　　秒	(3)		(4)	%
	(5)	円	(6)	点	(7)	分後	(8)	度
	(9)	個	(10)	cm^3				

【解答用

受験番号

令和5年度　入学試験　理科（前期日程）　解答用紙　　　開智中学校

Ⅰ	問1	(1)		(2)		(3)		(4)			
	問2	(1)	ア		イ		(2)		(3)	kg	

Ⅱ	問1	(1)	ア		イ		ウ		(2)	ア		イ		ウ		エ		
	問2	(1)	ア		イ		ウ		エ		(2)		(3)		(4)			

Ⅲ	問1		問2		問3		問4		問5	%
	問6	(1)	ガス調節ねじ		空気調節ねじ		(2)	→ → → →		

	問1	(1)	固体A		液体B		問1		

【解答用

Ⅳ	問2	(3)		(2)	(ア)	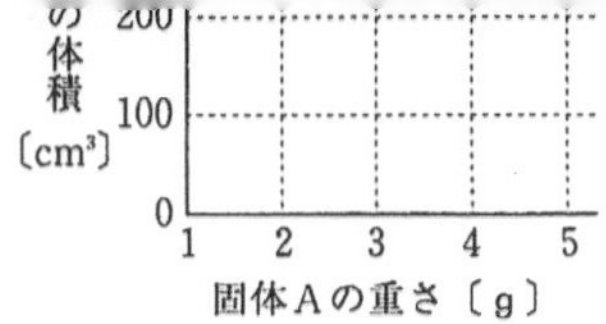	(イ)	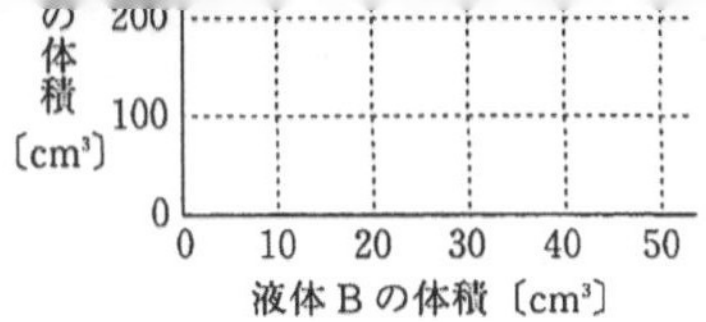
		(4)	g					

Ⅴ	問1		問2		問3		問4	
	問5	(1)		(2)		(3)	cm	

Ⅵ	問1		問2		問3	g	問4	B	g	C	g	D	g
	問5	cm	問6	g									

Ⅶ	問1		問2	A		B		C		D		E	
	問3		問4		問5								
	問6		問7										

採　　点
※100点満点 （配点非公表）

2023(R5) 開智中

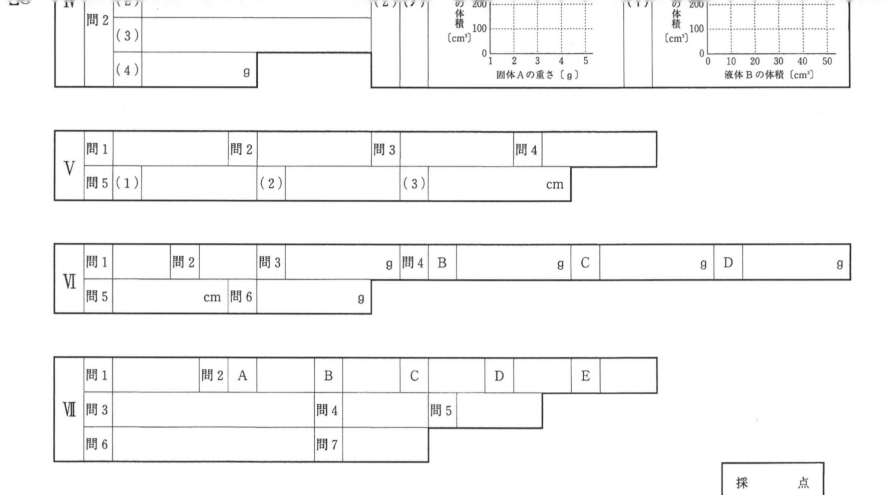

Ⅲ	(1)	秒速　　　　m	(2)	m	(3)	秒

Ⅳ	(1)		(2)		(3)	

Ⅴ	(1)		(2)		(3)		(4)	

採　　点
※150点満点 （配点非公表）

K 教英出版

令和五年度入学試験　国語（前期日程）解答用紙

開智中学校

一

問一
①　②　③　④　⑤
⑥　⑦　⑧　める　⑨　⑩　って

問二
①　②　③　④　い　⑤　みる

問三
①　画　②　画
③　画　④　画

問四
①　②

問五
①　②

問六
①　②

問七
①　②

問八

問九
①　②　③

問十

二

問一
A　B　C　D

問二

問三

問四

問五

問六

問七

問八

【注意】答えはすべて解答用紙に書きなさい。

Ⅰ　夏の暑さを和《やわ》らげるために、植物で緑のカーテンをつくることがあります。これについて、次の各問いに答えなさい。

問１　緑のカーテンをつくるのに、ゴーヤ（ツルレイシ）が育てられることがあります。

（１）ゴーヤの花の色として最も適当なものを、下の①～⑤の中から１つ選び、番号で答えなさい。

①　赤色　　②　青色　　③　黄色　　④　白色　　⑤　桃《もも》色

（２）ゴーヤの葉はどのような形をしていますか。葉のスケッチとして最も適当なものを、下の①～④の中から１つ選び、番号で答えなさい。

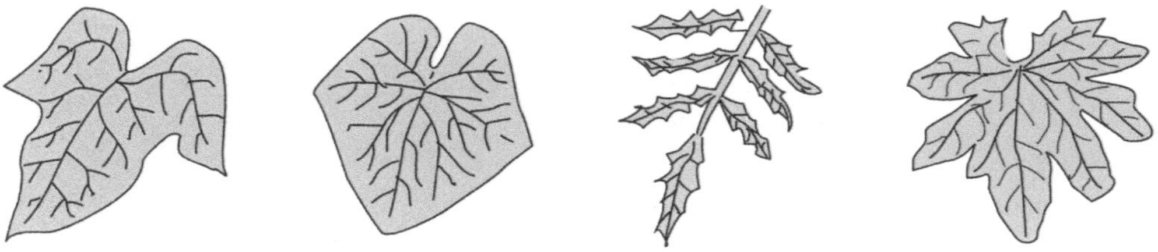

①　　②　　③　　④

（３）ゴーヤの茎《くき》や葉のようすはどのようになっていますか。茎や葉のスケッチとして最も適当なものを、下の①～④の中から１つ選び、番号で答えなさい。ただし、葉の形は変えています。また、○は花を表しています。

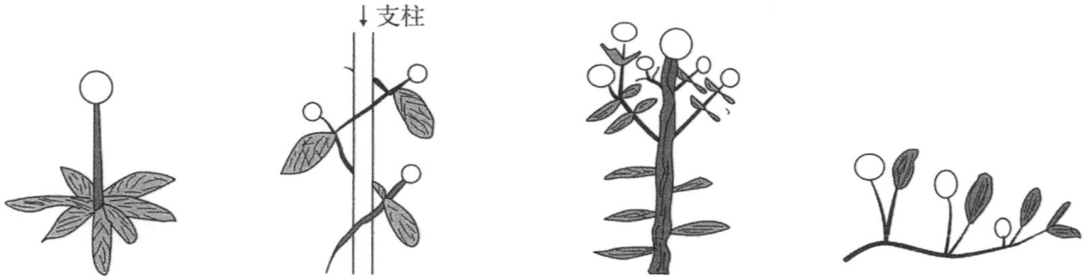

①　　②　　③　　④

（４）ゴーヤの代わりに緑のカーテンをつくるのに適した植物を、下の①～⑧の中からすべて選び、番号で答えなさい。

①　アサガオ　　②　ヒマワリ　　③　マリーゴールド　　④　ヘチマ
⑤　ジャガイモ　　⑥　ホウセンカ　　⑦　キュウリ　　⑧　オクラ

問２　緑のカーテンは、日かげをつくるはたらきの他に、葉の表面の気孔《こう》でおこる（　ア　）によって熱をうばうので、より効果的に暑さを和らげることができます。また、植物はでんぷんをつくるときに、（　イ　）を吸収するので、地球の温暖化を防ぐ効果もあると考えられます。

（１）上の文章中の（　ア　），（　イ　）に適する語をそれぞれ答えなさい。

（２）カーテンやブラインドは、緑のカーテンに比べて部屋の温度を下げる効果が低いと言われています。（　ア　）以外の理由として最も適当なものを、下の①～④の中から１つ選び、番号で答えなさい。

①　カーテンやブラインドは、部屋の中で太陽の光をさえぎっているから。
②　カーテンやブラインドは、光を受けると発熱するから。
③　カーテンやブラインドは、少ししか光をさえぎることができないから。
④　カーテンやブラインドは、自然の素材で作られたものとは限らないから。

（３）ある緑のカーテンの面積を測定すると、25m^2でした。緑のカーテンがかれるまでに、１m^2につき、（　イ　）を3.5kg吸収するはたらきがあるとすると、この緑のカーテンでは何kgの（　イ　）を吸収することができますか。

Ⅱ　ヒトのさまざまな臓器について、次の各問いに答えなさい。

問１　＜図１＞のＡ～Ｅは、ヒトのからだの中にある臓器を表しています。

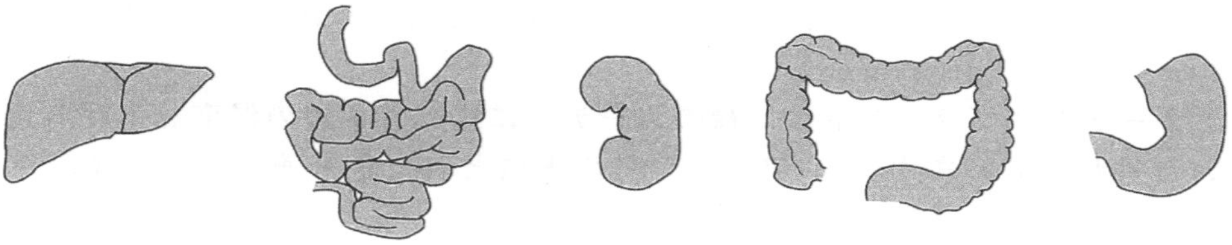

A　　B　　C　　D　　E

＜図１＞

（１）食べ物は、ヒトのからだの中を下のような通り道を通って、こう門から出ていきます。（　**ア**　）～（　**ウ**　）にあてはまる臓器として最も適当なものを、＜図１＞のＡ～Ｅの中からそれぞれ１つずつ選び、記号で答えなさい。

口 → 食道 →（　**ア**　）→（　**イ**　）→（　**ウ**　）→ こう門

（２）下の**ア**～**エ**の説明文にあてはまる臓器として最も適当なものを、＜図１＞のＡ～Ｅの中からそれぞれ１つずつ選び、記号で答えなさい。

ア　吸収された養分の一部を一時的にたくわえ、必要なときに全身に送り出すはたらきをしている。
イ　タンパク質を最初に消化する消化液を出す。
ウ　からだの中でできた不要な物質をこしとる。
エ　内部にひだがあり、栄養分を吸収する。

問２　ヒトの心臓についての説明文を読んで、下の各問いに答えなさい。
ヒトの心臓では（　**ア**　）から大動脈に送り出された血液は、からだの各部に到《とう》達し、その後、大静《じょう》脈に集められ、（　**イ**　）に流れこみます。（　**イ**　）に流れこんだ血液は（　**ウ**　）から肺動脈に送り出され、肺、肺静脈を経て、（　**エ**　）に流れこみます。このような循環《じゅんかん》は心臓が縮んだりゆるんだりすることで維《い》持されており、心室の活動は、次の〔段階１〕～〔段階４〕の４つの段階に分けられます。＜図２＞は、縮んだりゆるんだりをくりかえす左心室の容積と、左心室内の圧力との関係を表しています。また、＜図２＞の矢印は左心室の変化の順を示しています。

〔段階１〕 心室の筋肉が縮みはじめると、心室内の圧力が上昇するが、心臓の弁は閉じたままで、心室内の容積は変化しない。

〔段階２〕 心室の筋肉がさらに縮むと出口の弁が開き、血液が動脈に送り出される。

〔段階３〕 心室の筋肉がゆるみはじめ、心室内の圧力が低下してくる。

〔段階４〕 心房《ぼう》内にたまっていた血液が心室内に流れ込《こ》む。

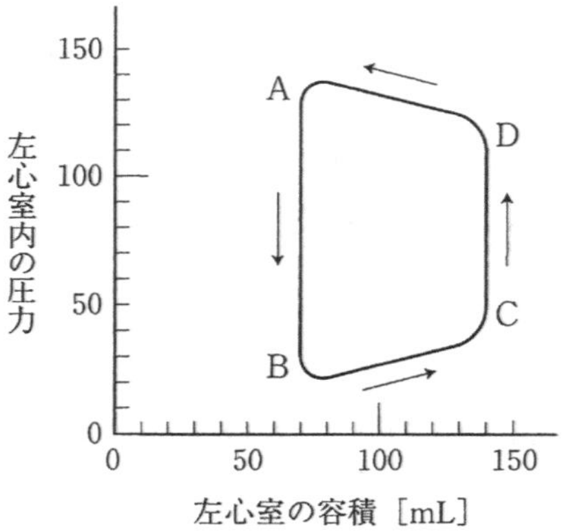

<図２>

（１）（　ア　）～（　エ　）にあてはまる語として最も適当なものを、下の①～④の中からそれぞれ１つずつ選び、番号で答えなさい。

①　右心房　　②　左心房　　③　右心室　　④　左心室

（２）下線部のような心臓の動きを何といいますか。

（３）<図２>のＤ→Ａの変化にあてはまるのは、〔段階１〕～〔段階４〕のどの段階ですか。最も適当なものを、下の①～④の中から１つ選び、番号で答えなさい。

①　段階１　　②　段階２　　③　段階３　　④　段階４

（４）<図２>に示したように、心臓が縮んだりゆるんだりを繰《く》り返して、Ａ→Ｂ→Ｃ→Ｄとまわり、再びＡにもどるものとすると、このときに左心室から送り出される血液量は何mLですか。最も適当なものを、下の①～④の中から１つ選び、番号で答えなさい。

①　70mL　　②　140mL　　③　210mL　　④　280mL

Ⅲ　いろいろな実験道具の使い方について、次の各問いに答えなさい。

問１　上皿てんびんを使って、食塩を20ｇはかり取るときの方法として最も適当なものを、下の①～④の中から１つ選び、番号で答えなさい。

①　左側に20ｇの分銅を乗せておき、右側には薬包紙を乗せ、食塩を薬さじで少しずつ、つり合いがとれるまで乗せていく。

②　左側に薬包紙と20ｇの分銅を乗せておき、右側には薬包紙を乗せ、食塩を薬さじで少しずつ、つり合いがとれるまで乗せていく。

③　左側に薬包紙を乗せ、その上に20ｇよりも重い食塩を乗せ、右側に20ｇの分銅を乗せて、つり合いがとれるまで左側の食塩を薬さじで取り、びんにもどしていく。

④　左側に薬包紙を乗せ、その上に20ｇよりも重い食塩を乗せ、右側に薬包紙と20ｇの分銅を乗せて、つり合いがとれるまで左側の食塩を薬さじで取り、びんにもどしていく。

問２　ビーカー，ろうと，ろうと台，ろ紙，ガラス棒を使い、水溶《よう》液をろ過するときの方法として最も適当なものを、下の①～④の中から１つ選び、番号で答えなさい。

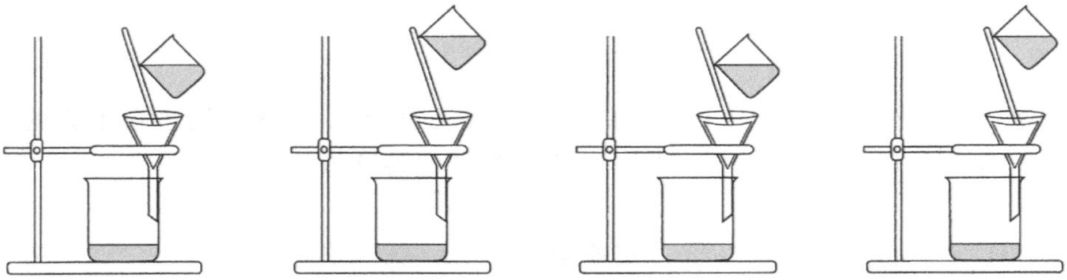

①　②　③　④

問３　薬品びんから、直接、液体をビーカーに取るときの方法として最も適当なものを、下の①～④の中から１つ選び、番号で答えなさい。

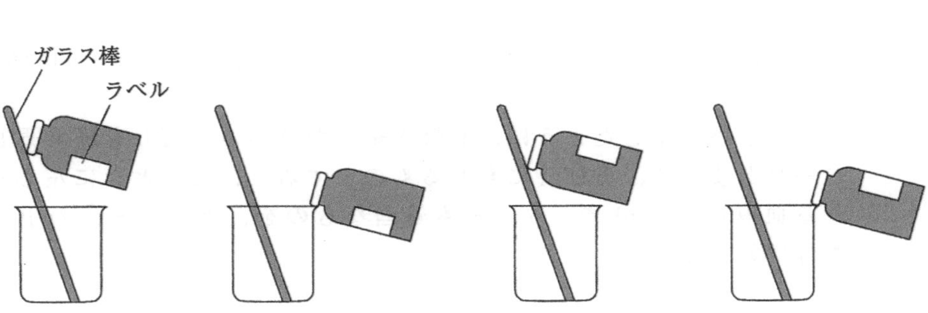

①　②　③　④

問４　水の体積をはかるために、メスシリンダーを使うと、液面が＜図１＞のようになりました。このとき、水の体積は何mLになりますか。最も適当なものを、下の①～④の中から１つ選び、番号で答えなさい。

①　27.5mL　　　②　27.0mL
③　26.5mL　　　④　26.0mL

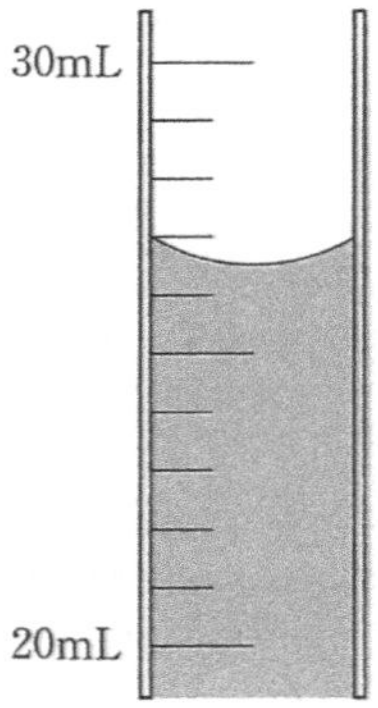

＜図１＞

問５　気体検知管を使い、空気中の酸素の割合をはかりました。＜図２＞は、このときの気体検知管の模式図です。このとき、酸素の割合は何％になりますか。

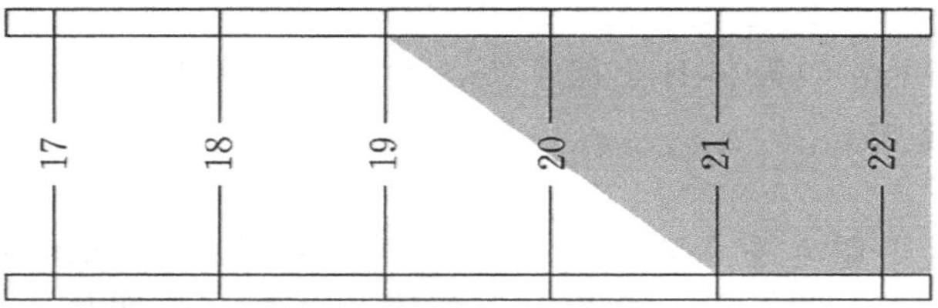

＜図２＞

問６　＜図３＞はガスバーナーを模式的に表したものです。

（１）ガス調節ねじ，空気調節ねじは、＜図３＞のＡ～Ｃのどれですか。適当なものをそれぞれ選び、記号で答えなさい。

（２）下の**ア**～**オ**はガスバーナーの使い方を説明した文です。ガスバーナーに火をつけるときの手順になるように正しく並びかえなさい。

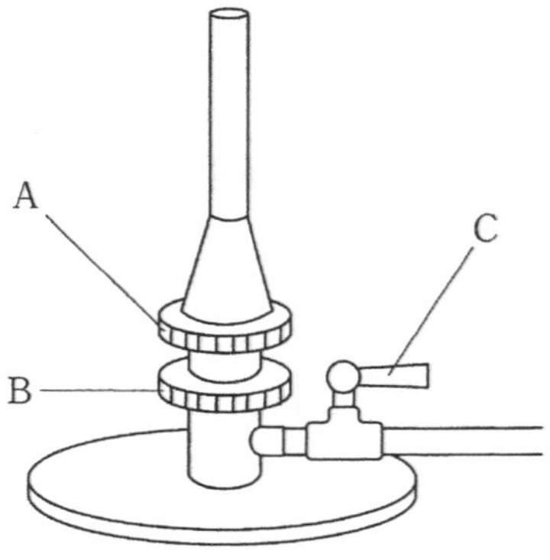

＜図３＞

ア　ガス調節ねじをゆるめて、炎《ほのお》の大きさを調節する。
イ　ガスの元せんを開け、ガスバーナーのコックを開く。
ウ　ガス調節ねじを回して開き、火をつける。
エ　ガス調節ねじ、空気調節ねじが両方とも閉まっていることを確認する。
オ　空気調節ねじをゆるめて、空気の量を調節する。

Ⅳ　酸素と二酸化炭素について、次の各問いに答えなさい。

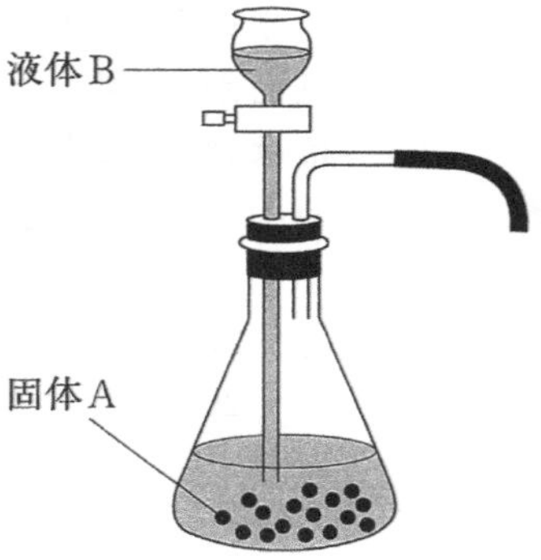

＜図１＞

問１　＜図１＞は酸素を発生させる装置を示しています。

（１）図の固体A、液体Bにあてはまるものとして適当なものを、下の①～⑥の中からそれぞれ１つずつ選び、番号で答えなさい。

①　大理石　　　　　　　　②　二酸化マンガン
③　亜鉛《あえん》　　　　　　　　　④　うすい塩酸
⑤　うすい過酸化水素水　　⑥　うすい水酸化ナトリウム水溶液

（２）固体Aの重さと液体Bの体積をいろいろ変えて、実験を行いました。次の(**ア**)，(**イ**)のように条件を変えたときのグラフをそれぞれかきなさい。ただし、1gの固体Aに10cm^{3}の液体Bを加えて、十分な時間をおいたときに発生した酸素は100cm^{3}とします。

(**ア**)固体Aの重さをいろいろ変えて、それぞれに10cm^{3}の液体Bを加えたときの、固体Aの重さと、発生した酸素の体積との関係。ただし、固体Aの重さは1gから始めるとします。

(**イ**)1gの固体Aに液体Bの体積をいろいろ変えて加えたときの、液体Bの体積と、発生した酸素の体積との関係。

問２　二酸化炭素について、下の各問いに答えなさい。

（１）二酸化炭素を発生させるため、石灰《かい》石に、ある液体Cを加えました。この液体Cはある気体をとかした液体です。この気体の性質として適当なものを、下の①～⑥の中からすべて選び、番号で答えなさい。

①　水にぬらした青いリトマス紙を赤くする。
②　水にぬらした赤いリトマス紙を青くする。
③　においはない。
④　刺《し》激臭《しゅう》がある。
⑤　空気よりも重い。
⑥　空気よりも軽い。

（２）二酸化炭素を固体にしたものを何といいますか。

令和５年度　入 学 試 験 問 題

理　科(前期日程)

(45分)

開 智 中 学 校

(5) 兄と弟の所持金の比は、5：2でした。兄が弟に360円わたしたので、所持金の比は3：2になりました。兄の初めの所持金はいくらでしたか。

(6) 男子7人、女子8人のクラスがあります。算数のテストで女子の平均点が65点、全体の平均点が63.6点のとき、男子の平均点は何点になりますか。

(7) 今、時計の針がちょうど3時を指しています。この後、長針と短針との角度が最初に2度になるのは何分後ですか。

Ⅱ　次の各問いに答えなさい。

(1)　$\frac{6}{5}$，$1\frac{1}{4}$，1.1 のうち、一番大きい数と、一番小さい数の差を分数で表すといくらになりますか。

(2)　時速 40 km で 15 km の道のりを進むのにかかる時間は何分何秒ですか。

(3)　$\frac{3}{\square}$ は $\frac{5}{8}$ と $\frac{6}{7}$ の間にあります。この $\square$ に入る整数は何ですか。

(4)　2 %の濃《こ》さの食塩水 150 g と、4 %の濃さの食塩水 50 g を混ぜたときの食塩水の濃さは何%ですか。

(5)　$6.4 \times 8.3 + 53.01 \div 9.3 - 46.1 \times 1.2$

(6)　$\left\{ \frac{4}{7} \times 2.94 \div \left(1\frac{1}{3} - \frac{8}{15} \right) - \frac{7}{9} \right\} \div 1\frac{2}{15}$

(7)　$2.97 \times 75 + 0.03 \times 120 - 3.03 \times 45$

(8)　$1 + \cfrac{4}{1 + \cfrac{3}{1 + \cfrac{1}{2}}}$

【注意】答えはすべて解答用紙に書きなさい。

Ⅰ　次の計算をしなさい。

(1)　$5 \times 3 \times 13 - (2 + 7) \times 3$

(2)　$1\frac{3}{7} - 2 \times \left(\frac{2}{5} - \frac{1}{4}\right) \times 1\frac{3}{7}$

(3)　$\left\{0.3 \div \frac{3}{4} + \left(\frac{1}{4} + 1.25\right) \times 0.8\right\} \div 0.8$

(4)　$\frac{6}{7} \div 1\frac{4}{5} \times \left(1\frac{3}{4} - 1\frac{2}{5}\right) - \frac{16}{21} \times \frac{5}{12} \div 2\frac{6}{7}$

2023(R5) 開智中
教英出版

令和5年度　入 学 試 験 問 題

算　数（前期日程）

（60分）

開 智 中 学 校

ウ　今の阪神タイガースには当時の選手や監督は残っておらず、昔のファンが語るエピソードは今のファンにはとうてい信じられるものではないから。

エ　当時の阪神タイガースと今の阪神タイガースでは選手や監督がまったく替わってしまっているのに、熱狂的なファンにとっては、阪神タイガースは今も昔も変わっていないかのように応援しているから。

問八　[Y] にあてはまる言葉として適切なものを次の中から一つ選び、記号で答えなさい。

ア　人気チーム　　イ　読売ジャイアンツの宿敵　　ウ　動的平衡　　エ　生き物

問九　――線⑥「同じものであり続けるためにバランスを取っている」とありますが、これはどういうことですか。その説明として適切なものを次の中から一つ選び、記号で答えなさい。

ア　部の発《ほっ》足当初からのルールを守り続けることで、メンバーが替わっても伝統をしっかりと受け継《つ》いでいるということ。

イ　部のメンバーが替わってもそれぞれの時代に合ったルールを適用することで、時代ごとの伝統を作っているということ。

ウ　常に新しい考えや方法を取り入れて部のルールを作り、それまでの伝統も新しく作り変えているということ。

エ　部員や規則などを少しずつ変えながら、部の理念や本質を大切にすることで、伝統を守っているということ。

問十　次に示すのは、この文章を読んだ四人の生徒が話している場面です。本文の内容と照らして適切でない発言を次の中から一つ選び、記号で答えなさい。

ア　私たちの体は、一見変化していないように見えるけれど、毎日細胞を入れ替えて新しい「私」になっているんだね。

イ　そうだね。生き物だけじゃないんだ。組織や集団も古くなったものと新しいものを入れ替えることで長く続いているんだよ。

ウ　新しいものと古いものを入れ替えると、生き物も組織も見かけは同じだけどまったく違ったものになってしまうんだね。

エ　全体がすっかり変わってしまうんじゃなくて、一部が変わっても中身の大切な部分は変わらないということだよね。

三　次の文章を読んで、後の問いに答えなさい。

ピアニストを目指す美和は、長野県ピアノコンクールで優秀《しゅう》賞をとるために日々、練習を重ねてきたが、この大会で二位に終わった。大会後、再開したピアノの練習で、突《とつ》然左手の小指が動かなくなり、ピアノをひくことが難しくなった。

お詫び

著作権上の都合により、文章は掲載しておりません。
ご不便をおかけし、誠に申し訳ございません。

教英出版

お詫び

著作権上の都合により、文章は掲載しておりません。
ご不便をおかけし、誠に申し訳ございません。

教英出版

（山崎玲子『もうひとつのピアノ』）

問一　[A]～[D]にあてはまる言葉として適切なものを次の中からそれぞれ一つずつ選び、記号で答えなさい。

ア　きらきら　イ　すっきりと　ウ　ぎらぎら　エ　ふつふつと　オ　がたんと

問二　――線①「じりじりとしたものが、わきあがってくる」とありますが、このときの美和の気持ちとして適切なものを次の中から一つ選び、記号で答えなさい。

ア　大勢の人の前でピアノをひくというコンクールでしか味わえない喜びや感動の気持ちが思い起こされた。
イ　次のコンクールでは母を喜ばせるためにライバルに絶対に負けないぞという気持ちが少しずつわいてきた。
ウ　極度の緊《きん》張でふだんの練習の成果を十分に発揮できなかったことに対する歯がゆい気持ちが思い出された。
エ　優秀賞をめざして練習してきたのに一位をとれなかったことに対する悔《くや》しい気持ちがよみがえってきた。

問三　――線②「コンクールっていうのは、残酷なものだね」とありますが、おばあちゃんがそのように考えるのはなぜですか。次の説明に合うように二十五字以内で答えなさい。

【コンクールが練習の成果を発表する場ではなく、（　　　　）になっているから。】

問四　――線③「ざるの目」とは、ここでは何のことですか。適切なものを次の中から一つ選び、記号で答えなさい。

ア　テレビのニュース　　イ　審査員の評価　　ウ　周囲の期待　　エ　ピアニストの卵

問五　――線④「その瞬間、美和はわかった」とありますが、何がわかったのですか。わかったことを二点、「電車」という言葉を用いずに、それぞれ二十五字以内で答えなさい。

問六　**X** にあてはまる内容として適切なものを次の中から一つ選び、記号で答えなさい。

ア　母に喜んでもらえるむすめになることができる
イ　ピアノコンクールにちょう戦することができる
ウ　自分で行き先と乗る電車を決めることができる
エ　家族みんなで同じ坂を力強く登ることができる

問七　「美和」はどのような人物だと考えられますか。適切なものを次の中から一つ選び、記号で答えなさい。

ア　目標につまずいたことで、自分の人生は自分で考えて行動するものだと気づき、新たな目標を探そうと前向きに生きようとする女の子。
イ　三代続いてピアニストになる夢を追いかけてきた美和の家族だが、その夢を絶ちきることで新たな人生を歩もうとする勇敢《かん》な女の子。
ウ　母の夢をかなえようと小さな頃《ころ》から一生けん命にピアノの練習にはげみ、コンクールにちょう戦し続ける母親思いのやさしい女の子。
エ　親の圧力におしつぶされそうになりながらも、周囲の人に支えられながら親の期待にこたえるために一途《ず》にピアニストをめざす女の子。

問八　本文の内容や表現の効果について説明したものとしてふさわしいものを次の中から一つ選び、記号で答えなさい。

ア　寒い冬の情景描《びょう》写と美和の心情が重ねられ、これから進む美和の未来が決して穏《おだ》やかな道ではないことを示している。
イ　自分の人生の目標についてもう一度考え直そうとする美和の姿がスイッチバックで坂を登る電車にたとえられている。
ウ　美和の視点を通して祖母の言動を描《えが》くことで、ピアノに向き合うことができない美和のつらい気持ちを際立たせている。
エ　母と美和の親子の会話から、ピアノを通じて心の奥《おく》底ではお互《たが》いを理解し、しっかりとつながっていることが読み取れる。

2023(R5) 開智中
教英出版

令和四年度　入学試験問題

国　語（前期日程）

（60分）

開智中学校

2022(R4) 開智中
教英出版

【注意】答えはすべて解答用紙に書きなさい。特に指定のない場合、句読点や記号も字数にふくみます。

一　次の問いに答えなさい。

問一　次の①〜⑩の〜〜〜〜線を引いたカタカナの部分を漢字に直しなさい。

①　予防のためのワクチンをセッシュする。
②　ボランティアにサンカするつもりだ。
③　クラスで話し合うキカイを持った。
④　大雨のケイホウが何日も続いた。
⑤　ガイロジュから差しこむ光。
⑥　パーティーにショウタイする。
⑦　部下の不正に対してインセキ辞職をした。
⑧　スマートフォンにムチュウになり寝不足だ。
⑨　あの子はマワりに目を配ることができる。
⑩　団長としての役割をハたす。

問二　次の①〜⑤の〜〜〜〜線を引いた漢字の読み方をひらがなで答えなさい。

①　悪事に加担する。
②　的を射た答えである。
③　決勝に向け発破をかけた。
④　谷の底に石を放る。
⑤　寒いので上着を一枚羽織る。

問三　次の①〜④の漢字の部首名をひらがなで答えなさい。また総画数を漢数字で答えなさい。

①　粉　　②　照　　③　印　　④　駅

問四　次の①・②の意味が反対になる熟語の組み合わせとして正しくないものをそれぞれ一つずつ選び、記号で答えなさい。

①　ア　移動・固定　　イ　精神・肉体　　ウ　得策・損失　　エ　義務・権利
②　ア　活発・静止　　イ　部分・全体　　ウ　円満・不和　　エ　原理・応用

問五 次の①・②の意味が同じになる熟語の組み合わせとして正しくないものをそれぞれ一つずつ選び、記号で答えなさい。

① ア 地区・地域　イ 未開・原始　ウ 案外・意外　エ 手段・手順

② ア 音信・消息　イ 原本・台本　ウ 適例・好例　エ 助力・加勢

問六 次の①・②の意味にあてはまる四字熟語を、それぞれ後の語群から一つずつ選び、カタカナを漢字に直して答えなさい。

① 自分だけの考えで決めて、勝手に物事を進めること。

② 昔から伝えられている話やいわれ。

【語群】

・コジライレキ　・フゲンジッコウ　・ドウコウイキョク　・ドクダンセンコウ

問七 次の①・②の□に共通して入る漢字一字を答えなさい。

①
買ってきた金魚を自分で□てる。
二軍の選手を□成する。
子どもの才能を□む。

②
夏は□水器でのどをうるおす。
お茶が熱いので□ましてから飲む。
とても□ややかな目で見られた。

問八 次のア～エの各文のうち、慣用句の使い方として正しいものを一つ選び、記号で答えなさい。

ア 板がきれいにそろうように相づちを打った。

イ 弟はほぞをかむほど努力をして検定に受かった。

ウ 友人のそでにすがって宿題をやり終えた。

エ 後がないので雲をつかむ思いで願をかけた。

問九 次の①～③の意味を持つ慣用句になるように、□にあてはまる漢字一字を答えなさい。

① 仕事の合間にむだ話をしてなまけること。
油を□る

② 元気よく活動する力がなくなること。
油が□れる

③ 勢いをさらに強くさせること。
火に油を□ぐ

問十　次のア～エの各文のうち、敬語の使い方が正しくないものを一つ選び、記号で答えなさい。

ア　会長がお話しになったことを検討したいと思います。　**イ**　こちらの商品はお求めになりやすい値段になっております。

ウ　お客様が受付にいらっしゃいました。　**エ**　母が先生によろしくとおっしゃっておりました。

二　次の文章を読んで、後の問いに答えなさい。

ある人にとっては当たり前だったり、やるのが当然だったりすることでも、別の人にとっては必ずしもそうではないといったことがとても多い。ですから調理実習に限らず、複数でコトを進めていくときには、あらかじめやり方や進め方を話し合っておくことが大事です。むしろ自分のやり方やこだわりは、相手のそれとは違《ちが》うという前提で臨《のぞ》んだほうがいいでしょう。各人にもとめられるのは「①柔軟《じゅうなん》性」です。

それは、学校や職場だけでなく、大恋《れん》愛の末に結婚《こん》したカップルのあいだでも同じです。

一緒《しょ》に暮らすようになるまでは他人同士で生きてきたのですから、価値観は違って当然ですし、家事のやり方、すすめ方が二人のあいだで異なるのも当たり前のことです。ましてや〝得意〟〝不得意〟もあれば、〝できる〟〝できない〟の問題もあるでしょう。暮らしの中のいろんな場面で衝突《しょうとつ》が起こるのは自然なのです。

ところが、衝突を避《さ》けて、また衝突を悪いことのように考えてしまって、どちらかが無理に相手に合わせる関係を続けているとストレスが生じます。パンツのたたみ方に悩《なや》むAさんが、まさにその②典型です。むしろ、いやなものはいや、できないことはできないと率《そっ》直に話し合って、二人が妥《だ》協できる点を探したほうが、長い目で見れば間違いなくお互《たが》いにとってプラスになるはずです。

自分のたたみ方にこだわることは悪いことではありません。しかし一方で相手のたたみ方を尊重する姿勢も大切です。相手が自分の思うようにしてくれないのを非難するのでなく、話し合って「ああ、そういうたたみ方もあるのか」と一歩引いてうけとめられたら、きっと二人ともが満足できるに違いありません。またそうすることで、二人の関係もより深まるのではないでしょうか。

「あなたは、家庭科が好きですか」と僕《ぼく》は授業でよく聞きます。反応は、それこそいろいろですが、「家庭科は大切だと思いますか」とたずねると、ほとんどの生徒が「大切だと思います」と答えてくれます。③それは、学習するテーマが、どれも生活に密着した身近なものであると同時に、すぐに役立つ内容がたくさん含《ふく》まれているからでしょう。

［A］現在、中学・高校の家庭科では、衣・食・住・家族・保育・消費経済・福祉《し》の各分野を学習します。「家庭科」という教科でひとくくりにされているので、各分野はお互いに強く関連していると思いがちですが、学問としてはまったく別々のものです。でも実際の生活の側から考えれば、分野ごとに分けない方がむしろ自然で、「生活をトータルに見る」ことが家庭科の大きな特徴《ちょう》になっています。また、この④「ごった煮《に》」状態が、生徒一人ひとりの生活にさまざまな角度から光を当てる役割もはたしているのです。

［B］「はじめに」でもふれましたが、僕たち家庭科の教員は、家庭科の勉強を通して、生徒本人に「生活力」を身につけて欲《ほ》しいと思っています。でも高校一年生くらいだと、まだまだ「親」にしてもらうのが当たり前という感覚でいる生徒も多いのが実情です。

［C］食品の授業で栄養について勉強をしたあと、「今日はいいことを教えてもらいました。帰ったら早《さっ》速お母さんにちゃんとやるように言います」なんて生徒から言われると、⑤本当にがっくりきます。まあ、親のほうが「やってあげるのが愛情だ」と勘《かん》違いしている場合もありますから、生徒のせいだとばかりは言えません。

［D］発表する過程で自分の考えを整理できるようになるし、［ Ｉ ］的に自分を見ることができるようになるからです。反対に聞いている人は、自分とは異なる考え方にふれることで、自分の生活を振り返ることができるからです。

［E］家庭科は、国語や数学といった受験科目と違って、「必ず模範《はん》解答がある」科目ではないので、みんなの意見を聞くうちに「ああ、そういう考え方もあるのか」とか「そういうやり方があるんだ」と気付くようになります。そして知らず知らずのうちに、自分の暮らしている社会には、実に多種多様な人がいて、その数だけ生き方や考え方があることを理解するようになります。それは取りも直さず、他の人の考え方や価値観で、物事をとらえなおす能力を身につけたということです。

これを⑥「複眼でものを見る力」と言います。人生の選択《たく》に迷ったとき、複眼で自分の置かれている状況《きょう》を振り返ることができたなら、おそらく後悔《かい》するような選択はしなくなるでしょう。また、それは、相手の立場に立って考えられるということですから、人間関係もよりよいものになってゆくでしょう。

（南野忠晴『正しいパンツのたたみ方　新しい家庭科勉強法』岩波ジュニア新書）

問一　――線①「柔軟性」とはどのような態度をとることですか。パンツのたたみ方を例にして五十字以内で説明しなさい。

問二　――線②「典型」の意味として適切なものを次の中から一つ選び、記号で答えなさい。

ア　見本　　イ　定型　　ウ　本質　　エ　回答

問三　――線③「それ」とはどういうことですか。二十字以内で答えなさい。

問四　――線④「『ごった煮』状態」とありますが、ここではどういうことですか。適切なものを次の中から一つ選び、記号で答えなさい。

ア　家庭科で学習するテーマが、生活に密着した便利なものであるということ。
イ　家庭科で学ぶ分野は、生活をする上でどれも重要なものであるということ。
ウ　家庭科では、衣・食・住などの関連しあっている学問分野をトータルに学習すること。
エ　家庭科では、さまざまな学問を分野ごとに分けずにまとめてとらえるということ。

問五　――線⑤「本当にがっくりきます」とありますが、なぜですか。次の説明に合うように六十字以内で答えなさい。

【家庭科の勉強を通して（　　　　）から。】

問六　[Ⅰ] にあてはまる言葉を本文中の言葉を用いずに考えて漢字二字で答えなさい。

問七　――線⑥「複眼でものを見る力」とはどのような力ですか。本文中から二十五字以内でぬき出し、最初の五字を答えなさい。

問八　この文章には次の一文がぬけていますが、[A]～[E]のどこに補うのが適切ですか。記号で答えなさい。

また、授業では、できるだけ自分の考えを発表してもらうようにしています。

問九　次に示すのは、この文章を読んだ四人の生徒が話している場面です。本文の内容と合うものを次の中から一つ選び、記号で答えなさい。

ア　Aさんはパンツのたたみ方が違うと奥さんに言われて悩んでいたんだね。奥さんが二人で取り決めた方法とは異なる自分のたたみ方をAさんに押しつけたのが悪かったね。
イ　自分の考えをしっかり持つことも大切だよ。人の意見にばかり影響《えいきょう》されていると自分の考えがなくなってしまって、結局まわりの人とうまくいかなくなるのじゃないかな。
ウ　パンツのたたみ方だけでなく、わたしたちが生きている社会にはさまざまな考え方の人がいるから、まずは自分と違う意見にも耳を傾《かたむ》け

2022(R4) 開智中
K 教英出版

(8)　1 個 200 円のパンをいくつか買う予定で、おつりの出ない金額を用意してパン屋に行きました。しかし、パンは売り切れていたため、1 個 160 円のドーナツを買いました。すると、予定より 1 個多く買えて、40 円残りました。用意したお金はいくらでしたか。

(9)　下の図のような台形 ABCD を辺 AD を軸《じく》として 1 回転させてできる立体の体積は何 cm^3 ですか。ただし、円周率は 3.14 とします。

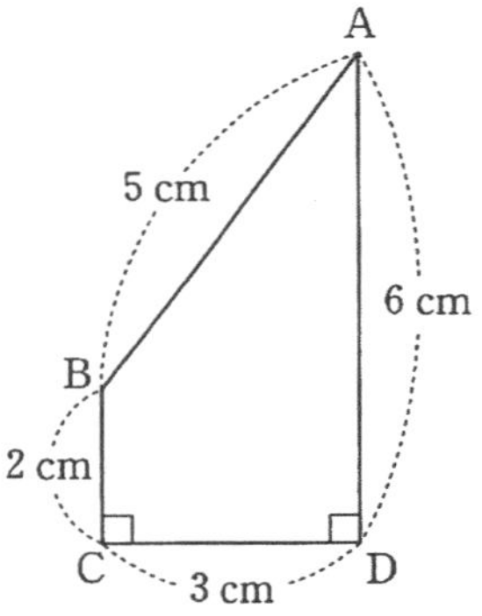

(10)　下の図のように、おうぎ形 OAB の周上に点 C があります。点 B を通る直線で折り返したとき、点 O と点 C が重なりました。このとき、アの角の大きさは何度ですか。

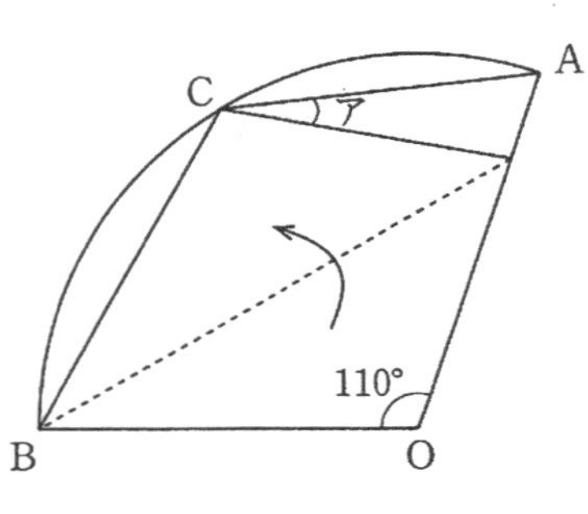

Ⅲ　下の表のように、ある一定の規則で奇数を順に並べていきます。

	1列	2列	3列	4列	5列	…
1行	1	5	11	19	29	…
2行	3	9	17	27		
3行	7	15	25			
4行	13	23		⋱		
5行	21					
⋮	⋮					

例えば、15は上から3行目、左から2列目の数であるので【3，2】と表すこととします。このとき、次の各問いに答えなさい。

(1)　【5，3】が表す数は何ですか。

(2)　79はどのように表すことができますか。

(3)　【10，10】が表す数は何ですか。

Ⅳ　兄は午前10時に家を出発し、3 km離《はな》れた図書館へ向かいました。初めに分速50 mの速さで歩きましたが、途《と》中で忘れ物に気づき、分速60 mの速さで引き返しました。兄の忘れ物に気づいた弟は午前10時20分に家を出発し、分速40 mの速さで図書館に向かったところ、途中で兄に出会いました。兄は弟から忘れ物を受け取ったあと分速60 mで、弟は分速40 mの速さで図書館へ向かいました。下のグラフは、兄が家を出発してからの時間と、兄と弟それぞれの家からの距離《きょり》との関係を表したものです。このとき、次の各問いに答えなさい。

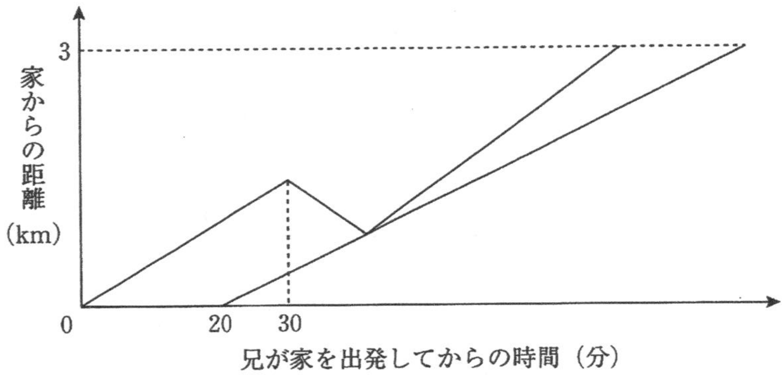

(1)　兄が忘れ物に気づき、引き返し始めたのは家から何mのところですか。

(2)　兄が忘れ物を受け取った時刻は午前何時何分ですか。

(3)　弟が図書館に着いたのは兄が図書館に着いた何分後ですか。

V　下の図のように、半径 6 cmの半円Oと、OA の長さが 6 cm，AB の長さが 8 cm，対角線 OB の長さが 10 cm の長方形 OABC が重なっています。長方形 OABC が点Oを中心に毎秒 3 度の速さで反時計回りに 180 度回転するとき、次の各問いに答えなさい。ただし、円周率は 3.14 とします。

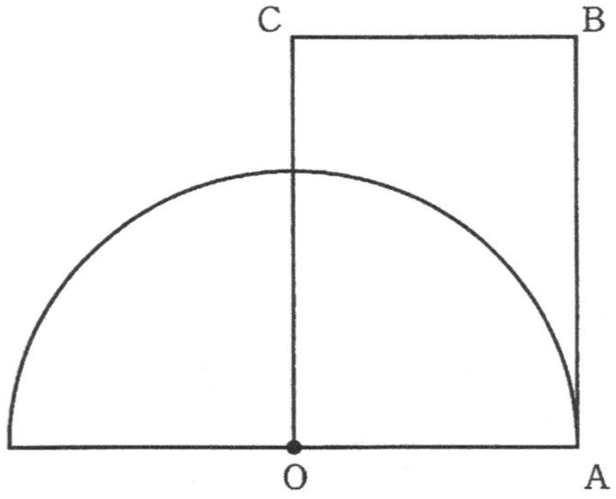

(1)　回転し始めてから 45 秒後に長方形と半円が重なっている部分の面積は何 cm^2 ですか。

(2)　点Bが動いてできる曲線の長さは何 cm ですか。

(3)　半円が長方形によって、3つのおうぎ形に分けられるとき、そのおうぎ形の面積を小さい順に並びかえると、面積の比が 1 ： 2 ： 3 になるのは何秒後と何秒後ですか。

(4)　辺 AB が動いてできる図形の面積は何 cm^2 ですか。

（1）＜図１＞の回路では、検流計やモーターに流れる電流の強さはどのようになりますか。最も適当なものを、下の①～④の中から1つ選び、番号で答えなさい。

① かん電池のプラス極側につないだ検流計の方が、モーターより強い電流が流れる。
② かん電池のマイナス極側につないだモーターの方が、検流計より強い電流が流れる。
③ 検流計に流れる電流の強さとモーターに流れる電流の強さをあわせると、かん電池に流れる電流の強さと等しくなる。
④ 検流計に流れる電流の強さは、モーターに流れる電流の強さと等しい。

（2）＜図２＞の回路では、＜図１＞の回路に比べて、１つのかん電池に流れる電流の強さとモーターの回る速さはどのようになりますか。最も適当な組合せを、下の①～④の中から１つ選び、番号で答えなさい。

	かん電池に流れる電流の強さ	モーターの回る速さ
①	強くなる	速くなる
②	強くなる	同じくらい
③	同じくらい	速くなる
④	同じくらい	同じくらい

（3）＜図３＞の回路では、＜図１＞の回路に比べて、１つのかん電池に流れる電流の強さとモーターの回る速さはどのようになりますか。最も適当な組合せを、下の①～⑥の中から１つ選び、番号で答えなさい。

	かん電池に流れる電流の強さ	モーターの回る速さ
①	強くなる	速くなる
②	強くなる	同じくらい
③	同じくらい	速くなる
④	同じくらい	おそくなる
⑤	弱くなる	同じくらい
⑥	弱くなる	おそくなる

問２　＜図４＞のように、手回し発電機でコンデンサーに電気をため、その電気を使って、Ａ～Ｄのようにモーターを回したり、豆電球や発光ダイオードを光らせたりしました。ただし、Ａ～Ｄのいずれの回路をつくるときも、コンデンサーにためた電気の量は同じものとします。

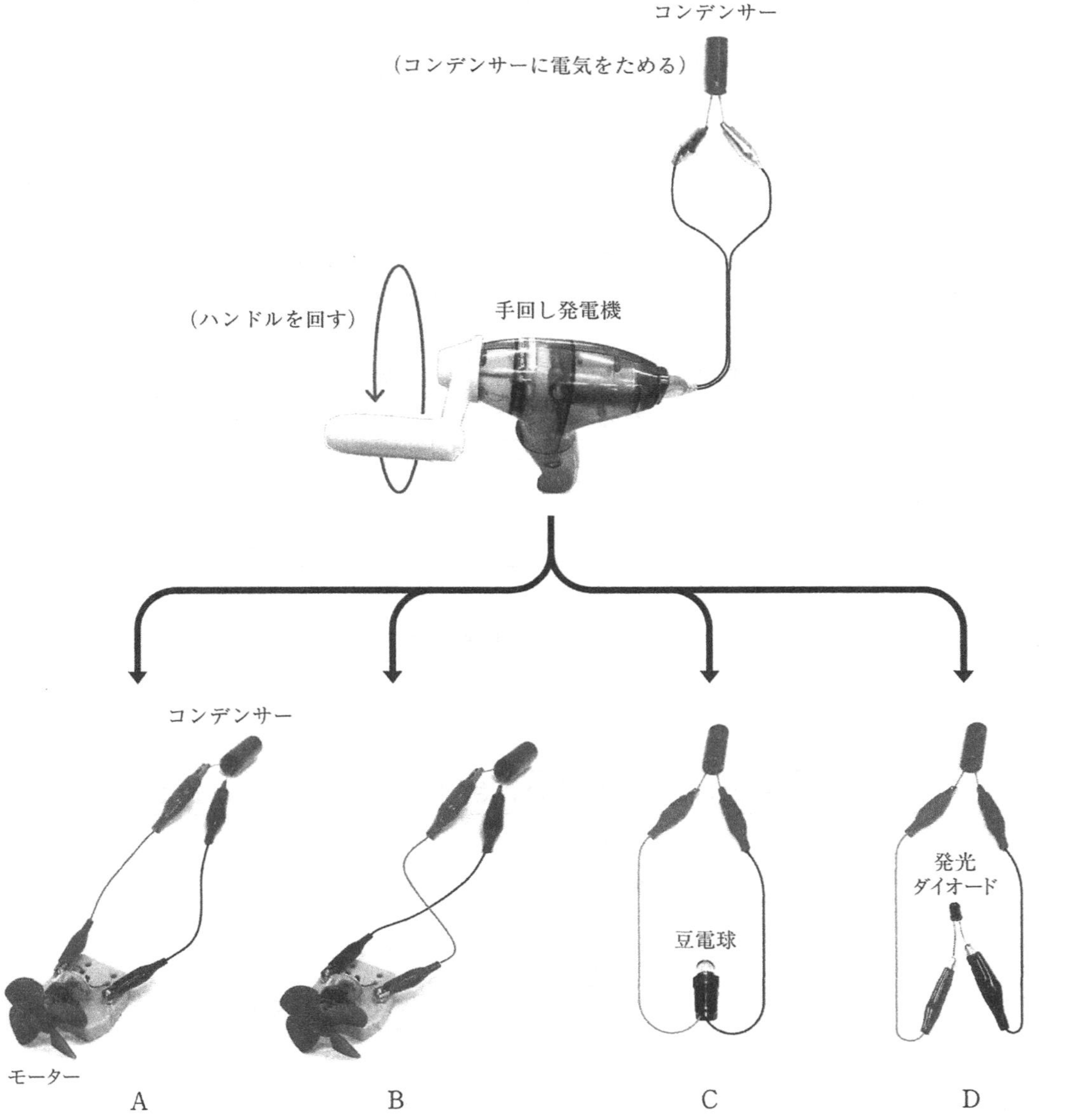

＜図４＞

（１）手回し発電機のハンドルを回すと、中にあるモーターのじくが回って発電します。発電機のじくの回転を利用した発電として適当なものを、下の①～④の中からすべて選び、番号で答えなさい。

①　水力発電　　　②　太陽光発電　　　③　風力発電　　　④　火力発電

（２）＜図４＞のＡでは、モーターが時計回りに回転しました。＜図４＞のＢのように、モーターとコンデンサーのつなぎ方をＡと逆にすると、モーターに流れる電流の向きとモーターの回転はどのようになりますか。最も適当なものを、下の①～④の中から１つ選び、番号で答えなさい。

①　モーターに流れる電流の向きが逆になるので、回転しない。
②　モーターに流れる電流の向きは変わらないので、時計回りに回転する。
③　モーターに流れる電流の向きが逆になるので、反時計回りに回転する。
④　モーターに流れる電流の向きは変わらないが、反時計回りに回転する。

（３）＜図４＞のＣ，Ｄで、豆電球と発光ダイオードの明かりがつく時間を比べると、発光ダイオードのほうが、長い時間明かりがつきました。その理由として最も適当なものを、下の①～⑥の中から１つ選び、番号で答えなさい。

①　発光ダイオードのほうが、流れる電流が強いから。
②　豆電球のほうが、流れる電流が強いから。
③　発光ダイオードは、電流の流れる方向が決まっているから。
④　豆電球は、ほとんど発熱しないから。
⑤　発光ダイオードは、コンデンサーにつなぐと発熱するから。
⑥　豆電球の電気が、コンデンサーにたくわえられるから。

Ⅵ　長さと重さが等しい棒におもりをつるし、てこのつりあいの実験をしました。次の各問いに答えなさい。ただし、糸の重さは考えないものとします。

問１　＜図１＞～＜図３＞のように、棒の中央を糸でささえ、さらに棒が水平になるようにおもりをつるしました。

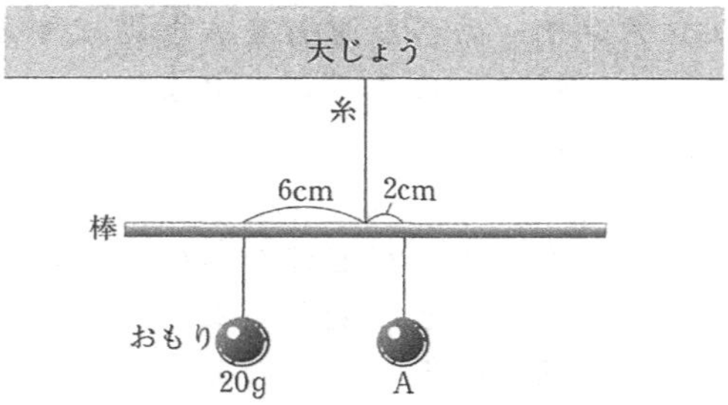

＜図１＞

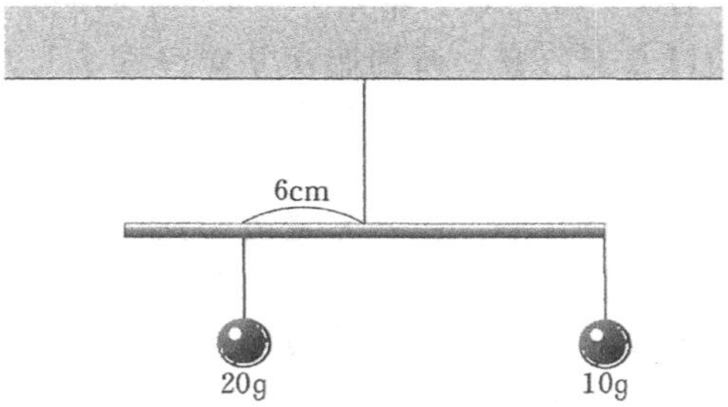

＜図２＞

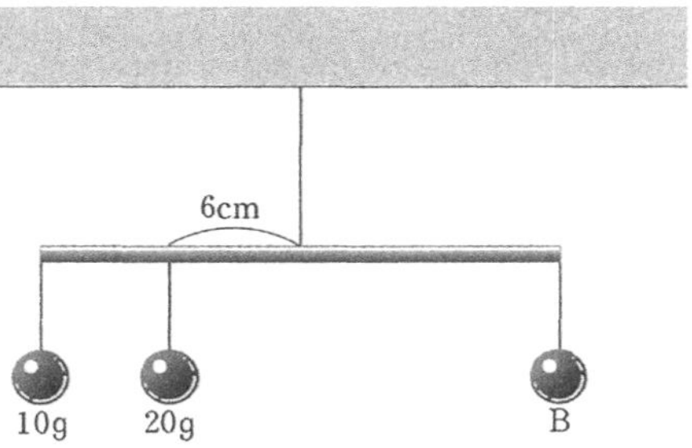

＜図３＞

（１）おもりAの重さは何gですか。

（２）棒の長さは何cmですか。

（３）おもりBの重さは何gですか。

問２　＜図４＞～＜図６＞のように、棒の左はしから８cmのところを糸でささえ、棒の右はしを定かっ車とおもりを使ってつり上げるようにし、さらに棒が水平になるようにおもりをつるしました。

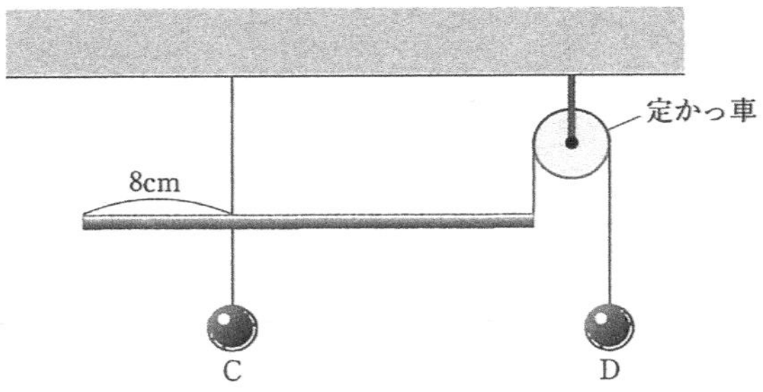

＜図４＞

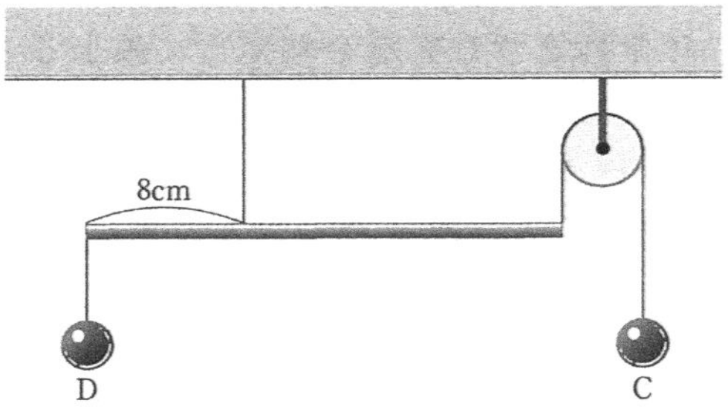

＜図５＞

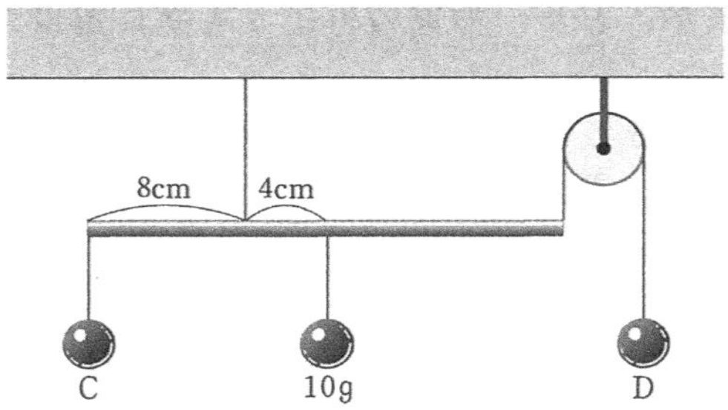

＜図６＞

（１）おもりＣの重さは何ｇですか。

（２）棒の重さは、おもりＤの重さの何倍ですか。

（３）おもりＤの重さは、おもりＣの重さの何倍ですか。

（４）棒の重さは何ｇですか。

Ⅶ　＜図１＞は、２日間にわたって気温を記録温度計で記録したものです。次の各問いに答えなさい。

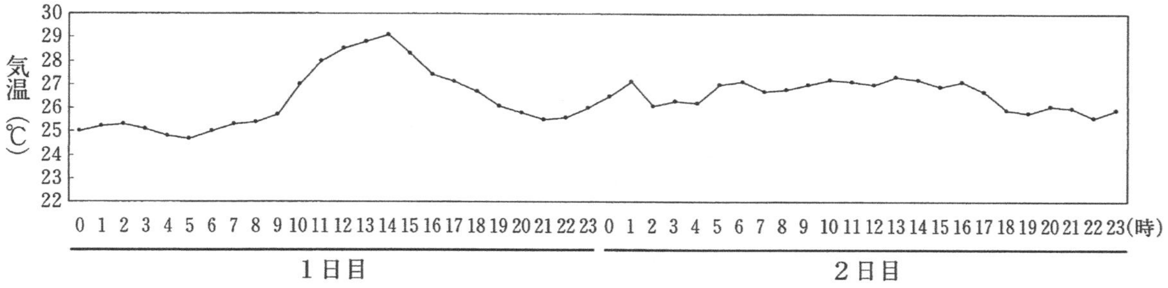

＜図1＞

問１　コダマさんは、自分の家でも気温を測定してみようと思い、庭にある物置の床《ゆか》から高さ1.5mの所に温度計を設置しました。そのことを先生に話したところ、「そこでは正確な気温は測定できないよ」といわれました。なぜ正確に測定できないのですか。その理由として最も適当なものを、下の①～④の中から１つ選び、番号で答えなさい。

①　物置の床付近の温度のほうが、床からはなれた所よりも気温に近いから。
②　物置の中は風通しが悪いから。
③　物置の中は日光があたらないから。
④　物置の中は熱がこもり、物置の外よりも常に温度が高く保たれているから。

問２　＜図１＞の記録をもとに、１日目と２日目がどのような天気であったと推定することができますか。最も適当な組合せを、下の①～④の中から１つ選び、番号で答えなさい。

	１日目	２日目
①	晴れ	晴れ
②	晴れ	くもりか雨
③	くもりか雨	晴れ
④	くもりか雨	くもりか雨

問３　晴れた日の気温と湿度について説明した文として最も適当なものを、下の①～⑦の中からそれぞれ１つずつ選び、番号で答えなさい。ただし、同じ番号を２度選んでもよい。

①　太陽の南中時刻に、最も高くなる。
②　太陽の南中時刻の約１時間前に、最も高くなる。
③　太陽の南中時刻の約２時間後に、最も高くなる。
④　太陽の南中時刻に、最も低くなる。
⑤　太陽の南中時刻の約１時間前に、最も低くなる。
⑥　太陽の南中時刻の約２時間後に、最も低くなる。
⑦　ほぼ一定である。

問４　風が生じる原因の１つは、海と陸で気温の変化に差があることです。このことについて調べるために、＜図２＞のように、ガラス容器に砂と水を入れ、電灯で熱して線香のけむりの動きを観察する実験を行いました。

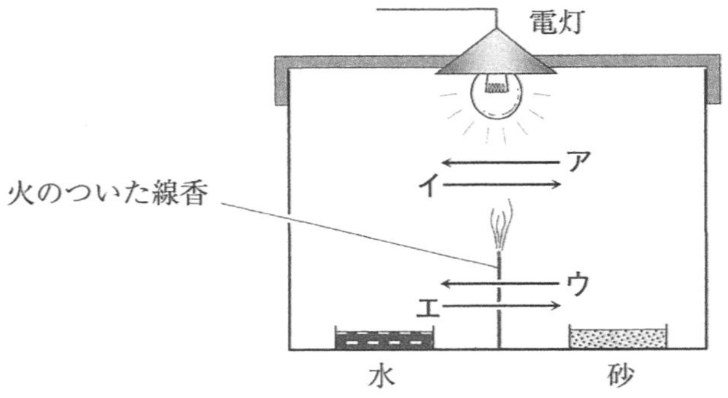

＜図２＞

（１）水と砂は、どちらがあたたまりやすいですか。

（２）＜図２＞の実験で、けむりの移動する向きを表す矢印として最も適当なものを、下の①～④の中から１つ選び、番号で答えなさい。

①　アとウ　　②　アとエ　　③　イとウ　　④　イとエ

（３）夏の晴れた日、陸から海に向かって風がふきやすい時間帯はいつですか。最も適当なものを、下の①～④の中から１つ選び、番号で答えなさい。

①　朝　　②　昼　　③　夕方　　④　夜

問六

問七

問八

問九

三

問一

問二

A

B

C

D

問三

問四

問五

問六

問七

問八

問九

受験番号

※150点満点
（配点非公表）

採　点

2022(R4) 開智中
教英出版

受験番号

令和４年度　入学試験　算数（前期日程）解答用紙　　開智中学校

Ⅰ	(1)		(2)		(3)		(4)	
	(5)		(6)		(7)		(8)	

Ⅱ	(1)	秒速　m	(2)	円	(3)	円	(4)	円ずつ
	(5)	m	(6)	点	(7)	ページ	(8)	円
	(9)	cm^3	(10)	度				

【解答用

受験番号

令和４年度　入学試験　理科（前期日程）　解答用紙　　　開智中学校

Ⅰ	問１	（１）		（２）		（３）	
		（４）		（５）		（６）	
	問２	ア		イ			

Ⅱ	問１	（１）											
		（２）	ア		イ		ウ		エ				
	問２		問３	（１）		（２）			問４				

Ⅲ	問１	（１）								
		（２）	A		B		C			
			D		E		F			
	問２	（１）			（２）	g	（３）	cm³		

【解答

Ⅳ	問1	(1)	ア		イ		ウ	
		(2)	ア		イ		ウ	
	問2	(1)		(2)				
	問3	(1)	g	(2)	g			

Ⅴ	問1	(1)		(2)		(3)	
	問2	(1)		(2)		(3)	

Ⅵ	問1	(1)	g	(2)	cm	(3)	g		
	問2	(1)	g	(2)	倍	(3)	倍	(4)	g

Ⅶ	問1		問2		問3	気温		湿度	
	問4	(1)		(2)		(3)		

※100点満点
（配点非公表）

採　　点

Ⅲ	(1)		(2)	【　　，　　】	(3)	

Ⅳ	(1)	m	(2)	午前　　時　　分	(3)	分後

Ⅴ	(1)	cm^2	(2)	cm	(3)	秒後と　　秒後
	(4)	cm^2				

※150点満点
（配点非公表）

採　点

令和四年度入学試験　国語（前期日程）解答用紙　開智中学校

一

問一
①
②
③
④
⑤
⑥
⑦
⑧
⑨ り
⑩ たす

問二
①
②
③
④ る
⑤ る

問三
① 画
② 画
③ 画
④ 画

問四
①
②

問五
①
②

問六
①
②

問七
①
②

問八

問九
①
②
③

問十

二

問一

問二

問三

問四

【注意】答えはすべて解答用紙に書きなさい。

Ⅰ　農芸部のノゾミさんは、さまざまな葉の形について研究しています。＜図１＞のＡ～Ｇは、ノゾミさんが校庭で採集したイチョウ，サクラ，タンポポ，マリーゴールド，コスモス，アサガオ，ススキのいずれかの葉の写真です。ただし、実際の大きさとは異なります。次の各問いに答えなさい。

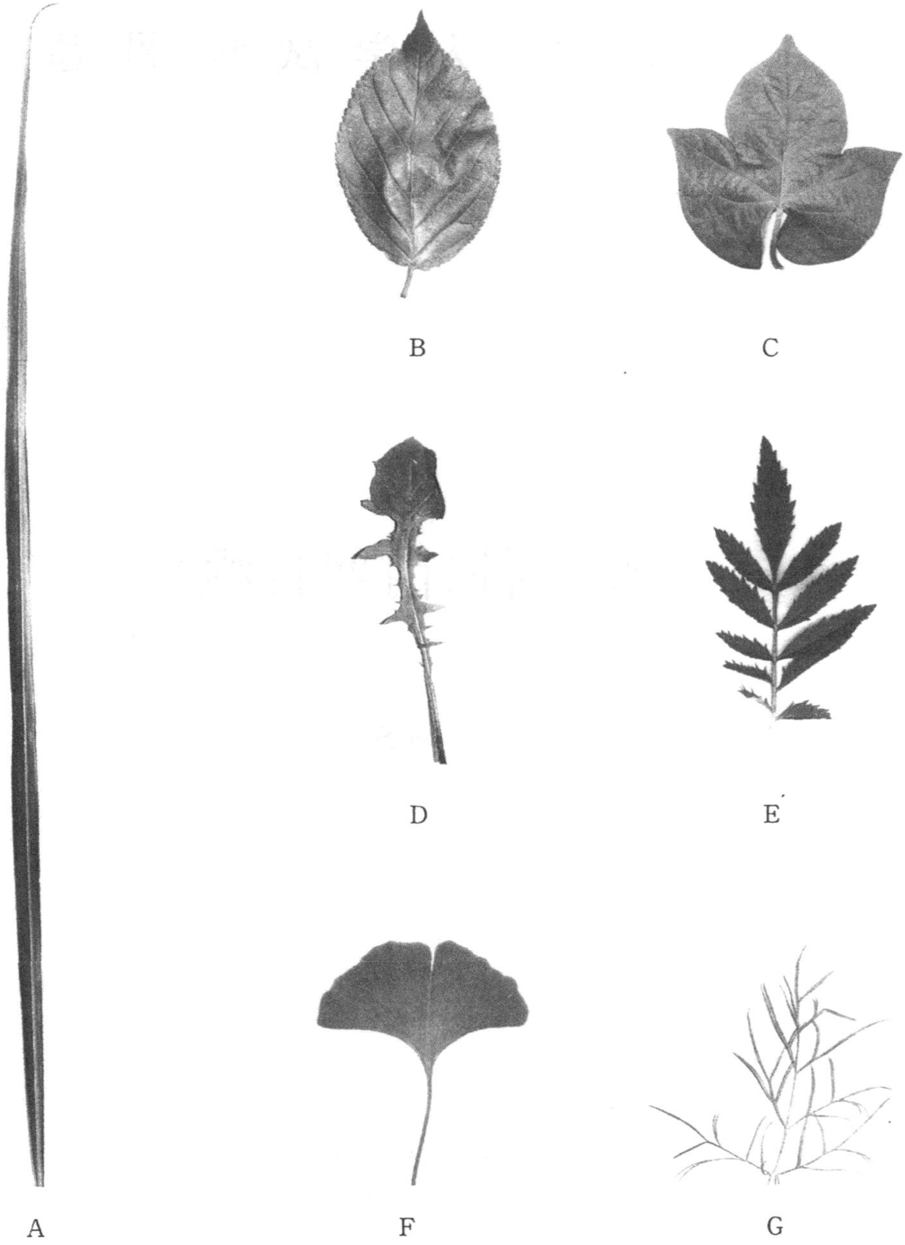

＜図１＞

問１　下の（１）～（６）の特ちょうをもつ植物の葉を、＜図１＞のＡ～Ｇの中からそれぞれ１つずつ選び、記号で答えなさい。

（１）じょうぶな幹《みき》をつくり、おもに春に花をさかせる。

（２）ロゼットの形で冬をこす。

（３）くきをまわりの木やへいなどにからませて、高い所にも葉をつける。

（４）お株《かぶ》とめ株がある。

（５）子葉が１枚である。

（６）＜図２＞のような花をさかせる。

＜図２＞

問２　＜図３＞はノゾミさんが植物園実習でさつえいしたサボテンの写真です。ノゾミさんはこの実習で、サボテンのとげは葉が独特な形になったものであることを学びました。このことについて、下の文中の（　**ア**　），（　**イ**　）にあてはまる語を、それぞれ答えなさい。

＜図３＞

サボテンの葉はとげのような形であるため、（　**ア**　）をおさえることができ、（　**イ**　）した環境《かん》でも生きていくことができる。

Ⅱ　農芸部のヒカリさんは、メダカと水草の関係について調べるために、＜図１＞のように、同じ量の水が入った同じ大きさのビーカーA，B，Cを用意しました。そして、ビーカーAには水草だけを、ビーカーBにはメダカ２匹《ひき》だけを、ビーカーCには水草とメダカ２匹をそれぞれ入れ、光が当たるあたたかい場所にふたをして置きました。次の各問いに答えなさい。

A　　　　　B　　　　　C

＜図１＞

問１　観察を始めてから１週間後、ビーカーAとビーカーCの水草をくらべてみると、ビーカーCの水草のほうがよく育っていました。

（１）ビーカーCの水草のほうがよく育った理由の１つとして最も適当なものを、下の①～④の中から１つ選び、番号で答えなさい。

①　メダカがビーカーの水の温度を下げたから。
②　メダカがビーカーの水をかき混ぜたから。
③　メダカのフンが水草の栄養になったから。
④　メダカが水草の葉を食べたから。

（２）ビーカーCの水草のほうがよく育った理由は、（１）以外にもう1つあります。その理由を説明した下の文中の（　ア　）～（　エ　）にあてはまる語として最も適当なものを、下の①～⑧の中からそれぞれ１つずつ選び、番号で答えなさい。

メダカの（　ア　）によって（　イ　）された（　ウ　）が、水草の（　エ　）に用いられたため。

①　消化	②　呼吸	③　光合成	④　放出
⑤　吸収	⑥　酸素	⑦　二酸化炭素	⑧　デンプン

問２　この観察を光が当たらない暗室で行った場合、ビーカーＢのメダカとビーカーＣのメダカのどちらのほうが先に弱っていくと考えられますか。理由とともに説明した文として最も適当なものを、下の①～④の中から１つ選び、番号で答えなさい。

①　メダカのえさとなる水草がないため、ビーカーＢのメダカのほうが先に弱っていく。
②　水草の光合成による酸素の放出が起こらないため、ビーカーＢのメダカのほうが先に弱っていく。
③　水草の成長にデンプンや水が消費されるため、ビーカーＣのメダカのほうが先に弱っていく。
④　水草の呼吸による酸素の消費が起こるため、ビーカーＣのメダカのほうが先に弱っていく。

問３　この観察では、各ビーカーにメダカのオスとメスを１匹ずつ入れました。＜図２＞は、観察に用いたメダカの写真です。

D　　　E

＜図2＞

（１）メダカのオスは、Ｄ，Ｅのどちらですか。記号で答えなさい。

（２）（１）の判断の手がかりとして適当なものを、下の①～⑤の中から２つ選び、番号で答えなさい。

①　背びれの切れ込みの有無。
②　尾びれの切れ込みの有無。
③　胸びれの形が平行四辺形に近い形かどうか。
④　腹びれの形が平行四辺形に近い形かどうか。
⑤　しりびれの形が平行四辺形に近い形かどうか。

問４　メダカのメスがうんだ卵の多くはどこにありますか。最も適当なものを、下の①～④の中から１つ選び、番号で答えなさい。

①　水草に付着している。　　②　つるつるした岩に付着している。
③　親の口の中で保護されている。　④　水中をただよっている。

Ⅲ　水溶《よう》液について、次の各問いに答えなさい。

問１　６種類の水溶液Ａ～Ｆがあります。これらの水溶液は、次の**ア**～**カ**のいずれかであることがわかっています。［実験１］～［実験３］を行い、Ａ～Ｆの水溶液が**ア**～**カ**のどれであるかを調べました。

ア	石灰《かい》水	**イ**	炭酸水	**ウ**	水酸化ナトリウム水溶液
エ	アンモニア水	**オ**	うすい塩酸	**カ**	食塩水

［実験１］Ａ，Ｅをそれぞれ試験管に入れて加熱すると、どちらもつんとしたにおいがした。

［実験２］Ａ，Ｃ，Ｆをそれぞれ赤色リトマス紙につけると、どれも色の変化はなかった。

［実験３］ＤとＦを混ぜると、白くにごった。

（１）［実験１］で、つんとしたにおいがしたのはなぜですか。最も適当なものを、下の①～④の中から１つ選び、番号で答えなさい。

①　水溶液を加熱すると、溶《と》けていた固体が出てきたから。
②　水溶液を加熱すると、溶けていた液体が出てきたから。
③　水溶液を加熱すると、溶けていた気体が出てきたから。
④　水溶液を加熱すると、水蒸気が出てきたから。

（２）Ａ～Ｆにあてはまる水溶液を、**ア**～**カ**の中からそれぞれ１つずつ選び、記号で答えなさい。

問２　アルミニウムと鉄が均一に混ざった粉が5gあります。この粉5gの中に、アルミニウムと鉄がそれぞれ何gずつ混ざっているかを調べるために、[実験4]，[実験5]を行いました。

[実験4]この粉1gに十分な量のうすい塩酸を加えると、気体が740cm^3発生し、粉はすべて溶けた。

[実験5]この粉1gに十分な量の水酸化ナトリウム水溶液を加えると、気体が500cm^3発生し、あとには0.6gの粉が残った。

（1）[実験4]と[実験5]で発生した気体は同じものです。この気体の名前を答えなさい。

（2）この粉5gの中に含《ふく》まれているアルミニウムの重さは何gですか。

（3）アルミニウム1gと鉄1gが混ざった粉に、十分な量のうすい塩酸を加え、粉をすべて溶かしました。発生した気体の体積は何cm^3ですか。

Ⅳ　水は、温度によってそのすがたが変化します。次の各問いに答えなさい。

問１　＜図１＞は、水がすがたを変えるようすを表しています。

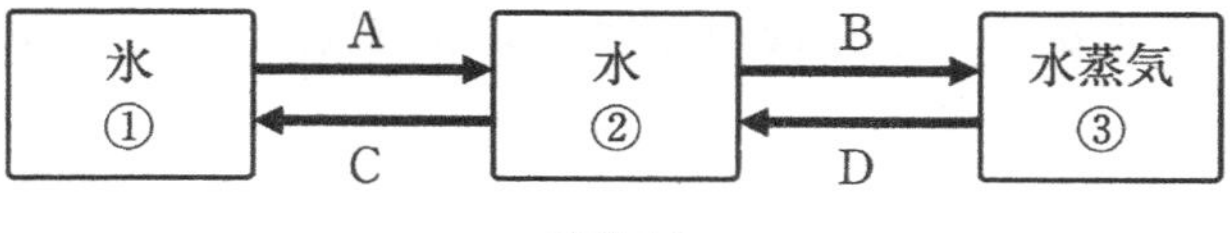

＜図１＞

（１）下の**ア**～**ウ**について、水はどのようなすがたをしていますか。最も適当なものを、＜図１＞の①～③の中からそれぞれ１つずつ選び、番号で答えなさい。ただし、同じ番号を何度選んでもよい。

ア　雨　　　　**イ**　雪　　　　**ウ**　霧《きり》

（２）下の**ア**～**ウ**の現象は、水がどのようにすがたを変えるときにみられますか。最も適当なものを、＜図１＞のA～Dの中からそれぞれ１つずつ選び、記号で答えなさい。ただし、同じ記号を何度選んでもよい。

ア　冷水の入ったコップを置いておくと、コップの表面に水滴《てき》がつく。
イ　外にほしたせんたく物がかわく。
ウ　冬の寒い日、土の中に霜《しも》柱ができる。

問２　＜図２＞のような装置を使って、氷水とふっとう石を入れた丸底フラスコを加熱したところ、しばらくすると氷がすべて溶《と》け、さらに加熱すると水がふっとうしました。水がふっとうしている最中にガスコンロの火をとめました。

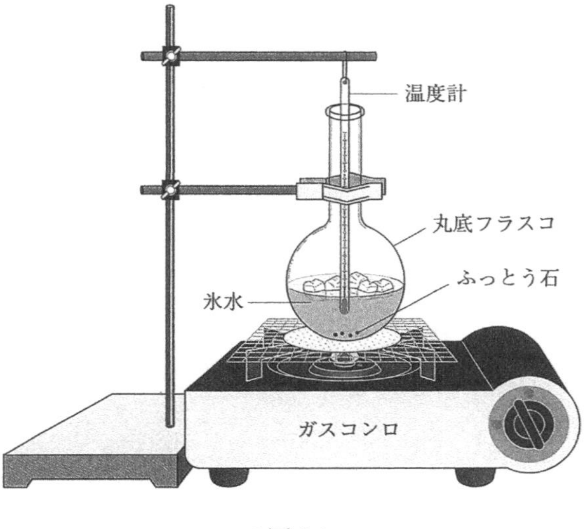

＜図２＞

（１）丸底フラスコにふっとう石を入れる理由として最も適当なものを、下の①～④の中から１つ選び、番号で答えなさい。

① 水をはやくふっとうさせるため。
② 水が急にふっとうするのを防ぐため。
③ 水がふっとうしないようにするため。
④ 水のよごれを無くすため。

（２）加熱を開始してからガスコンロの火をとめるまでの加熱時間と水の温度の関係を表したグラフとして最も適当なものを、下の①～⑤の中から１つ選び、番号で答えなさい。

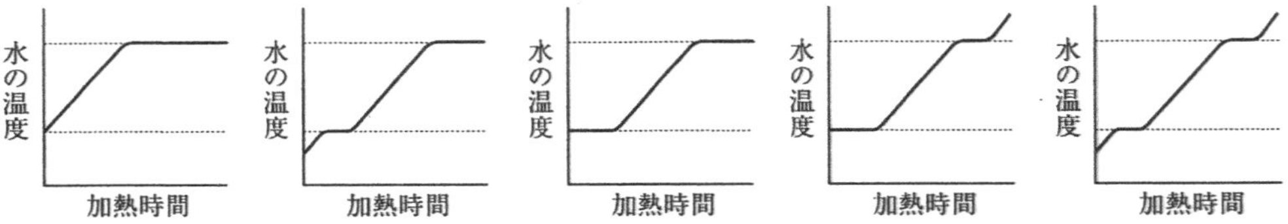

① ② ③ ④ ⑤

問３ 重さが180ｇのメスシリンダーで水を85cm^3正確にはかりとり、全体の重さをはかると265ｇありました。次に、メスシリンダーの中の水が蒸発しないようにゆっくりとすべての水をこおらせると、氷の体積は93cm^3になりました。

（１）このときの氷の入ったメスシリンダー全体の重さは何ｇですか。

（２）このときの氷１cm^3あたりの重さは何ｇですか。ただし、計算で割り切れないときは小数第３位を四捨五入し、小数第２位まで答えなさい。

V　電気の回路について、次の各問いに答えなさい。

問１　＜図１＞～＜図３＞の回路のスイッチを入れて、それぞれの回路に流れる電流の強さやモーターの回る速さを調べました。

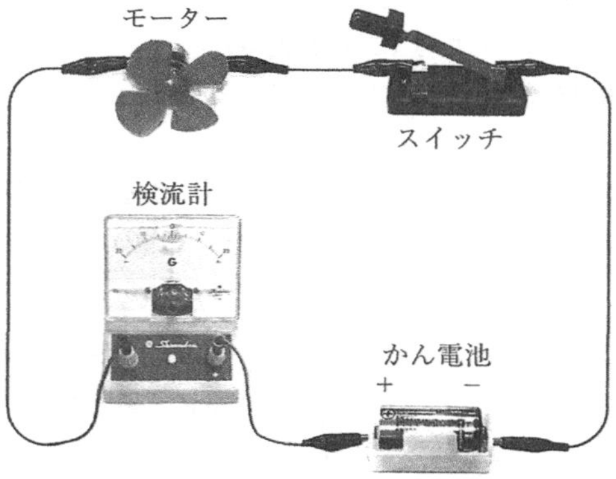

＜図１＞

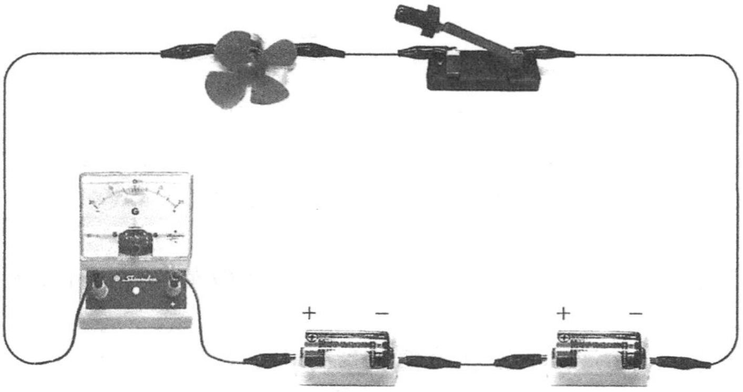

＜図２＞

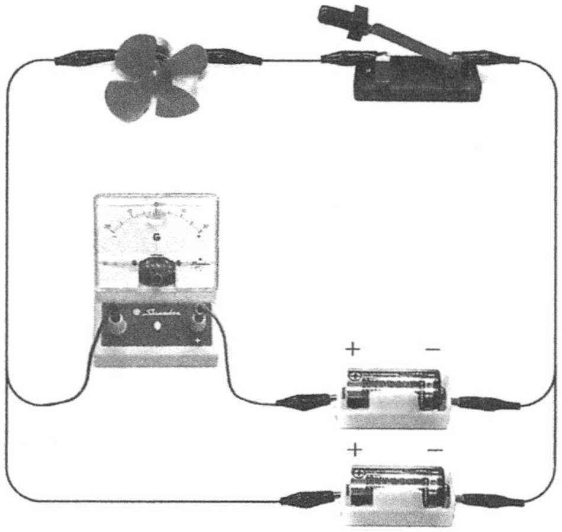

＜図３＞

令和４年度　入 学 試 験 問 題

理　科（前期日程）

（45分）

開 智 中 学 校

【注意】答えはすべて解答用紙に書きなさい。

Ⅰ　次の計算をしなさい。

(1)　$35 + 4 \times 25 - 60$

(2)　$2022 \times 17 - 2001 \times 17 - 11 \times 17$

(3)　$(0.6 + 0.7) \times 0.33 \div (1 - 0.89)$

(4)　$3.14 \times 5 \times 5 - 3 \times 5 \times 5$

(5) $21 \div \left(3\frac{1}{6} - \frac{4}{9}\right)$

(6) $\left(2.5 \times \frac{2}{5} + 4 \times 0.25\right) \times \left(0.125 \times 8 + \frac{1}{2} \div 0.5\right)$

(7) $2 \times 3 \times 4 + 4 \times 6 \times 8 + 6 \times 9 \times 12 + 8 \times 12 \times 16$

(8) $\frac{1}{30} + \frac{1}{35} + \frac{1}{40} + \frac{1}{42} + \frac{1}{48} + \frac{1}{56}$

Ⅱ　次の各問いに答えなさい。

(1)　時速 72 km は秒速何 m ですか。

(2)　4 m の重さが 160 g で、100 g あたりの値段が 120 円のリボンがあります。このリボン 1 m の値段はいくらですか。

(3)　ある品物に仕入れ値の 36 % の利益を見込《こ》んで定価をつけましたが、売れなかったので、定価の 25 % 引きで売ったところ、利益は 240 円になりました。仕入れ値はいくらでしたか。

(4)　兄は 1500 円、弟は 200 円持っています。祖父から同じ金額のお金をもらったので、兄の金額は弟の金額の 3 倍になりました。祖父からいくらずつもらいましたか。

(5)　家から 2100 m 離《はな》れた学校へ行きました。初めは分速 60 m で歩き、途《と》中から分速 150 m で走ると、全部で 26 分かかりました。走った道のりは何 m でしたか。

(6)　4 教科のテストを受けた太郎君の平均点は 86 点でした。算数の得点は国語より 14 点高く、理科は国語より 2 点低く、理科より社会の方が 6 点高くなりました。算数の得点は何点でしたか。

(7)　3 日間で 1 冊の本を読みました。1 日目には本全体の $\frac{1}{4}$ を読み、2 日目には本全体の $\frac{2}{5}$ を読み、3 日目には 1 日目よりも 24 ページ多く読むと、読み終わりました。この本は全部で何ページありましたか。

2022(R4) 開智中
教英出版

令和４年度　入 学 試 験 問 題

算　数（前期日程）

（60分）

開 智 中 学 校

ることが大切だね。

エ　多くの人の意見に賛成することでみんなと仲良くなれるし、相手の立場に立って考えられるので、大人になった時の人間関係もよりよいものになるね。

三　次の文章を読んで、後の問いに答えなさい。

> アン（本名はアンナ。家族からはアンと呼ばれている）は中学二年生。兄は幼少から天体に強い関心があり、現在は大学で天文学を研究している。

気がつくと、もうすぐ夜中の一時になろうとしていた。
雨は、ようやく弱まっていた。
今夜はクーラーなしでも涼《すず》しいくらいだ。ジュースでも飲もうと廊《ろう》下に出ると、お兄《にい》ちゃんと（　Ⅰ　）合わせた。
「アン、まだ起きてたのか」
お風呂《ふろ》あがりのお兄ちゃんからは、石鹸《けん》の匂《にお》いがした。
「うん、なんか眠《ねむ》れなくて。ジュースでも飲もうかなって」
「あ、俺《おれ》にも一杯《ぱい》くんできて」
「わかった」
お兄ちゃんの部《へ》屋にジュースを持っていくと、お兄ちゃんは、机の前で望遠鏡の掃除《そうじ》をしていた。
「はい、リンゴジュース」
「ありがとう」
お兄ちゃんは、家族にもよく、ありがとう、と言う。わたしは恥《は》ずかしくて言えない。

「はぁーあ」
「なんだよ、アン、ため息か?」
「別に、ちょっとね。なんかさ、中学って面倒《どう》くさいなと思って」
「そうだな、そういうところだな」
お兄ちゃんは、　A　言った。
「お兄ちゃんもそう思ってた?」
「中学も高校も受験勉強があったし、なかなか星の観測ができなかったからなぁ」
①やっぱり、そこにいくのか。
「お兄ちゃん、わたし、うーんと、遠くに行きたい。パーッと宇宙とか。いっそ、ほかの星にでも住みたいよ。木星とか」
レンズを磨《みが》いていた手を止め、お兄ちゃんは　B　言った。
「木星に住みたいって、それは無理だよ、アン」
「冗《じょう》談だよ、いくらわたしでもそんなこと無理ってわかってるし」
「そうだよな、びっくりしたよ。木星はガス惑《わく》星って呼ばれてて、水素やヘリウムでできてるんだから。地面がないから暮らせないよ」
②いやいや、そうじゃなくて。でも、木星ってそうなんだ、知らなかった。
「アン、住むなら絶対、火星だと思う」
いやいや、だから、そうじゃなくて。
「火星の一日は、地球より三十七分長いだけだからそんなに変わらない。それって、結構、重要ポイントだろう?」
そうですね、そうかもしれません……。
「間違《ちが》っても、天王星はやめたほうがいいよ。住む場所によっては、約四十年近く太陽が出っぱなしで、その後はまた四十年近く沈《しず》みっぱなしだからね。四十年もジリジリ太陽にあたっていたり、四十年も太陽のないところで凍《こご》えているなんて体力がつづかないよ。といっても、天王星もガス惑星だから、まぁ、住めないと思うけど」
お兄ちゃんは嬉《うれ》しそうに、半ば自慢《まん》げに笑った。これはお兄ちゃんなりのジョークで、相当うまくいったと思っている顔である。仕方がないので、わたしも力なく微笑《ほほえ》んだ。
お兄ちゃんは　C　言った。
「やっぱり地球が一番いいと思うよ、空気もあるし」

「でも、地球の中では、毎日毎日、嫌《いや》なできごとが起こってる。しかも、中学校は窮屈《きゅうくつ》だし」
「そうなんだ」
お兄ちゃんは大きくうなずいた。
「そうなんだ、アン。③窮屈なんだよ、窮屈に決まってる。だって、あんなに小さな建物の中にいるんだから。宇宙規模で見たら、びっくりするほど窮屈さ、中学校なんて」
お兄ちゃんは立ち上がり、網戸《あみど》越しの夜空を見上げた。いつの間にか雨はあがっていた。机の上のリンゴジュースの氷が、コップの中でカランと音をたてた。お兄ちゃんの骨張ったからだは、たまご色のTシャツに包まれている。よく見ると、④意外に広い肩《かた》だった。
窮屈に決まってる、と、お兄ちゃんが言ってくれて嬉しかった。嬉しいと思ったことで、わたしは誰《だれ》かにそう言って欲《ほ》しかったのを知ったのだった。
「そう、本当に、窮屈で走り出したくなるときがあるの」
「なぁ、アン。宇宙はあんなに広いっていうのに、俺たちは少し窮屈で、⑤でもそれは、すごい奇跡《きせき》って気もするんだよ」
「奇跡？」
「アン。おりひめって星、知ってるだろう？」
「おりひめと、ひこぼしの、おりひめ？」
「そう。おりひめ星は、ベガって呼ばれている星なんだけどね、実は宇宙人がいるんじゃないかって考えられてる星なんだ」
「えっ、そうなの⁉」
「アメリカの天文学者が書いた小説の中では、このベガから知的生命体の信号がやってくる設定になってる」
お兄ちゃんは［D］笑った。
「設定ってことは、いるってわかったわけじゃないの？」
「そう。わからない。わからないんだけど、たぶん、⑥もし、いたとしても人間みたいな知的生物はいないんじゃないかな」
「どうして？」
わたしは聞いた。
「ベガは地球より若い星なんだけど、寿命《じゅみょう》は地球よりうんと短い。たとえ、生物が誕生していたとしても、人間みたいな知的生命体にまで進化できないと思う」
「時間が、足りないってこと？」
「そうなんだよ、アン」

お兄ちゃんは言った。
「ね、お兄ちゃん。地球ができてから、人間が誕生するまで、どれくらいの時間がかかったの?」
わたしは尋《たず》ねた。
「宇宙の中で地球が誕生したのが約四十六億年前なんだけどね、それから、長い長い時間の流れの中で、生物は少しずつ進化していったんだよ。アン、地球の誕生が四十六億年前としたら、人間が誕生したのっていつごろだと思う?」
「うーん、三十億年くらい前?」
「アン、人間が誕生したって言われているのは、ほんの四百万年ほど前のことなんだよ」
「準備時間、長すぎだよ」
わたしがつぶやくと、お兄ちゃんは笑った。
「準備というのが適当な言葉かどうかは別として、そう、とても時間がかかっているんだ。さらに、宇宙が誕生したのが、約百三十七億年前って思うと、もう、莫《ばく》大な時間をかけて、俺たちはこの地球で誰かと出会っていることになる。窮屈だとしても、それは、やっぱりすごいことだって気がするんだよ」

（益田ミリ『アンナの土星』ＫＡＤＯＫＡＷＡ）

問一 〰〰線が「思いがけなく出会った」という意味の慣用句になるように、（　I　）に入るひらがな二字を答えなさい。

問二 [A]～[D]にあてはまる言葉として適切なものを次の中からそれぞれ一つずつ選び、記号で答えなさい。

ア　やさしい顔で　イ　うなずきながら　ウ　いたずらっぽく　エ　苦しそうに　オ　驚《おどろ》いて

問三 ――線①「やっぱり、そこにいくのか」とありますが、どういうことですか。適切なものを次の中から一つ選び、記号で答えなさい。

ア　面倒くさい理由が、受験勉強をしなければならないというところに結びついていること。
イ　面倒くさい理由が、学校の規則を守らなければならないというところに結びついていること。
ウ　面倒くさい理由が、友人関係が簡単には築けないというところに結びついていること。
エ　面倒くさい理由が、星の観測が思うようにできないというところに結びついていること。

問四　――線②「いやいや、そうじゃなくて」とありますが、アンはなぜそのような反応をしたのですか。適切なものを次の中から一つ選び、記号で答えなさい。

ア　アンは本当に木星に行くつもりではないのに、兄が木星のことを理解していないアンのことを批判し始めたから。

イ　アンは冗談を言っているに過ぎないことに気付いた兄が、めんどうくさそうに木星について話し始めたから。

ウ　アンは遠くへ行きたい例として木星を挙げただけなのに、兄が木星に住めない理由をくわしく説明し始めたから。

エ　アンは地球と違う星の例として木星を挙げただけなのに、兄が星の様子を比べて木星より火星をすすめたから。

問五　――線③「窮屈なんだよ」とありますが、兄は中学校の窮屈さをどうとらえていますか。二十五字以内で説明しなさい。

問六　――線④「意外に広い肩だった」とありますが、この時のアンの気持ちとして適切なものを次の中から一つ選び、記号で答えなさい。

ア　兄を思春期の悩《なや》みを理解できない遠い存在だと感じている。

イ　話を聞かずに夜空を見上げる兄に拒《きょ》否されたと感じている。

ウ　兄と対等に話をしている自分自身の成長を感じている。

エ　自分の悩みを受けとめてくれる兄に頼りがいを感じている。

問七　――線⑤「でもそれは、すごい奇跡って気もするんだよ」とありますが、兄はどういった点が「奇跡」だと感じていますか。適切なものを次の中から一つ選び、記号で答えなさい。

ア　宇宙が誕生してから莫大な時間をかける中、形を変えながらも現在まで地球が存在している点。

イ　地球が誕生してから莫大な時間をかけて人間が誕生し、この地球上で誰かに出会っている点。

ウ　地球が誕生してから莫大な時間をかけてのち、人間が約四百万年前にこの地球上に誕生した点。

エ　宇宙が誕生してからそれほどの時間をかけることなく、地球も人間も次々と誕生してきた点。

問八　――線⑥「もし、いたとしても人間みたいな知的生物はいないんじゃないかな」とありますが、それはなぜですか。次の説明に合うように四十字以内で答えなさい。

【たとえベガに生物が誕生していたとしても、（　　　　　　　　）から。】

問九　アンの兄はどのような人物だと考えられますか。適切なものを次の中から一つ選び、記号で答えなさい。

ア　天体の知識と関わらせながら、妹の悩みに答えようとする優しい人。

イ　何事も天体に結びつけてしまう、興味のあることしか考えない身勝手な人。

ウ　天体のことを理解できない人には、少々いい加減に接してしまう冷たい人。

エ　天体のことは置いておいても、悩んでいる妹を助けようとする立派な人。

令和三年度　入学試験問題

国　語（前期日程）

（60分）

開智中学校

2021(R3) 開智中
教英出版

【注意】 答えはすべて解答用紙に書きなさい。特に指定のない場合、句読点や記号も字数にふくみます。

一 次の問いに答えなさい。

問一 次の①～⑩の〰〰線を引いたカタカナの部分を漢字に直しなさい。

① 彼のベンメイを聞く。
② ビルがリンリツする。
③ 横綱《づな》のドヒョウ入り。
④ シンリョクの季節だ。
⑤ ホチョウを合わせる。
⑥ ホウタイを巻く。
⑦ 彼はオンコウな人だ。
⑧ シンミになって話を聞く。
⑨ 観光業をイトナむ。
⑩ 夜道はアブない。

問二 次の①～⑤の〰〰線を引いた漢字の読み方をひらがなで答えなさい。

① 情報を取捨選択《たく》する。
② 電話に雑音が入る。
③ 元来運動は好きではない。
④ 快く仕事を引き受ける。
⑤ 彼に仕事を任せる。

問三 次の①～④の漢字の部首名をひらがなで答えなさい。また総画数を漢数字で答えなさい。

① 配　② 福　③ 情　④ 造

問四 次の①・②の意味が反対になる熟語の組み合わせとして正しくないものをそれぞれ一つずつ選び、記号で答えなさい。

① ア 理想・現実　イ 軽少・多大　ウ 戦争・平和　エ 向上・底辺
② ア 外交・自国　イ 集合・解散　ウ 心配・安心　エ 出発・到《とう》着

問五　次の①・②の意味が同じになる熟語の組み合わせとして正しくないものをそれぞれ一つずつ選び、記号で答えなさい。

①　ア　耳目・見聞　　イ　結束・団体　　ウ　完治・全快　　エ　欠点・短所

②　ア　実力・地力　　イ　先日・過日　　ウ　存在・廃《はい》止　　エ　街頭・路上

問六　次の①・②の意味にあてはまる四字熟語を、それぞれ後の語群から一つずつ選び、カタカナを漢字に直して答えなさい。

①　文字や言葉を使わなくても、お互いの心と心で通じ合うこと。

②　他に心を動かされず、ひたすら一つのことに心を集中すること。

【語群】

・イクドウオン　　・イチネンホッキ　　・イシンデンシン　　・イチイセンシン

問七　次の①・②の□に共通して入る漢字一字を答えなさい。

①
高い□を持つ。
□願兵をつのる。
医師を□す。

②
紙が焼けて□れる。
学校は社会の□図である。
乾燥《かんそう》機で服が□んだ。

問八　次のア～エの各文のうち、慣用句の使い方として正しいものを一つ選び、記号で答えなさい。

ア　父が腕《うで》によりをかけて、スイーツを作った。

イ　兄は何度も電話をかけて、耳にたこができた。

ウ　姉はこの一戦に勝負をかけて、さじを投げた。

エ　母が手塩にかけて、息子《むすこ》のセーターを編んだ。

問九　次の①～③の意味を持つことわざ・慣用句になるように、□にあてはまる漢字一字を答えなさい。

①　目を大きく見開いてよく見ようとすること。
目を□のようにする

②　言葉に出さなくても、目の表情で相手に気持ちを伝えられるということ。
目は口ほどに□を言う

③　物事の理解が早いこと、または、すばやく抜《ぬ》け目がないこと。
目から□へ抜ける

問十　次のア～エの各文のうち、敬語の使い方が正しくないものを一つ選び、記号で答えなさい。

ア　お嬢《じょう》様のお耳に入れるわけにはまいりません。

イ　先生にお目にかかれて光栄でいらっしゃいます。

ウ　お口に合うかわかりませんがご賞味ください。

エ　こちらのキムチはお気に召《め》しましたか。

二　次の文章を読んで、後の問いに答えなさい。

　ファストフード店やコンビニエンスストアに行けば、いつでも個人で食事がとれてしまいます。家族で食べ物を分かち合わなくても、個人の欲望を満たす手段はいくらでもあります。家族でともに食卓《たく》を囲む必要性は薄《うす》れ、個人個人がそれぞれ好きなものを好きなときに食べればいい時代になっています。この状態は、人類がこれほどまで進化したことの負の側面とも言えるでしょう。

　コミュニケーションとしてあったはずの「共食」の習慣は消え、「個食」にとって代わられつつある。食卓が消えれば、家族は崩壊《ほうかい》します。人間性を形づくってきたものは家族なのですから、家族の崩壊は、人間性の喪《そう》失だと私は思います。そして、家族が崩壊すれば、家族同士が協力し合う共同体も消滅《めつ》していかざるを得ません。

　もちろん、家族やコミュニティという形態そのものが今すぐに消えてなくなるわけではありません。政治的な単位、あるいは経済的な単位としては、今後も長く残り続けると予想できるからです。

　①では、家族が崩壊してしまったら、人間はどう変化していくのでしょうか。

　そうなれば、人間社会はサル社会にそっくりなかたちに変わっていくでしょう。そしてその変化は、もうすでに始まっていると私は感じています。

　サルの社会は、個体の欲求を優先します。個体にとっての利益とは、「なるべく栄養価の高いものを食べること」と「安全であること」です。サルは群れの中で序列を作り、全員でルールに従うことで、個体の利益を最大化しています。自分より強いサルの前では決して食べ物に手を出さないのは、食べ物をめぐるトラブルを未然に防ぐためです。あらかじめ勝ち負けを決めておき、勝ったほうが食べ物を独占《せん》するのです。

　それでは負けたほうはえらく不利益を被《こうむ》るのではないかと思えるでしょうが、そんなことはありません。サルの食べ物はほとんどが植物で、わりあい手に入りやすいものばかり。だからわざわざ争わないでも、どうにかなる。弱いものにしてみても、食べ物をめぐって無駄《だ》に争うよりは、遠慮《りょ》したほうが結局は得だという知恵《え》があるのです。

②これは非常に経済的なシステムです。絶対的な序列の中にいるから、効率がいい。サルが群れているのは、集まっていたほうが得だからにすぎません。その証拠《こ》に、サルは群れから一度離《はな》れれば、その集団に対する愛着を示すことは一切《さい》ありません。

サルとは違《ちが》って、人間は自分の家族やコミュニティを愛し、縛《しば》られて生きていくものです。それが人間のひとつの根源的なアイデンティティだと私は考えています。しかし、家族が崩壊すれば、自分がどの家族の出身であるか、 A 自分がどのコミュニティに所属するかということを、もはや人はアイデンティティとして必要としないでしょう。

家族というものは確かに、個人にとって足かせとなる存在ではあります。ときには血のつながりが邪魔《じゃま》に思えることもあるでしょう。家族のしがらみが自分の行動を制限し、嫌《いや》な思いをすることもあるでしょう。

 B 家族という集団は、足かせと引き換《か》えに、喜びや満足をくれるものでもあります。家族を失った現代の人間は、個人として意思決定を自由にできるようになりつつありますが、それは本当に幸せなのでしょうか。

食べ物を家族で分かち合い、共同体でともに子育てを行うといった行動は、人間の心を進化させ、③高い共感能力を芽生えさせました。共感能力とは、自分以外のものの気持ちを理解する力のこと。人間以外にも、ゴリラやサルにも共感能力は見られますが、人間ほどではありません。

一九九〇年代に「ミラーニューロン」というものがイタリアの研究チームによって発見されました。ミラーニューロンとは、鏡のように映し出す神経細胞《ぼう》、という意味です。マカクザルというサルで調べられたのですが、ある行為《い》をしている実験者（人間）を見ているサルの脳の中を見ると、その行為を実際にしている実験者の脳の中で発火しているのと同じところが発火しています。

これはつまり、行為を見ているサルは、行為をしている実験者と同じことをやっている気分になっているということ。見ているだけで、同じことをやっている気分になっているんですね。だから鏡に映るかのように、脳の同じ場所が反応するんです。

この脳の反応は共感能力を意味しています。最近では、機能的核《かく》磁気共鳴画像法（ｆＭＲＩ）などを用いて人間の脳にも強力なミラーニューロンが存在することが強く※示唆《さ》されています。サルに比べて、人にはとても高い共感能力があるということです。

共感能力が発達することで、人間の子どもはほかの類人猿《えん》の子どもにはない「憧《あこが》れる」という能力を持つようになりました。「将来、あんな大人になりたい」「社会で、こんなことをしたい」といった気持ちを持って、人間の子どもたちは成長します。ゴリラの子どもは当たり前のように大人になっていきます。成長の過程で何かになりたいと思うことはないでしょう。

人間の子どもは憧れの対象を見つけ出し、目標を立て、他者に自分を重ね合わせて未来を想像します。 C 大人は、子どもにいろいろ教えてやりたくなります。子どもがいろいろ未来に夢をはせるものだから、大人はついついその手伝いをしたくなるのですね。大人たちは育児にかかわり、子どもたちを導いてやる。これが教育です。教育とは子育ての延長ですね。人間の子育ては、ほかの霊《れい》長類に比べてますます長くなっていきました。

教育というのは人間ならではのものです。これはとてもお節介《かい》な行為で、非常に人間らしいものと言えます。頼《たの》まれてもいないし望まれてもいないのに助けにいくというところが人間にはあって、教育はその※最たるものなのですね。

［D］どうしてそんなに④お節介になるかというと、共感力を高めて作り出したシンパシーという心理状態がもとになっている。シンパシー、つまり同情という感情はほかの霊長類には希薄《はく》です。人間に特殊《しゅ》な情緒《ちょ》なんです。

同情心とは、相手の気持ちになり痛みを分かち合う心です。この心がなければ、人間社会は作れません。共感以上の同情という感情を手に入れた人間は、次第に「向社会的行動」を起こすようになります。

向社会的行動とは、「相手のために何かをしてあげたい」「他人のために役立つことをしたい」という思いに基《もと》づく行動です。人類が食べ物を運び、道具の作り方を仲間に伝えたのも、火をおこして調理を工夫《ふう》したのも、子どもたちに［X］を施《ほどこ》し始めたのも、すべて向社会的行動だろうと私は思います。

大昔から人類は家族のために※無償《しょう》で世話を焼き、共同体の中では互《たが》いに力を出し合い、助け合っていたのでしょう。認知能力が高まったから、このような思いやりのある社会が作られたというよりは、その逆で、向社会的行動が人類の認知能力を高めたのだと思います。

（山極寿一『「サル化」する人間社会』設問の都合上小題省略。）

※示唆……それとなく知らせること。ほのめかすこと。

※最たる……程度がもっともはなはだしいさま。第一であるさま。

※無償……代金などの見返りを求めないこと。

問一 ［A］～［D］にあてはまる言葉として適切なものを次の中からそれぞれ一つずつ選び、記号で答えなさい。

ア すると　**イ** あるいは　**ウ** しかし　**エ** なぜなら　**オ** では

問二 ――線①「では、家族が崩壊してしまったら、人間はどう変化していくのでしょうか」とありますが、筆者はどう変化すると考えていますか。適切なものを次の中から一つ選び、記号で答えなさい。

ア 仲間と助け合う必要性を感じず、自分の欲求を最優先するようになると考えている。

イ 認知能力がおとろえ、その結果、サルの脳と同じような反応を示すようになると考えている。

ウ サル社会と同じように、家族ではなく、群れの中で子育てを行うようになると考えている。

エ サル社会と同じように、食べ物をめぐって争いをくり返すようになると考えている。

(8)　下の図のように正方形とおうぎ形があります。斜《しゃ》線部分の周囲の長さは何 cm ですか。ただし、円周率は 3.14 とします。

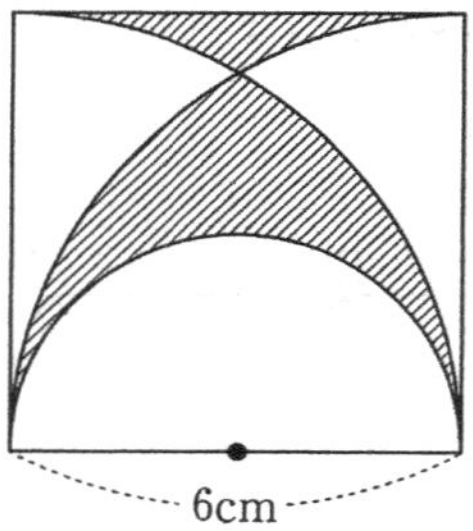

(9)　下の図のように 2 種類の直角三角形が重なったとき、アの角の大きさは何度になりますか。

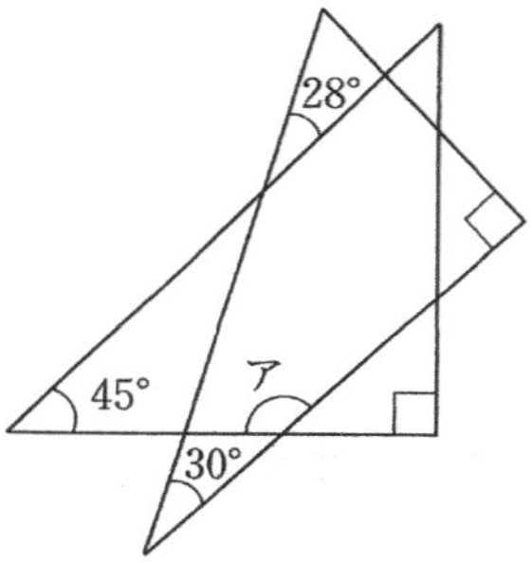

(10)　下の図のような図形を直線（ア）のまわりに 1 回転してできる立体の体積は何 cm^3 になりますか。ただし、円周率は 3.14 とします。

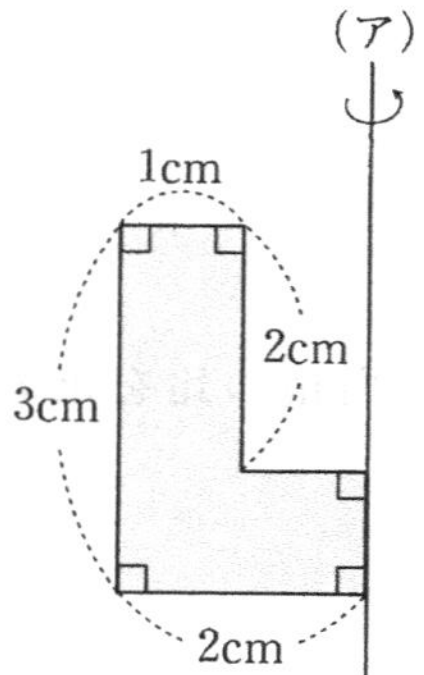

Ⅲ　下の図のように、平行四辺形 ABCD の辺 AD 上に点 E をとると、AE と ED の長さの比は 2：3 になりました。また、BD と AC の交わる点を F、BD と CE の交わる点を G とします。三角形 CGF の面積を 5 cm^2 とするとき、次の各問いに答えなさい。ただし、比は最も簡単な整数の比で表すものとします。

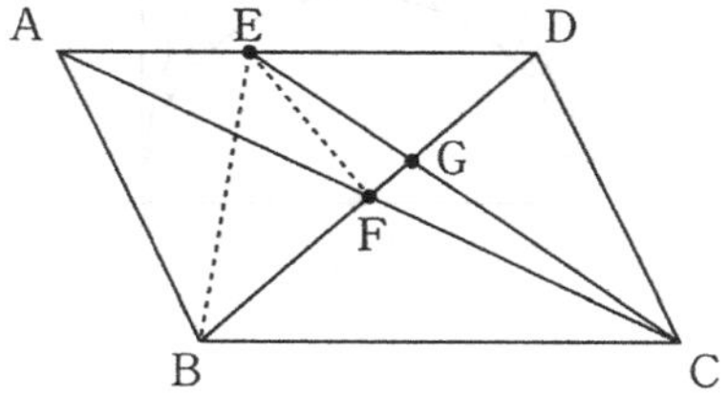

(1)　BF と GD の長さの比を求めなさい。

(2)　三角形 BCD の面積は何 cm^2 になりますか。

(3)　三角形 BDE の面積は何 cm^2 になりますか。

(4)　四角形 BCDE と四角形 ABFE の面積の比を求めなさい。

Ⅳ　図1のように、直方体の水そうがあります。水そうの中にはそれぞれ10 cm, 20 cm, 30 cmの高さの仕切りが10 cmごとに立てられています。この水そうに一定の量で、AB側から水を入れ始め、水面の高さを辺ACで測りました。図2は、水を入れ始めてからの時間と、水面の高さの関係を表したグラフです。このとき、次の各問いに答えなさい。ただし、水そうや仕切りの厚みは考えないものとします。

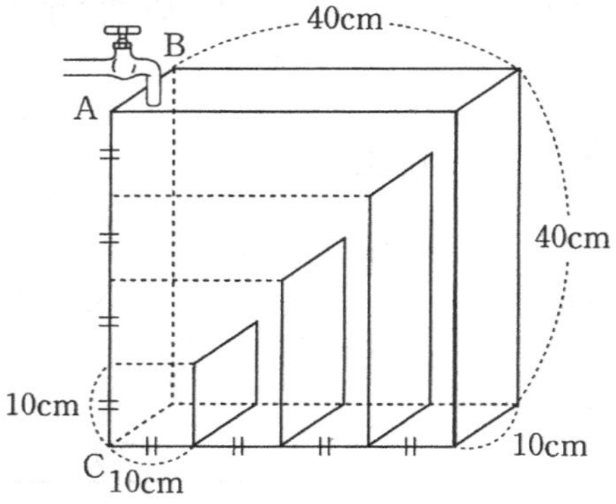

＜図1＞

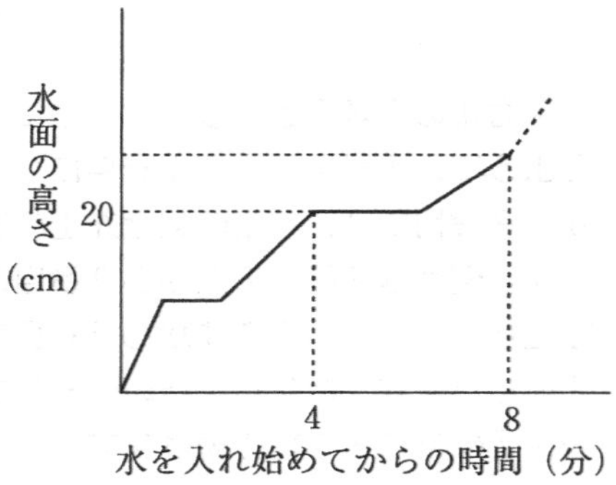

＜図2＞

(1)　水は毎分何 cm^3 ずつ入れていますか。

(2)　水を入れ始めてから8分後には、水面の高さは何cmになりますか。

(3)　水を入れ始めてから8分後に、水を入れる量を毎分600 cm^3 増やしました。水そうがいっぱいになるのは、水を入れ始めてから何分後ですか。

Ⅴ　先生と生徒の次の会話を読んで、後の各問いに答えなさい。

先生
今日は、パスカルの三角形について考えます。

生徒
パスカルの三角形ってどんなものですか？

先生
パスカルの三角形というのは、右に書いてあるように、１段目にまず１を横に２つ書きます。２段目では、右上の数と左上の数をたします。例えば２段目の左から２番目の数２は左上が１、右上も１ですからそれらをたして２になります。ただし、各段の一番左と一番右はそのまま１を書き続けます。

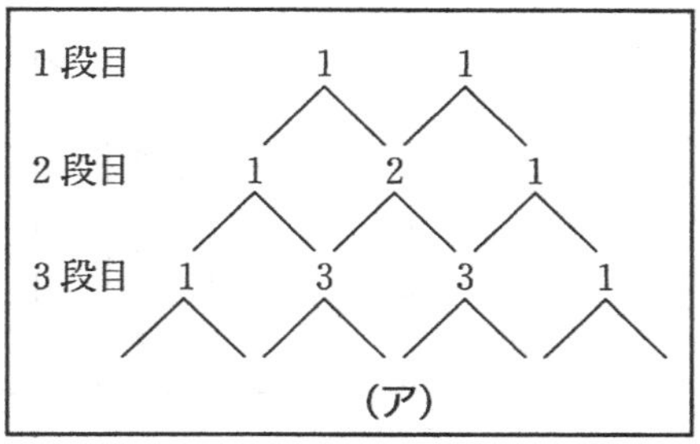

生徒
だから、３段目の左から２番目は
１＋２＝３
となりますね。

先生
そういうことですね。
では、先ほどの図の中の（ア）にはどんな数が入りますか？

生徒
それは　３＋３＝６
なので６になります。

先生
そうです。では、この計算を進めていったとき、５段目の左から３番目の数は何になるでしょう？

生徒
それは（イ）になります。

先生
正解です。

先生

次に、20 段目の横 1 列には、いくつ数が並んでいるでしょうか？

生徒

それは（ウ）です。

先生

そうですね。では、このパスカルの三角形の各段に並んでいる数をたすと、ある規則性に気づきます。分かりますか？

生徒

………

あ、分かりました！

先生

では、10 段目に並んでいる数を全てたすと、いくつになるでしょうか？

生徒

それは（エ）です。

(1)　会話文中の（イ）に入る数は何ですか。

(2)　会話文中の（ウ）に入る数は何ですか。

(3)　会話文中の（エ）に入る数は何ですか。

（2）天然ガス100 cm^{3}を燃やすとき、使われる酸素は何cm^{3}ですか。

（3）ある量の天然ガスを燃やすと、二酸化炭素が791 cm^{3}発生しました。このとき燃やした天然ガスは何cm^{3}ですか。

（4）ガスもれ警報器は、検知するガスの種類によって取り付ける場所が決まっており、天然ガスを利用している家庭のガスもれ警報器は、天じょう近くに取り付けられています。その理由を、天然ガスの性質を考えて答えなさい。

問４　化石燃料を燃やして二酸化炭素が増えることで、起こっている環境問題とは何ですか。漢字５字で答えなさい。

Ⅴ　性質の異なるばねＡ，Ｂ，Ｃがあります。次のグラフは、それぞれのばねにおもりをつるしたときの、おもりの重さとばねの長さの関係を表したものです。これらのばねを使って、＜図１＞～＜図５＞のように、おもりをつるしました。下の各問いに答えなさい。ただし、ばね，糸の重さは考えないものとします。

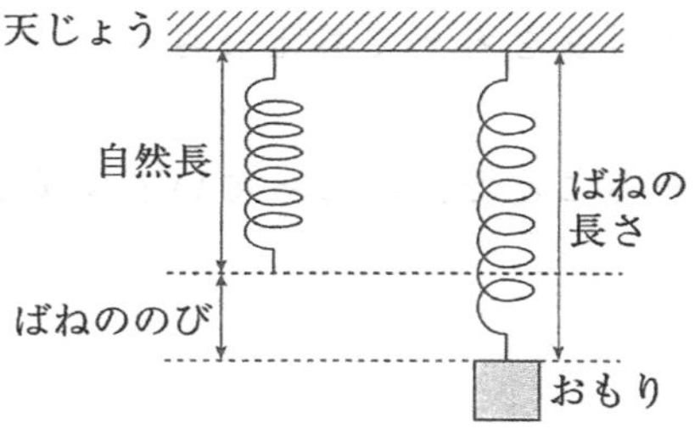

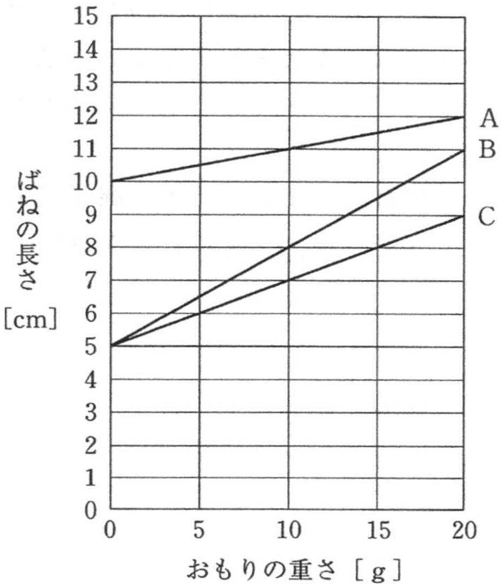

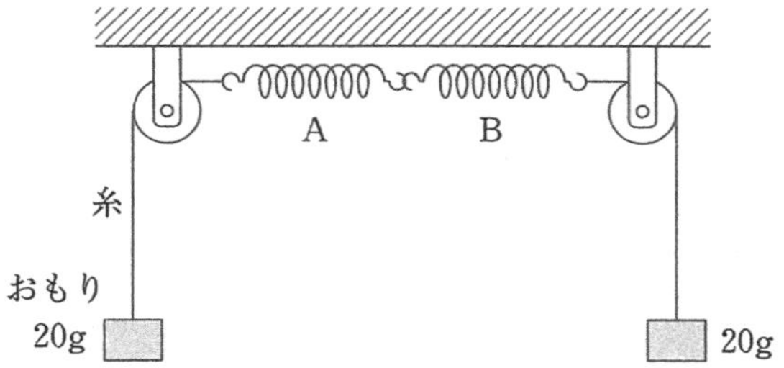

＜図１＞

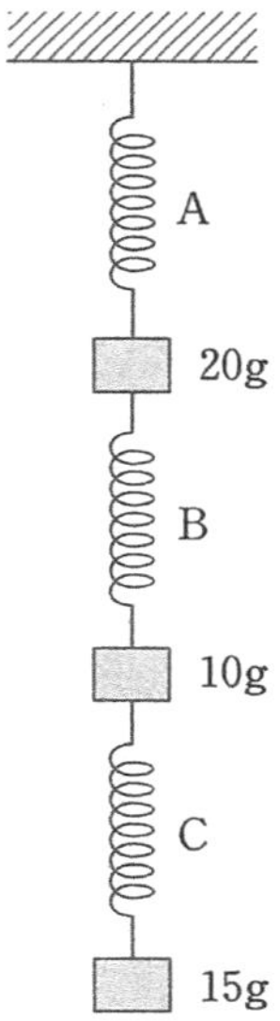

＜図２＞

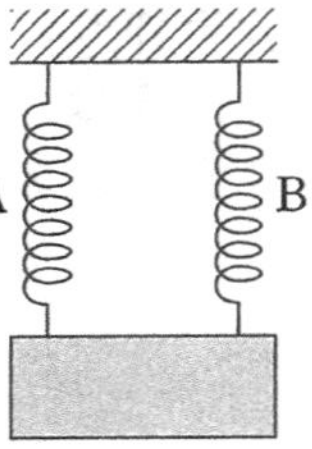

＜図３＞

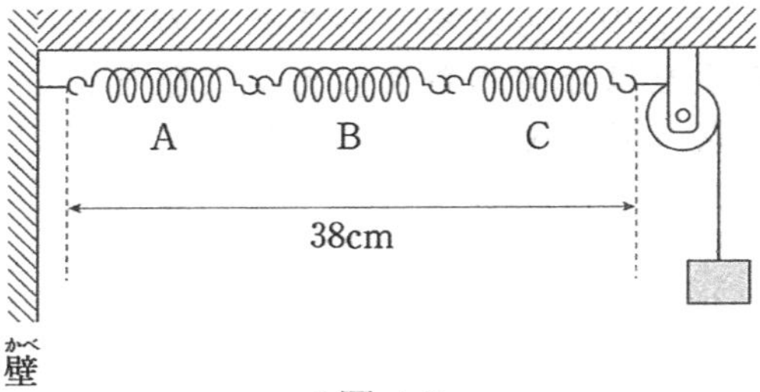

＜図４＞

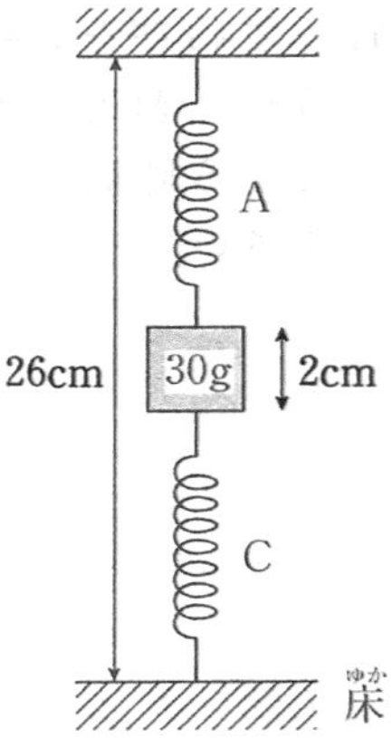

＜図５＞

問１　＜図１＞のとき、ばねＢの長さは何cmですか。

問２　＜図２＞のとき、ばねＢの長さは何cmですか。

問３　＜図３＞のとき、ばねＡとばねＢの長さは等しくなり、おもりは水平になりました。

（１）つるしたおもりの重さは何ｇですか。

（２）このとき、ばねＢののびは何cmですか。

問４　＜図４＞のとき、つないだばねの長さの合計が38cmになりました。

（１）つるしたおもりの重さは何ｇですか。

（２）このとき、ばねＢの長さは何cmですか。

問５　＜図５＞のとき、ばねＡの長さは何cmですか。

Ⅵ　軽くてのびない糸と300gのおもりを用いて長さのちがうふりこを作り、＜図１＞のように、おもりから手をはなす高さを変えて実験を行いました。表は、ふりこが10往復する時間と、支点の真下を通る時の速さをまとめたものです。次の各問いに答えなさい。

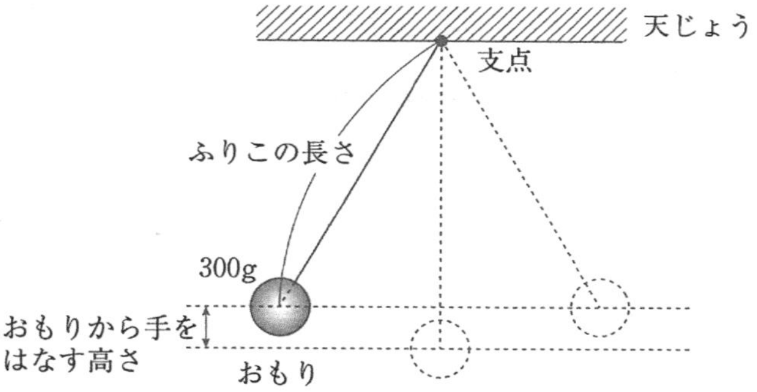

＜図１＞

ふりこの長さ［cm］	25	49	81	100	121	ア	225
おもりから手をはなす高さ［cm］	5	5	20	20	45	80	125
10往復する時間［秒］	10	14	イ	20	22	26	30
支点の真下を通る時の速さ[cm/秒]	100	100	200	200	ウ	400	エ

問１　表のア～エにあてはまる値をそれぞれ答えなさい。

問２　１往復する時間が1.6秒のふりこを作るには、ふりこの長さを何cmにすればよいですか。

問３　手をはなしてから、おもりが２回目に支点の真下を通るまでに2.1秒かかるふりこを作るには、ふりこの長さを何cmにすればよいですか。

問４　ふりこの長さ100cmのふりこが25往復する間に、ふりこの長さ144cmのふりこは何往復しますか。最も適当なものを、下の①～④の中から１つ選び、番号で答えなさい。

①　17往復　　②　20往復　　③　23往復　　④　25往復

問５　＜図２＞のように、ふりこの長さを25cmにして、支点の真下16cmの点にくぎを打ち、糸がひっかかるようにしました。

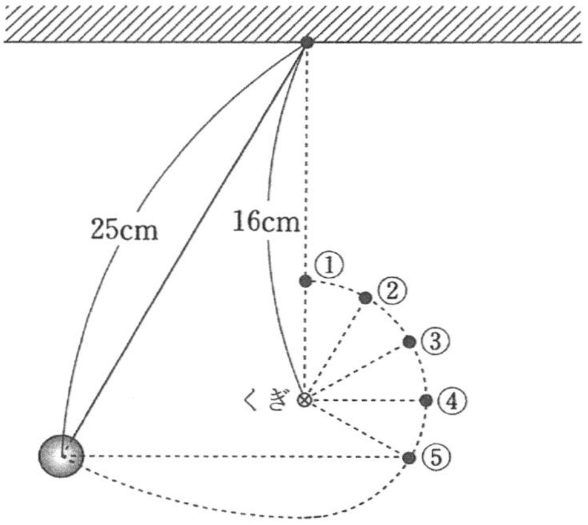

＜図２＞

（１）＜図２＞のおもりの位置から手をはなすと、おもりはどの高さまで上がりますか。最も適当なものを、＜図２＞の①～⑤の中から１つ選び、番号で答えなさい。

（２）＜図２＞のふりこが１往復する時間は何秒ですか。

Ⅶ　次の図は、あるがけのようすをスケッチしたものです。下の各問いに答えなさい。

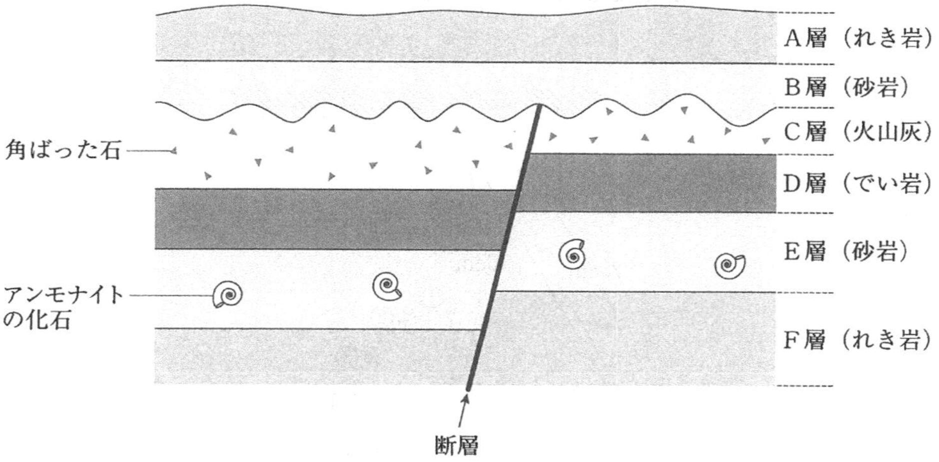

問１　B層とC層の境目のでこぼこした面はどのようにしてできたと考えられますか。最も適当なものを、下の①～④の中から１つ選び、番号で答えなさい。

①　地表に出た溶《よう》岩が、急げきに冷やされた。
②　川底にしずんでいるときに、川の流れによってけずられた。
③　水深の浅い海底で、海水の流れによってけずられた。
④　陸上に出たときに、雨や風によってけずられた。

問２　C層が火山灰の層といえる理由として最も適当なものを、下の①～④の中から１つ選び、番号で答えなさい。

①　B層とC層の境目の面がでこぼこしているから。
②　C層には角ばった石がふくまれているから。
③　C層には断層がみられるが、B層にはみられないから。
④　C層が他の層よりもかたい岩でできているから。

問３　D層はどのようにしてできたと考えられますか。最も適当なものを、下の①～④の中から１つ選び、番号で答えなさい。

①　E層ができた環《かん》境よりも浅い海底で、どろがたい積した。
②　E層ができた環境よりも深い海底で、どろがたい積した。
③　地表に出たねばり気の弱い溶岩が、急げきに冷やされた。
④　地表に出たねばり気の強い溶岩が、ゆっくり冷やされた。

問４　Ｅ層にふくまれているアンモナイトの化石のように、その地層ができた時代を知る手がかりになる化石を示《し》準《じゅん》化石とよびます。示準化石の特ちょうとして最も適当なものを、下の①～④の中から１つ選び、番号で答えなさい。

①　短い期間にせまい地域でさかえた生き物の化石
②　長い期間にせまい地域でさかえた生き物の化石
③　短い期間に広い地域でさかえた生き物の化石
④　長い期間に広い地域でさかえた生き物の化石

問５　地下水がしみ出す可能性が最も高い場所を、下の①～⑤の中から１つ選び、番号で答えなさい。

①　Ａ層とＢ層の間　　②　Ｂ層とＣ層の間
③　Ｃ層とＤ層の間　　④　Ｄ層とＥ層の間
⑤　Ｅ層とＦ層の間

問６　図の断層はどのような力がはたらいて生じたものですか。最も適当なものを、下の①～④の中から１つ選び、番号で答えなさい。

①　左右に引く強い力　　②　上下に引く強い力
③　左右から押す強い力　　④　上下から押す強い力

問７　図の断層が生じた時期として最も適当なものを、下の①～④の中から１つ選び、番号で答えなさい。

①　Ｂ層ができるとき　　②　Ｂ層ができたあと
③　Ｃ層ができるとき　　④　Ｃ層ができたあと

問七
(i)
1
2
(ii)

三

問一
A
B
C
D
E

問二
位

問三

問四
から。

問五

問六

問七

問八
1
2

受験番号

採　点
※150点満点
（配点非公表）

受 験 番 号

令和３年度　入学試験　算数（前期日程）　解答用紙　　開智中学校

Ⅰ	(1)		(2)		(3)		(4)	
	(5)		(6)		(7)		(8)	

Ⅱ	(1)	g	(2)	円	(3)	点	(4)	%
	(5)	円	(6)	分後	(7)	ページ	(8)	cm
	(9)	度	(10)	cm^3				

【解答用

受験番号

令和3年度　入学試験　理科（前期日程）解答用紙　　開智中学校

Ⅰ	問1	(1)	ア		イ		(2)	ウ		エ	
		(3)		問2	(1)		(2)		(3)		

Ⅱ	問1	(1)		(2)		(3)		(4)	→ →
	問2	(1)		(2)					

Ⅲ	問1	
	問2	
	問3	
	問4	

問5

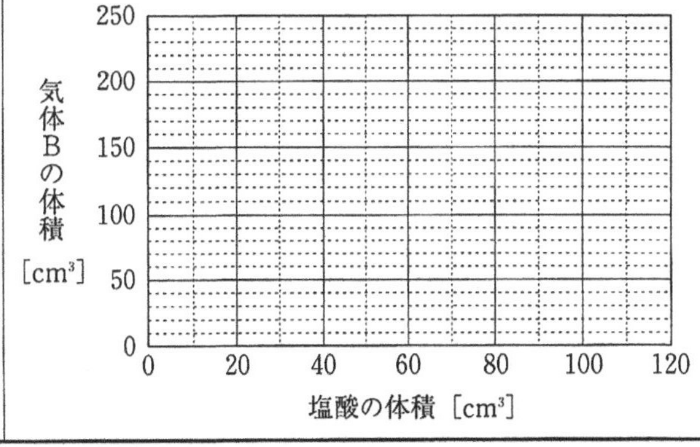

問6	cm³

【解答用

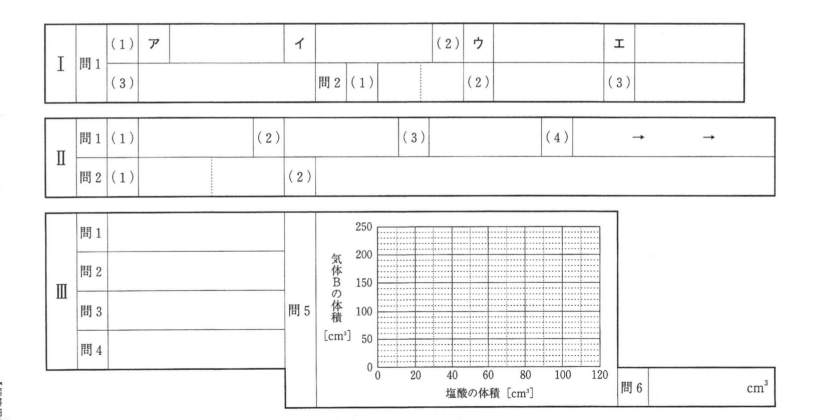

IV	問 3	(1)	cm^3	(2)	cm^3	(3)	cm^3
		(4)					
	問 4						

V	問 1	cm	問 2	cm	問 3	(1)	g	(2)	cm
	問 4	(1)	g	(2)	cm	問 5	cm		

VI	問 1	ア		イ		ウ		エ	
	問 2	cm	問 3	cm	問 4				
	問 5	(1)		(2)	秒				

VII	問 1		問 2		問 3		問 4		問 5	
	問 6		問 7							

採　　点
※100点満点 (配点非公表)

Ⅲ	(1)	：	(2)	cm^2	(3)	cm^2	(4)	：

Ⅳ	(1)	毎分　cm^3	(2)	cm	(3)	分後

Ⅴ	(1)		(2)		(3)	

採　　点
※150点満点 (配点非公表)

令和三年度入学試験　国語（前期日程）解答用紙　開智中学校

一

問一
①
②
③
④
⑤
⑥
⑦
⑧
⑨ む
⑩ ない

問二
①
②
③
④ く
⑤ せる

問三
① 画
② 画
③ 画
④ 画

問四
①
②

問五
①
②

問六
①
②

問七
①
②

問八

問九
①
②
③

問十

二

問一
A
B
C
D

問二

問三

問四
（i）
（ii）

【注意】答えはすべて解答用紙に書きなさい。

Ⅰ　骨と筋肉について、次の各問いに答えなさい。

問１　＜図１＞はヒトの骨のつくりを、＜図２＞はウマの骨のつくりを、それぞれ表しています。

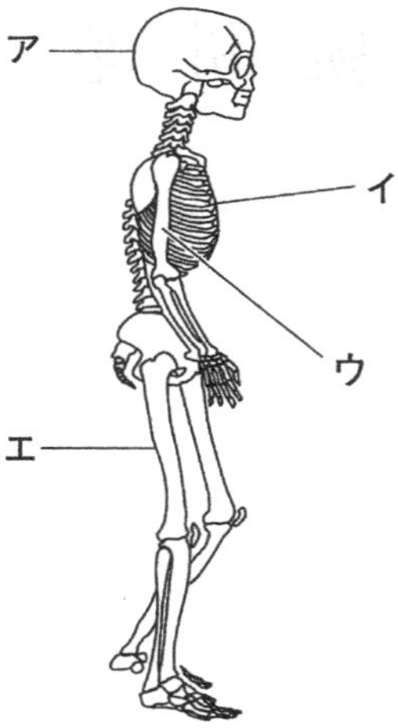

＜図１＞

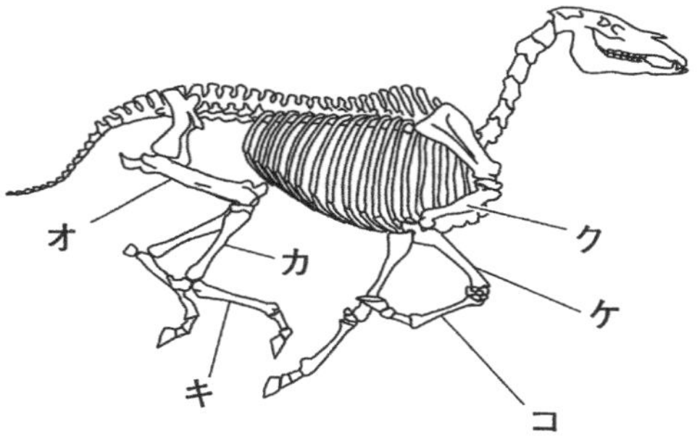

＜図２＞

（１）＜図１＞の**ア**，**イ**の骨のはたらきとして最も適当なものを、下の①～⑥の中からそれぞれ１つずつ選び、番号で答えなさい。

①　ものを考える。　　②　音を反きょうさせる。
③　たい児を守る。　　④　脳を守る。
⑤　消化管の動きをうながす。　　⑥　心ぞうや肺を守る。

（２）＜図１＞の**ウ**，**エ**は、ウマではどの骨にあたりますか。最も適当なものを、＜図２＞の**オ**～**コ**の中からそれぞれ１つずつ選び、記号で答えなさい。

（３）骨をもたない動物を、下の①～⑥の中からすべて選び、番号で答えなさい。

①　ミミズ　　②　ヘビ　　③　バッタ
④　ウナギ　　⑤　クジラ　　⑥　タコ

問２　＜図３＞は、ヒトのうでの骨と一部の筋肉を表しています。ただし、図の黒くぬりつぶしている部分は筋肉です。

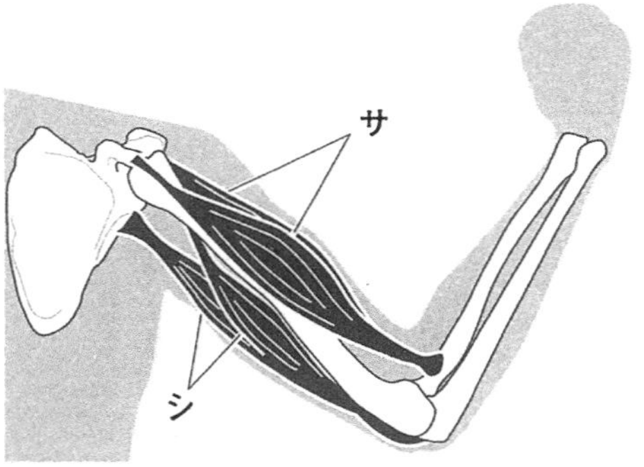

＜図３＞

（１）骨と骨のつなぎ目を何といいますか。漢字２字で答えなさい。

（２）うでをのばしたとき、＜図３＞のサ，シの筋肉はどのようになっていますか。最も適当な組合せを、下の①～④の中から１つ選び、番号で答えなさい。

	サ	シ
①	ちぢんでいる	ちぢんでいる
②	ちぢんでいる	ゆるんでいる
③	ゆるんでいる	ちぢんでいる
④	ゆるんでいる	ゆるんでいる

（３）ヒトのうでの、サ，シ以外の筋肉を表す図として適当でないものを、下の①～④の中から１つ選び、番号で答えなさい。

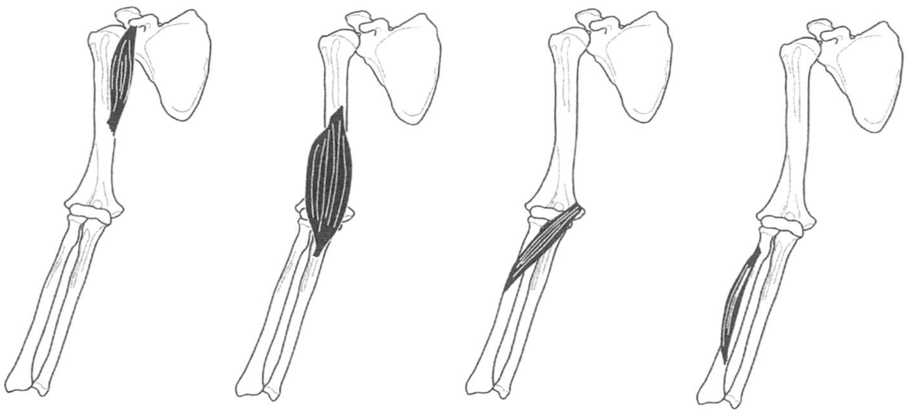

①　②　③　④

Ⅱ　植物のたねと発芽について、次の各問いに答えなさい。

問１　＜図１＞はインゲンマメのたねの断面を表しています。

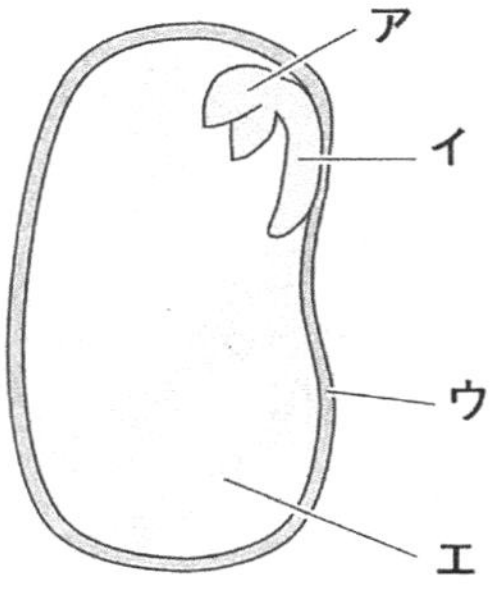

＜図１＞

（１）インゲンマメは、発芽に必要な養分をたねのどの部分にたくわえていますか。＜図１＞の**ア**～**エ**の中から１つ選び、記号で答えなさい。

（２）（１）で答えた部分の名前を答えなさい。

（３）発芽後しばらくすると、（１）で答えた部分はどのように変化しますか。最も適当なものを、下の①～④の中から１つ選び、番号で答えなさい。

①　緑色になり、本葉になる。　　②　くきや根になり、本葉を支える。
③　養分を吸収してふくらむ。　　④　しぼんで小さくなる。

（４）　発芽後のインゲンマメはどのように育ちますか。適当なものを、下の①～⑩の中から３つ選び、成長の順に並べなさい。

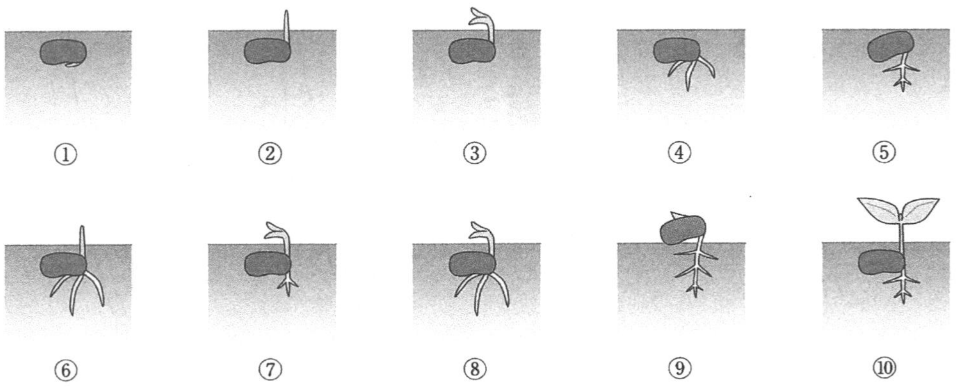

問２　ある植物が発芽する条件を調べるために、温度を25℃に保ち、＜図２＞の条件１～８でこの植物のたねをまきました。その結果、発芽したのは、条件２，４，６，８のときだけでした。

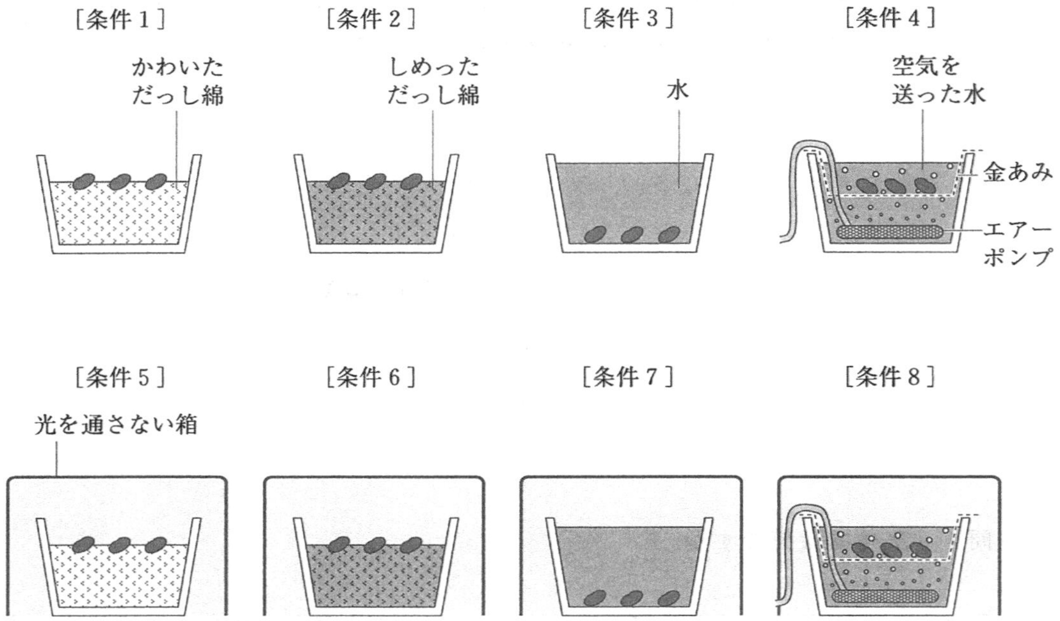

＜図２＞

（１）この実験の考察として適当なものを、下の①～⑥の中から２つ選び、番号で答えなさい。

①　条件２と４の結果を比べると、発芽には水が必要であることがわかる。
②　条件４と８の結果を比べると、発芽には空気が必要であることがわかる。
③　条件２と６の結果から、発芽には空気が必要でないことがわかる。
④　条件６と８の結果から、発芽には光が必要でないことがわかる。
⑤　条件２と５の結果を比べただけでは、発芽に光が必要かどうかはわからない。
⑥　条件５と６の結果を比べただけでは、発芽に水が必要かどうかはわからない。

（２）条件１～８の結果を参考にして、条件７で発芽がみられなかった理由を説明しなさい。

Ⅲ　塩酸を用いて、［実験１］，［実験２］を行いました。次の各問いに答えなさい。

［実験１］　＜図１＞のように、ふたのついた容器にうすい塩酸と石灰《かい》石を入れ、容器全体の重さをはかると300ｇだった。容器をかたむけて、うすい塩酸と石灰石を混合すると、気体Ａが発生した。

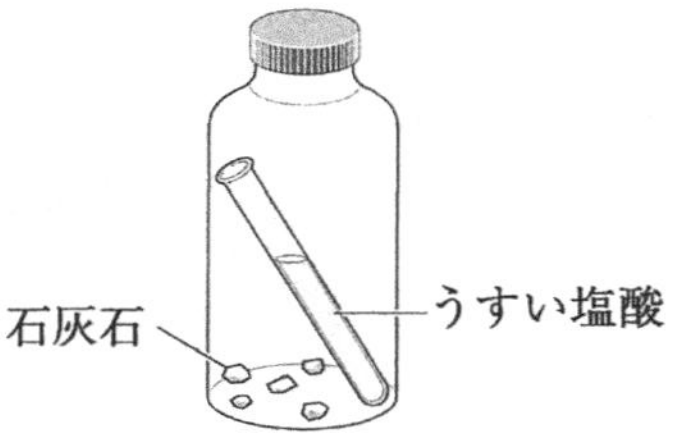

＜図１＞

問１　気体Ａは何ですか。

問２　気体の発生が終わってから、ふたをしたまま容器全体の重さをはかると、どのような結果になりますか。最も適当なものを、下の①～③の中から１つ選び、番号で答えなさい。

①　300ｇより重くなる。　　②　300ｇより軽くなる。
③　300ｇのまま変わらない。

問３　石灰石のかわりに別の固体を用いて実験を行っても、気体Ａが発生しました。この固体として考えられるものを、下の①～⑧の中からすべて選び、番号で答えなさい。

①　亜《あ》鉛《えん》　②　レバー　③　二酸化マンガン　④　砂とう
⑤　貝がら　⑥　食塩　⑦　アルミニウム　⑧　大理石

［実験２］　＜図２＞のように、スチールウール0.5gにある濃《こ》さの塩酸を加えると、気体Bが発生した。下の表は、加えた塩酸と発生した気体Bの体積の関係を表している。

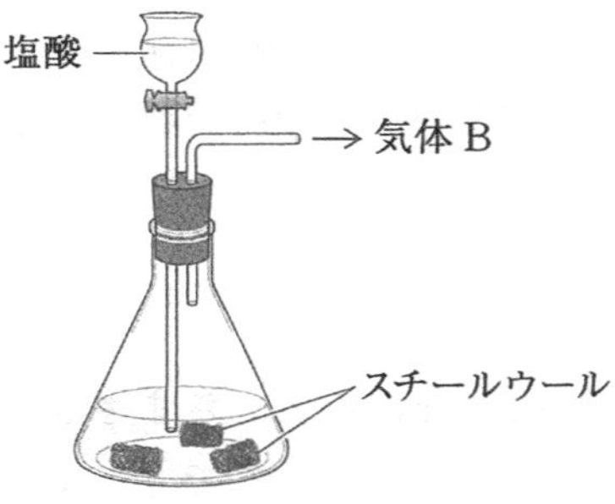

＜図２＞

加えた塩酸の体積［cm^3］	20	40	60	80	100	120
発生した気体Bの体積［cm^3］	60	120	180	210	210	210

問４　気体Bを集める方法として最も適当なものを、下の①～③の中から１つ選び、番号で答えなさい。

①

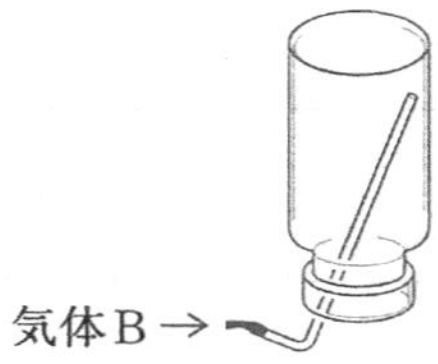

②

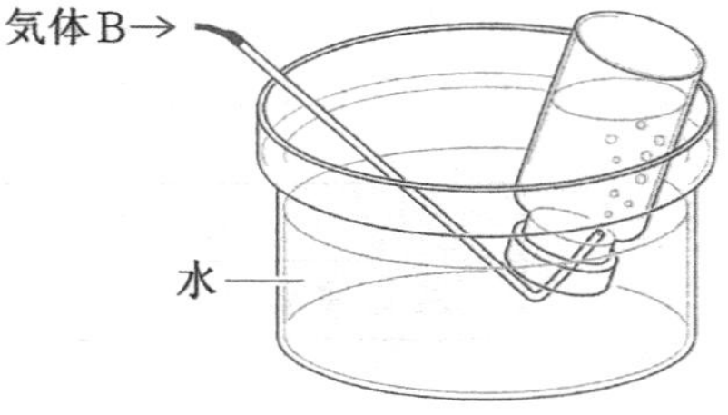

③

問５　スチールウール0.5gに加える塩酸の体積を０から120cm^3まで変化させたとき、発生した気体Bの体積がどう変化するかを、表の結果を用いて解答用紙にグラフで表しなさい。

問６　スチールウール1.0gに、この塩酸を120cm^3加えたとき、発生する気体Bの体積は何cm^3ですか。

Ⅳ　燃料について次の文章を読み、下の各問いに答えなさい。

何億年も前にいた微《び》生物の死がいや枯《か》れた植物が地中に埋《う》まり、長い年月をかけて変化したものを化石燃料といいます。化石燃料には、液体の石油、固体の□、気体の天然ガスがあります。私たちのくらしを便利で豊かなものにするために利用される熱や電気の約90％は、これらの化石燃料を燃やして作られています。しかし、化石燃料を大量に燃やすと、空気中の二酸化炭素が増えて気候や生き物のくらしにさまざまな影響《えいきょう》をあたえると考えられています。そのため、化石燃料の大量消費は、世界中で大きな環《かん》境問題となっています。

問１　石油は、ガソリンや灯油や軽油など、さまざまな液体が混ざってできています。石油のように、液体どうしが混ざってできているものを、下の①～④の中から１つ選び、番号で答えなさい。

①　アンモニア水　　　②　水酸化ナトリウム水溶《よう》液

③　炭酸水　　　④　アルコール水溶液

問２　文章中の□にあてはまる語を答えなさい。

問３　天然ガスは、家庭用ガスとして私たちの身近で利用されています。＜表１＞は、天然ガス100 cm^3 中にふくまれる気体の種類と体積を表しています。＜表２＞は、各気体100 cm^3 を燃やしたときに使われる酸素の体積と、発生する二酸化炭素の体積を表しています。

気体の種類	メタン	エタン	プロパン
ふくまれる気体の体積［cm^3］	90	7	3

＜表１＞

気体の種類	メタン	エタン	プロパン
使われる酸素の体積［cm^3］	200	350	500
発生する二酸化炭素の体積［cm^3］	100	200	300

＜表２＞

（１）天然ガス100 cm^3 を燃やして、20℃の水100ｇを加熱すると、水温は29.5℃になりました。この水を沸《ふっ》とうさせるには、あと何 cm^3 の天然ガスを燃やせばよいですか。小数第１位を四捨五入して、整数で答えなさい。ただし、発生した熱は、すべて水の温度上昇《しょう》に使われるものとします。

令和３年度　入 学 試 験 問 題

理　科(前期日程)

(45分)

開　智　中　学　校

(5) 90 人で水族館と動物園に行きます。そのうち水族館に行く人は 42 人で、動物園には 68 人が行きます。水族館の入場料は 1 人 200 円、動物園は 360 円で、両方に入場する人は 490 円になります。全員分でいくらになりますか。ただし、どちらにも行かない人はいないものとします。

(6) A 地点から B 地点まで 10 kmの道のりを、太郎君と次郎君はそれぞれ時速 10 km, 時速 12 kmの速さで往復しました。太郎君が先に A を出発してしばらくしてから次郎君が出発しました。2 人とも B に着いてすぐに A に向けて折り返したところ、同時に A に着きました。次郎君は太郎君の何分後に出発しましたか。

(7) 太郎君はある本を読んでいます。1 日目は全体の $\frac{1}{6}$ を読み、2 日目は 58 ページ読みました。3 日目に残りの 25 % を読むと、69 ページ残りました。この本は全部で何ページありますか。

Ⅱ　次の各問いに答えなさい。

(1)　砂 8 kg からこの砂の 23 % 分を除くと何 g になりますか。

(2)　45 dL で 360 円のジュースを 12 L 買うと、いくらになりますか。

(3)　A, B, C, D, E の 5 人の算数のテストの平均点は 82 点でした。A, B, C の平均点は 79 点、B, D, E の平均点は 83 点でした。このとき、B は何点ですか。

(4)　5 % の濃《こ》さの食塩水 300 g と、10 % の濃さの食塩水 200 g を混ぜたときの食塩水の濃さは何 % ですか。

(5) $\left\{\frac{4}{5}-3\times\left(\frac{11}{15}-0.6\right)\right\}\div1\frac{2}{5}$

(6) $3.52\div4\frac{2}{5}+1.3+\frac{6}{19}\times2.85$

(7) $11\times10\times9\times8-10\times9\times8\times7+9\times8\times7\times6-8\times7\times6\times5$

(8) $\frac{2}{3\times5}+\frac{2}{5\times7}+\frac{2}{7\times9}+\frac{2}{9\times11}$

【注意】答えはすべて解答用紙に書きなさい。

Ⅰ　次の計算をしなさい。

(1)　$8 + 3 \times (32 - 17) \div 9 - 3$

(2)　$1.203 - 0.18 \times 6 \div 4$

(3)　$1\frac{3}{8} - \left(3 \times \frac{3}{4} + \frac{3}{4} \div 4\right) \times \frac{2}{9}$

(4)　$\left(0.25 - \frac{3}{16}\right) \div (2.1 \div 0.84)$

2021(R3) 開智中
教英出版

令和３年度　入 学 試 験 問 題

算　数（前期日程）

（60分）

開 智 中 学 校

問三　――線②「これは非常に経済的なシステムです」とありますが、なぜ経済的だと言えるのですか。四十五字以内で説明しなさい。

問四　――線③「高い共感能力」とありますが、これが芽生えたことにより、人間はどのようなものを備えるようになりましたか。本文中から（ⅰ）十字と（ⅱ）三字でそれぞれぬき出して答えなさい。

問五　――線④「お節介」とありますが、なぜお節介だと言えるのですか。次の説明に合うように、本文中から二十四字でぬき出して答えなさい。

【相手のために何かをしてあげないではいられず、（　　　　　　　　　　）から。】

問六　［X］にあてはまる言葉を本文中から二字でぬき出して答えなさい。

問七　次は、ハルカとメグミという二人の中学生が本文について会話している文章です。これを読んで、後の（ⅰ）・（ⅱ）の問いに答えなさい。

ハルカ　この文章は外来語がたくさん使われていて、それが難しいね。
メグミ　うん。私もそう思ってインターネットで調べたんだけど、【1】は「自分は何者であるか」ってことみたい。
ハルカ　ふーん。よくわからないけど、それって、例えば「自分は日本人だ」とか「自分は関西人だ」っていうことかな？
メグミ　だと思う。自分はどの町や村の出身か、どの学校や会社に【2】しているか、それが自分の根源的な【1】になるのよ。
ハルカ　どこに【2】してようが、してなかろうが、私は私なのに。不思議。
メグミ　確かにそうね。でも、私は開智《ち》中学校の生徒で良かったと思ってる。ここに私の大切な仲間がいて、ここでの生活や経験が、今の私の人格を作ってる。だから私はこの学校が好きだし、開智生であることに誇《ほこ》りを持ってるわ。
ハルカ　へえ、メグミってそんなこと思ってるんだ。けど、本文にある「集団に対する愛着」っていうのは、きっとそういうことなんだろうね。

（ⅰ）【1】・【2】に入る適切な言葉を本文中からぬき出して答えなさい。

（ⅱ）――線「集団に対する愛着」の具体例を自分で考え、漢字三字で答えなさい。

三　次の文章を読んで、後の問いに答えなさい。

十月十三日に校内合唱コンクールがある。六年三組の自由曲はクラス全員が一言ずつ出しあって作ることになった。何をやってもだめでまとまりのない六年三組が、合唱の練習をするたびにまとまってきた。その矢先、ピアノの伴《ばん》奏を担当する細川麻《ま》里絵が九月二十八日にアメリカの学校に転校するとクラスのみんなに告げられた。

次の日は最悪だった。

昼休みに教室でパート練習をする日だったのに、集まったのは二十人ほど。ほかの子は校庭で遊んでいるのか、図書室で勉強しているのか。いつもは率《そっ》先してさがしにゆくボスも、この日は［A］していた。※頭《ず》突《つ》きをしたおでこが紫《むらさき》色にはれて、とても痛そうだ。

教室の練習ではピアノが使えないから、元気をだす道具がない。

「きょうは休みにして、ほかのクラスの偵《てい》察でもしない？」

だれかが言うと、すぐに「そうするか」という空気になった。

まず音楽室へ。三階まで階段を上がると、歌声が聞こえてきた。

素《す》晴らしい時は　やがて去り行き
今は別れを　惜《お》しみながら
ともに歌った　喜びを
いつまでも　いつまでも　忘れずに

『さようなら』。六年五組の自由曲だ。去年は学年四位で、このクラスになら三組が勝つのも、そんなにむずかしくない。というより、五組に勝てないようだと、今年もびりっけつになる可能性が高い。

「やっぱりね」

①高岡と円城寺が、ドアの前でうれしそうな顔をした。あまりじょうずではない、ということだ。男子の声が、［B］歌っているように聞こえる。

窓から中をのぞいてみた。次の瞬《しゅん》間、指揮《き》をしていた人と　C　目が合ってしまい、すぐに声がやんだ。

「やばい！」

いっせいに逃《に》げだした。

すぐにドアが開いて、

「こら、三組。スパイなんかするな！」

大きな声がろうかに響《ひび》いた。

偵察してはいけないという決まりはなかったけれど、練習しているところをのぞかれるのは、だれでもいやなものだろう。体育館に行ったときは、ステージのすぐ横の入り口から、できるだけ顔をださずに偵察した。

六年一組が演奏していることは、声を聞くだけでわかった。さっきの五組とは　D　ちがう。とても小学生の合唱とは思えない。男子の声と女子の声がきれいに重なっている。

いま　私の願いごとが
かなうならば　翼《つばさ》がほしい
この背中に　鳥のように
白い翼　つけてください

歌詞の言葉を追っているうちに、②ぐっと胸がしめつけられた。『翼をください』。ぼくたちが選んだのと同じ課題曲だ。早乙女《さおとめ》先生が言ったとおり、一組の合唱はすばらしい。歌にこめられた気持ちがまっすぐに伝わってきた。

はたして三組に、勝ち目があるだろうか。コンクールでこの曲を指揮するのは、ぼくだ。

倉沢《くらさわ》も高岡も円城寺も、河原崎《かわらさき》も丸山も田丸も、そして細川も滝《たき》田も、だまって聞いていた。みんな思いは同じだろう。ちょっとくらいの練習では、一組に勝つことなどできない。合唱のレベルはいまより上がったとしても、十月十三日、切り札となるピアニストは、いないのだ。

教室にもどる道で、「すごいね一組は」と円城寺がつぶやいた。

ほかの人たちも心の中で、うなずいたにちがいない。そのとき、

「たいしたことねえよ！　一組なんか関係ねえだろ！」
③ボスがどなった。きのうと同じように。
「勇気をだせ、三組！」
そう言って、目の前にいたぼくを突き飛ばした。ものすごく、きいた。
ボスは弱気になっているみんなに、気合を入れたかったのだろう。
起こしてくれたのは滝田だった。
「も、もっと練習しよう、みんなで」
④顔が泣《なき》田になっていた。
「そうだよ、もう、がんばるしかないよ」
インチョウがきっぱりと言った。

一日落ちこんだだけで、三組がよみがえった。
九月十六日、早朝練習で音楽室に行くと、雰《ふん》囲気が変わっていた。
「おそいぞ、指揮者」
みんな赤いはちまきをしめている。額《ひたい》のところに「3組の力」と黒い文字が。
「梨花《りか》や美帆《みほ》たちとつくったの。はい、韮崎《にらさき》くんも」
細川がぼくにも一本くれた。ちょっとダサイ感じがしたけど、みんな真剣《けん》な顔つきだ。　E　巻いてみた、きりりと強く。
「あと少ししかいっしょにやれないから、わたし、思い切りしごくよ」
ピアノの鍵盤《けんばん》をすごい速さで鳴らしながら、細川が宣言した。
「よっしゃー！」と、みんなが声をそろえた。
ボスが連れてきたのか、私立受験組もほとんど集まっていた。照れくさそうな様子だったけれど、練習が始まると、まじめに歌いだした。
宣言したとおり細川は、しっかりしごいた。一人でも音程がずれると、すぐに気づいて注意した。三十人ちかくが同じように歌っているのに、細川の耳はわずかなちがいでも聞き分けることができるようだ。「すごい」としか言いようがない。
男子の中には声変わりで、音域がせまく不安定になっている子が多い。高いところではよく声が割れたり、裏返ったりした。それは毎日きちんと発声練習をすれば、ある程度は防げるのだそうだ。細川はそれを「ボイス・トレーニング」と言って、みんなに実行するよう命じた。「あーえーいーおーうーあーうー」と口を大きく開けて、はっきり声をだすこと。のどではなく、おなかで呼吸すること。言われても、すぐにはできなかったけれど、ぼくたちは本気で取り組んだ。

全体練習はほとんど毎日、どこかで行なった。必ずはちまきをしめて。ステージで練習がある日は、⑤はちまきのせいで、部活動の部員から笑われたりもしたけれど、気にならなかった。細川と、仲間たちと、こうしてともに歌える時間が一秒、一分、一時間ずつ減ってゆく。いっしょにいられるときを大切に、大切にすごすこと。重要なのはそれだけだ。

九月後半の連休では、五日続けて校舎に入れなかった。でも、そのうち二日間は公民館の集会所で、二日間は校庭で、そしてもう一日はちびっこ公園で、伴奏なしの合唱をした。はちまきはすぐによごれてしまったけれど、「3組の力」は確実に強く、大きく育っていったと思う。

それにつれてぼくの中で、⑥はじめの気持ちが変わりだした。五組を抜《ぬ》きたい、二組にも四組にも勝って入賞したい、できれば一組も破って金賞をゲットしたい、と思っていたのに、だんだんそれは薄《うす》れていった。というか、意識しなくなった。

ただ、よい演奏をしたい。自分たちの力をまっすぐに表現したい。そんな気持ちがめばえ、大きくふくらんだ。

（本田有明『卒業の歌～ぼくたちの挑《ちょう》戦～』ＰＨＰ研究所　設問の都合上小題省略。）

※頭突きをした……前日、細川麻里絵が転校することを聞いて、ボスは「ちくしょう！」とさけんで机に頭突きをした。

問一　[A]～[E]にあてはまる言葉として適切なものを次の中からそれぞれ一つずつ選び、記号で答えなさい。

ア　さっそく　イ　ぼんやり　ウ　ぜんぜん　エ　いやいや　オ　ばっちり

問二　六年三組は去年の合唱コンクールで五クラス中、何位でしたか。漢数字で答えなさい。

問三　――線①「高岡と円城寺が、ドアの前でうれしそうな顔をした」とありますが、なぜうれしそうな顔をしたのですか。適切なものを次の中から一つ選び、記号で答えなさい。

ア　五組の練習の歌声を聞いてあまりうまく歌えていないと分かり、三組は五組に勝つように思ったから。

イ　五組には金賞を取りたいという強い意気込《ご》みが感じられず、三組は気持ちの上で勝ったと思ったから。

ウ　五組の自由曲は『さよなら』だということを予想していたが、予想が見事的中しうれしく思ったから。

エ　五組の自由曲『さよなら』は五組のクラスの雰囲気に合っていないので、すごくおかしく思ったから。

問四　――――線②「ぐっと胸がしめつけられた」とありますが、なぜそのようになったのですか。「～から。」につながるように本文中から二十五字以内でぬき出して答えなさい。

問五　――――線③「ボスがどなった」とありますが、このときのボスの気持ちとして適切なものを次の中から一つ選び、記号で答えなさい。

ア　激怒《ど》　　イ　落胆《たん》　　ウ　奮起　　エ　悲嘆《たん》

問六　――――線④「顔が泣田になっていた」とありますが、だれがどのようになっていたのですか。十五字以内で説明しなさい。

問七　――――線⑤「はちまきのせいで、部活動の部員から笑われたりもしたけれど、気にならなかった」とありますが、なぜ気にならなかったのですか。適切なものを次の中から一つ選び、記号で答えなさい。

ア　クラスメイトといつもはちまきをして一生懸《けん》命練習をしていたのでそのことに慣れ、はちまきを自分の身体の一部のように感じるようになっていたから。

イ　よごれたはちまきには「3組の力」が染《し》み込んでおり各自の大切な宝物だが、宝物を持っていない部活動の部員はうらやましがっているのだと感じたから。

ウ　本番の合唱コンクールでもはちまきをしめるので、練習の時から恥《は》ずかしがっていては金賞は取れないということをクラスメイトは理解していたから。

エ　クラスメイトといっしょにいる時間を大切に過ごすことが重要だと思って、周りの目など気にせずに合唱コンクールの練習に打ち込んでいたから。

問八　――――線⑥「はじめの気持ちが変わりだした」とありますが、どういうことですか。次の説明に合うように（　1　）・（　2　）に入る言葉をそれぞれ答えなさい。

【初めは（　1　）が、今は（　2　）ということ。】

令和二年度　入学試験問題

国　語（前期日程）

（60分）

開智中学校

2020(R2) 開智中
教英出版

【注意】答えはすべて解答用紙に書きなさい。特に指定のない場合、句読点や記号も字数にふくみます。

一 次の問いに答えなさい。

問一 次の①～⑩の～～～線を引いたカタカナの部分を漢字に直しなさい。

① 小林一茶《さ》は有名なハイジンだ。
② 空海は真言宗のカイソだ。
③ 教会でセンレイを受ける。
④ 自転車がパンクしてオウジョウした。
⑤ ケイゲン税率が適用される。
⑥ 夫がイクジ休業を取得した。
⑦ ブツグ店でロウソクを買う。
⑧ 組織のカナメとなる人物だ。
⑨ 親のオいを受け入れる。
⑩ 機知にトんだ表現である。

問二 次の①～⑤の～～～線を引いた漢字の読み方をひらがなで答えなさい。

① 神社の境内《けいだい》で尺八を吹《ふ》く。
② 始終うつむいてばかりいた。
③ 金物屋で包丁を買う。
④ 本の表紙が反る。
⑤ モチベーションを保つ。

問三 次の①～④の漢字の部首名をひらがなで答えなさい。また総画数を漢数字で答えなさい。

① 極　② 秋　③ 回　④ 能

問四 次の①・②の語と意味が反対になる熟語を漢字二字で答えなさい。

① 緯《い》度　② 質疑

問五 次の①・②の語と意味が同じになる熟語を漢字二字で答えなさい。

① 未来　② 短所

問六 次の①・②の意味にあてはまる四字熟語を、それぞれ後の語群から一つずつ選び、カタカナを漢字に直して答えなさい。

① 大人物は世に出るまでに時間がかかるということ。

② 上位の人の考えや命令を、下の者に伝えること。

【語群】

・シンショウヒツバツ　・タイキバンセイ　・ジョウイカタツ　・ガデンインスイ

問七 次の①・②の□に共通して入る漢字一字を答えなさい。

① □所を通る。
□心が高い。
命に□わる。

② イエス・キリストを□ぶ。
小人物ほど□大にふるまう。
□い命が失われた。

問八 次の**ア**～**エ**の各文のうち、慣用句の使い方として正しいものを一つ選び、記号で答えなさい。

ア 家族を養うために火の車になって働く。

イ うさぎが勝つとは限らないと高をくくっていた。

ウ あのサッカー選手はとても弁が立つ。

エ がんこな男なので、横のものを縦にもしない。

問九 次の①～③の意味を持つことわざ・慣用句になるように、□にあてはまる漢字一字を答えなさい。

① とても簡単にできること。
□子の手をひねる

② どんな名人でも、失敗することはあるということ。
弘《こう》□も筆の誤り

③ 簡単に思い通りにはならないこと。
そうは□屋がおろさない

問十 次の**ア**～**エ**の各文のうち、敬語の使い方が正しくないものを一つ選び、記号で答えなさい。

ア 先生が、さし上げた紅茶をいただく。

イ 先生が、お出しした紅茶をめし上がる。

ウ 先生から直接うかがうまでは信じない。

エ 先生のお宅にうかがうまでは信じない。

二　次の文章を読んで、後の問いに答えなさい。

「弱肉強食」という困った言葉がある。自然界について言われるのはまだしも、ぼくたち人間の社会のありようもまた弱肉強食だというイメージが広く行き渡《わた》っている。そしてこの現代世界に起こる多くの出来事が、この一言で説明される。いや、「説明できる」と信じられているのだ。それ自体が、現代世界の深刻な問題のひとつだとぼくは思っている。

きみは「弱肉強食」という言葉で何を連想するだろうか。辞書によれば、それは弱い者が強い者の餌食《えじき》となること、弱い者の犠牲《ぎせい》の上に強い者が栄えること、だ。それが人間の社会のことであれば、そんなのは嫌《いや》だ、ときみはきっと思うだろう。では、これを自然界に限った話だとすればどうだろう。

「弱肉強食」にあたる英語の表現はないのだが、近いものに「ジャングルの掟《おきて》(the law of the jungle)」という表現がある。密林という野生の世界では、大きいもの、速いもの、力もち、鋭《するど》い牙《きば》、角、爪《つめ》、毒といった〝武器〟をもつものたちが、小さいもの、遅《おそ》いもの、無力なものたちを餌食にしている。そんなイメージだ。「掟」というのは英語でlaw、つまり、そこでは強者が弱者を支配するのは一種の自然法則のようなものだと考えられている。

①「弱肉強食」という言葉がチャールズ・ダーウィンの進化論から来ているものと、誤解している人が多い。進化論についてはきみも学校で習ったと思う。ダーウィンは「適者生存」という言葉を使ったが、これは「弱肉強食」や「ジャングルの掟」とは似て非なるものだ。大事な区別なので、少し詳《くわ》しく見てみよう。

②「適者生存」という言葉は、もともと哲《てつ》学者ハーバート・スペンサーがつくった表現で、それをダーウィンが、自分の「自然※淘汰《とうた》」理論を説明するために借用した。そこでダーウィンが言おうとしたのは、同じ生物種の中で、ある個体の※遺伝形質が最も環《かん》境に適していたなら、その個体から増えた子孫がさらに増え広がる確率はより高くなる、ということ。もしこれが言えるなら、現在生存している種は、環境にうまく適応して、増え広がることに成功した「最適者」の子孫だということになる、というわけだ。

「適者」という言葉が何を意味するか、についてはもっと詳しく見てみる必要があるが、それは後回しにしよう。とりあえず、今問題にしたいのは、「適者」が、ダーウィン以後の歴史の中で、いつの間にか「強者」と混同されて、意味が変わってしまったことだ。ダーウィンが言っていたのは環境に最も適応したという意味の「適者」であって、それは「弱肉強食」でいう「強い」「弱い」とは別の話なのに。

すでに見たように、弱肉強食という言葉の中には、捕《ほ》食者（例えば、ライオン）が強者で、被《ひ》捕食者（例えば、シマウマ）が弱者というイメージが含《ふく》まれている。しかし、強者と弱者が競争して、強者が生き延びるというこのイメージにとらわれている限り、現実をしっかりと理解することは難しいだろう。というのは、強いライオンが生き延びられるのは、自分より弱いシマウマなどの獣《けもの》たちが生き延びていてくれるからこそ。現に、絶滅《めつ》が※危惧《ぐ》されているのは、ライオンが餌《えさ》にしている動物たちではなく、捕食者のライオン自身の方だ。

そこで、ぼくたちは、これまで抱《いだ》いていたイメージからいったん離《はな》れて、こう問う必要がある。③そもそも生きものにとって「強さ」とは何か、「弱さ」とは何か、と。

【中略】

私たちが強いと思いこんでいる生きものが、実は弱かったり、弱いと思っている生きものが実は強かったりするから面《おも》白い、と言うのは『弱者の戦略』という魅《み》力的な本の著者で、生態学者の稲垣栄洋《いながきひでひろ》だ。彼は「百獣《じゅう》の王」と呼ばれ、最強の動物だと思われているライオンと、その餌食にされるシマウマとを例にとってこう説明している。

「ところが、ライオンに食べ尽《つ》くされてシマウマが滅《ほろ》びてしまったという話は聞かない。むしろ絶滅が心配されているのはライオンの方である。どうして食べられているはずのシマウマよりも、食べているはずのライオンの方が絶滅の危機にあるのだろうか」

そういう問いをたてておいて、稲垣は「食物連鎖《さ》の［X］」の図で説明してくれる。食物連鎖とは「食う・食われる」の関係が鎖《くさり》のように連なっていることで、植物を食べる草食動物がいて、その草食動物を食べる肉食動物がいて……という関係で自然界が成り立っているということだ。稲垣の本に出てくる［X］の図には、底辺に草が、その上に草食のバッタが、その上に肉食のカマキリが、その上に雑食のスズメが、一番上にそのスズメを食べるタカが描《えが》かれている。［X］の底辺に近いほど、生物の数が多く、頂点に近づくほど数が少ないのが普《ふ》通だ。たとえば、タカが十羽《わ》のスズメを、スズメが十匹《びき》のカマキリを、カマキリが十匹のバッタを食べているとすると、一羽のタカが生きていくためには十×十×十で千匹のバッタが必要になる。

つまり、タカはバッタが千匹いなければ生きていくことができない。［A］、と稲垣は言う、「タカの生命はバッタに依《い》存した、か弱い」存在なのだ、と。

ライオンとシマウマの関係もそう。餌となるシマウマが少なくなると生きていけないライオンもまた、同じように、「か弱い」生きものだ、ということになる。

［B］、昆《こん》虫の世界で「強い」のはだれか？　稲垣によれば、それは大きな鎌《かま》をもったカマキリでも、角をもったカブトムシでも、毒針をもったスズメバチでもなく、意外にもあの小さなアリなのだ。集団で襲《おそ》いかかるアリを恐《おそ》れ、多くの昆虫が防御《ぎょ》のためにさまざまな策をこうじているらしい。

アリは地球の生態系を支える大切な役割を果たすという意味での強者でもある。昆虫学者E・O・ウィルソンによれば、人間が絶滅しても生態系に大きなダメージはないが、アリが絶滅すれば、現在の地球の生態系全体が崩壊《ほうかい》するほどだという。

どうやら、生物にとっての「強さ」とは、鋭い牙や爪といった武器をもつことではないようだ。[C]、ぼくたちが連想しがちな身体の大きさや力の大小でもない。とすると……。

自然界における「強さ・弱さ」は、ぼくたちが思い描くような単純なものではない、と稲垣は言う。「強さ」とは決して、他者を打ち負かすことではない。このことを理解するには、「生物にとって、もっとも重要なことは何か」とまず問うことだ、と。そして稲垣は答える。

「言うまでもなくそれは生き残ることである」

食う方が食われる方より強いといっても、その食べる方が滅んでしまっては何にもならない。稲垣はこう結論する。結局、「強い生き物が生き残る」のではなく、「生き残ったものが強い」のだ、と。

弱肉強食という言葉のおかしさが、これではっきりしたと思う。それはまず、「勝ち・負け」――勝ちでなければ負け、負けでなければ勝ち――、という単純な※二元論だ。そして、食う方が強く、食われる方が弱い、というこれまた単純な等式からできている。[D]、これが現実だと思ったら大間違《ちが》いだ。それは複雑な現実全体の中から、ほんの一局面――例えば、ライオンがシマウマを追いかけ、捕《とら》えて、餌食にするというシーン――だけをとり出して見ているにすぎないのだから。

（辻信一の文章による。設問の都合上タイトルおよび小題省略。）

※淘汰……よいものを選んで残し、よくないものや不必要なものを取り除くこと。
※遺伝形質……教育や体験によらず、親から子へと自動的に伝わる性質。
※危惧……あやぶみ、おそれること。
※二元論……対立する二つの原理で、あらゆる物事を説明しようとする考え方。

問一 [A]～[D]にあてはまる言葉として適切なものを次の中からそれぞれ一つずつ選び、記号で答えなさい。

ア だから　イ また　ウ しかし　エ なるほど　オ では

問二 この文章には次の一文がぬけていますが、どの段落の初めに補うのが適切ですか。その段落の初めの五字を答えなさい。

軍事的な強者であるばかりではない。

問三　――線①「『弱肉強食』という言葉がチャールズ・ダーウィンの進化論から来ているものと、誤解している人が多い」とありますが、なぜそのような「誤解」が生じたのですか。五十字以内で説明しなさい。

問四　――線②「適者生存」とありますが、どういう意味ですか。適切なものを次の中から一つ選び、記号で答えなさい。

ア　たとえどんなに強者であっても、環境の変化に適応しているだけではいつか滅んでしまうという意味。
イ　たとえどんなに弱者であっても、環境が変化せずに一定であれば生き残ることができるという意味。
ウ　「強い」「弱い」とは別に、環境に最も適した性質をもつ個体がより多くの子孫を残すという意味。
エ　環境に適応できるかどうかに関係なく、遺伝形質の最もすぐれた生物種が増え広がるという意味。

問五　――線③「そもそも生きものにとって『強さ』とは何か、『弱さ』とは何か」とありますが、「強さ」や「弱さ」について、筆者はどう考えていますか。適切なものを次の中から二つ選び、記号で答えなさい。

ア　世間一般が考える「強さ」のものさしでは、生きものの本当の「強さ」を計ることはできない。
イ　人間社会であっても自然界であっても、強い者が生き残り、弱い者が滅び去るのは世の常である。
ウ　「強さ」とは、決して他者を打ち負かすことではなく、自分の「弱さ」に打ち勝つことだ。
エ　たとえ力は弱くても現在生存しているのならば、その生きものには何らかの「強さ」がある。
オ　他の生命に依存して生きることは「弱さ」であり、他の生命から依存されることが「強さ」だ。
カ　強い者は強いがゆえに滅びてしまうので、案外「強さ」と「弱さ」とは表裏《り》一体だと言える。

問六　［X］にはある物の名前が入ります。その形として適切なものを次の中から一つ選び、記号で答えなさい。

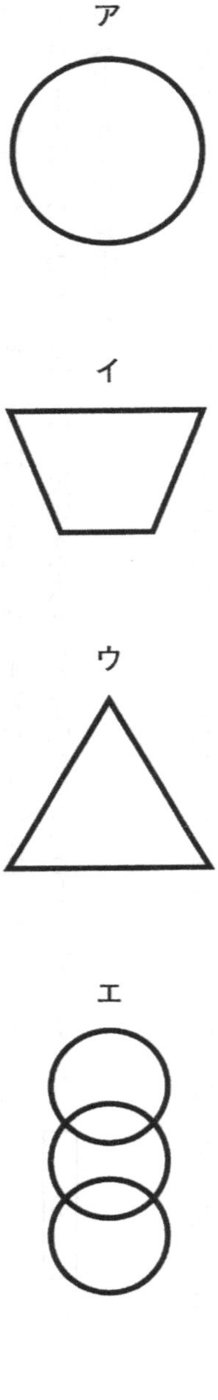

2020(R2) 開智中
K 教英出版

Ⅶ　天文部のマサルさんとハヅキさんが、和歌山県の学校で望遠鏡を使って月を観察しながら、次のような会話をしました。下の各問いに答えなさい。

マサル：南の空に、左半分が光っている半月が見えているよ。確か次の満月が、今年の十五夜だったと思うけど、あと何日で十五夜かな。

ハヅキ：新月から次の新月までの期間は１朔望月《さくぼうげつ》といって、約29.5日なので、これをもとに計算すると、約［　ア　］日後が十五夜だね。

マサル：十五夜、楽しみだね。ところで、１朔望月が約29.5日ということは、月が地球のまわりを約29.5日で１回公転しているということかな。

ハヅキ：いや、そうはならないよ。図をかいて考えてみよう。下の図は、１朔望月をかけて地球が太陽のまわりをＡの位置からＣの位置まで公転することを表しているよ。また、地球が太陽のまわりをＡの位置からＢの位置まで公転する間に、月が地球のまわりを１回公転することを表しているよ。

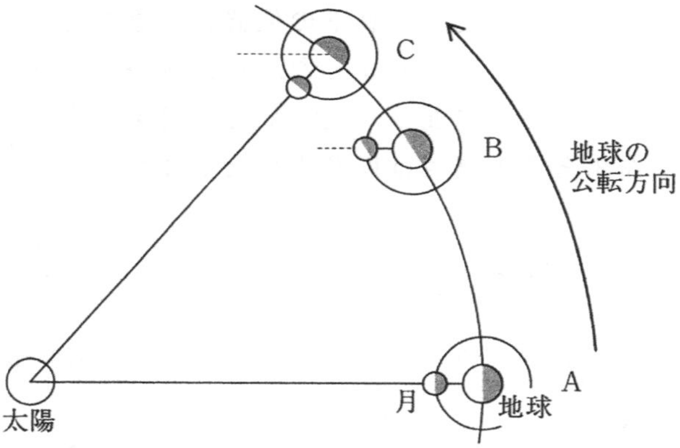

マサル：なるほど。
「１朔望月」は、
「月が地球のまわりを１回公転するのにかかる時間」よりも
「地球が太陽のまわりを［　イ　］公転するのにかかる時間」だけ
［　ウ　］ということになるね。

問１　望遠鏡で月の表面を観察すると、たくさんのくぼみがみられます。このくぼみを何といいますか。

問２　この会話が行われた時間帯として最も適当なものを、下の①～④の中から１つ選び、番号で答えなさい。

①　深夜　　②　早朝　　③　正午　　④　夕方

問３　この会話が行われた日の月に比べて、その翌日の月の形と南中時刻はどのようになりますか。最も適当な組み合わせを、下の①～④の中から１つ選び、番号で答えなさい。

	形	南中時刻
①	細くなる	早くなる
②	細くなる	おそくなる
③	太くなる	早くなる
④	太くなる	おそくなる

問４　［ア］にあてはまる数値として最も適当なものを、下の①～④の中から１つ選び、番号で答えなさい。

①　7　　②　15　　③　22　　④　39

問５　地球がＢの位置にあるとき、日本では、どの時間帯のどの方角に月を観測できますか。最も適当なものを、下の①～④の中から１つ選び、番号で答えなさい。

①　早朝の東　　②　早朝の西　　③　夕方の東　　④　夕方の西

問６　［イ］，［ウ］にあてはまる語の組み合わせとして最も適当なものを、下の①～④の中から１つ選び、番号で答えなさい。

	イ	ウ
①	ＡからＢまで	長い
②	ＡからＢまで	短い
③	ＢからＣまで	長い
④	ＢからＣまで	短い

(8)　0，1，1，2，3と数字が書かれた5枚のカードがあります。このカードの中から3枚のカードを選び、3けたの整数をつくります。全部で何通りの整数ができますか。

(9)　図のように半径5cmの円が5個あります。図の太線の長さは何cmですか。ただし、円周率は3.14とします。

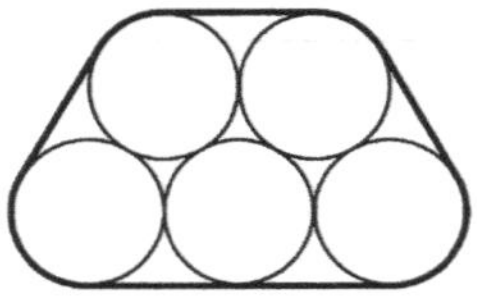

(10)　下の図のような1辺1cmの正方形が6個あります。これらの正方形を直線（ア）のまわりに1回転してできる立体の体積は何cm^3ですか。ただし、円周率は3.14とします。

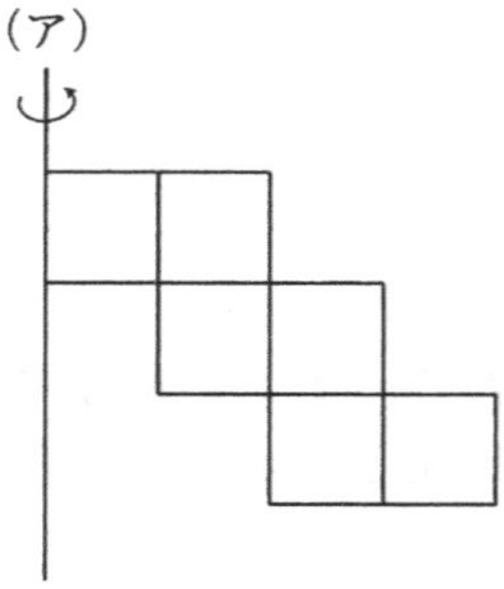

Ⅲ　一郎君の家から学校までの道のりは1500 mです。一郎君は家から学校に向かって歩きはじめました。その後、お母さんが一郎君の忘れ物に気づき、自転車に乗って一郎君を追いかけました。一郎君もしばらくして忘れ物があることを思い出し、家へもどり始めました。下のグラフは一郎君が家を出てからの時間と一郎君とお母さんの間の道のりの関係を表したものです。このとき、次の各問いに答えなさい。ただし、一郎君の歩く速さとお母さんの自転車の速さはそれぞれ一定であるとします。

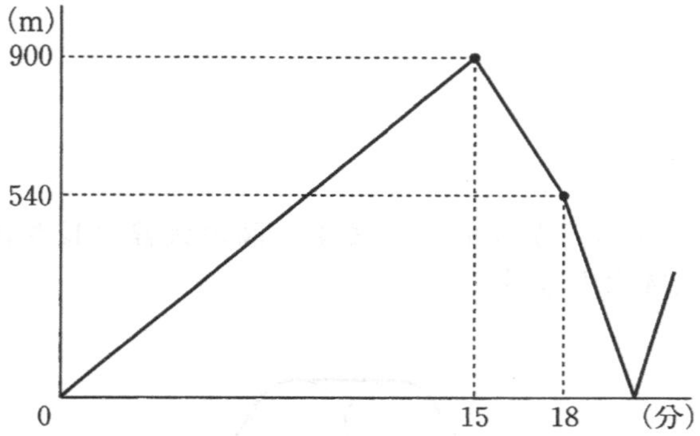

(1)　一郎君の歩く速さと、お母さんの自転車の速さはそれぞれ分速何mですか。

(2)　一郎君とお母さんが出会ったのは、家から何m離《はな》れたところでしたか。

(3)　一郎君はお母さんに出会った後、すぐに再び学校に向かって歩き始めました。一郎君が学校に着いたのは、家を出発してから何分何秒後ですか。

Ⅳ　K中学校の全校生徒は500人です。全校生徒の中から、生徒会長を１人選びます。A，B，C，Dの４人が立候補しました。出席した生徒全員が４人のうち１人を選んで投票したところ、１回の投票で決まりました。このとき、次の各問いに答えなさい。

(1)　500人全員が投票したとき、Aさんが必ず生徒会長になるためには何票必要ですか。

(2)　500人全員が投票したとき、Aさんが生徒会長になるためには、少なくとも何票必要ですか。

(3)　何人かが欠席したので、Aさんは全校生徒の24％の票で生徒会長になりました。このとき、欠席者は何人以上いたと考えられますか。

Ⅴ　下の図は１辺８cmの立方体です。各辺 AB，BC，DA，AE の中点をそれぞれＰ，Ｑ，Ｒ，Ｓとします。このとき、各問いに答えなさい。

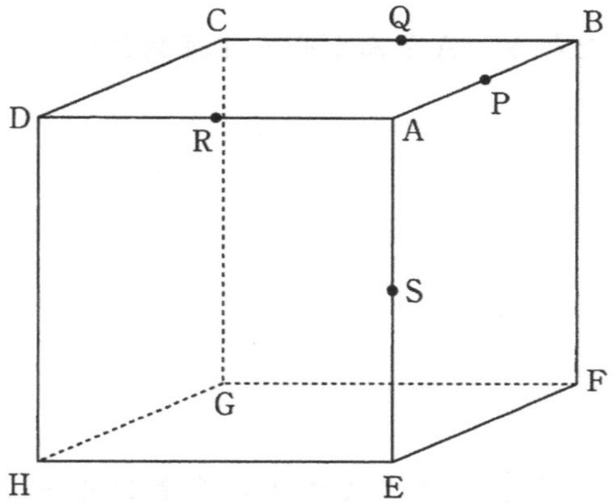

(1)　この立体を３つの点Ｑ，Ｐ，Ｓを通る面で２つに分けたときの切り口はどんな図形になりますか。

(2)　この立体を３つの点Ｐ，Ｒ，Ｓを通る面で２つに分けたとき、点Ａを含む立体の体積は何 cm^3 ですか。

(3)　この立体を３つの点Ｄ，Ｑ，Ｓを通る面で２つに分けたとき、点Ｂを含む立体の体積は何 cm^3 ですか。

（３）［手順１］の割りばしと［手順３］の炭の重さを比べました。その結果として最も適当なものを、下の①～③の中から１つ選び、番号で答えなさい。

① 割りばしの方が軽い。
② 炭の方が軽い。
③ どちらも同じ重さである。

（４）［手順３］で、取り出した炭に火をつけました。そのときの炭のようすとして最も適当なものを、下の①～⑤の中から１つ選び、番号で答えなさい。

① 赤い炎《ほのお》を激しく上げながら燃える。
② 青い炎を激しく上げながら燃える。
③ 炎をほとんど上げず、赤く光りながら燃える。
④ 炎をほとんど上げず、青く光りながら燃える。
⑤ 燃えない。

（５）［手順１］の割りばしをさまざまなものに変えて、同じ実験を行いました。炭ができないものはどれですか。下の①～④の中から１つ選び、番号で答えなさい。

① 段ボール　　② ガーゼ　　③ 食塩　　④ 角砂糖

問２　キャンプファイヤーをするとき、木を＜図２＞のように「井」の字型に組むと炎を上げながらよく燃えます。このときの空気のおもな動きとして適当なものを、＜図２＞の①～④の中から２つ選び、番号で答えなさい。

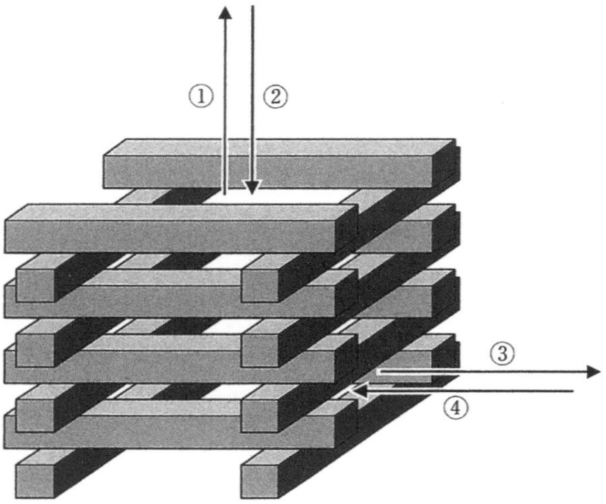

＜図２＞

Ⅴ　性質の異なるばねＡ，Ｂがあります。＜図１＞は、それぞれのばねにおもりをつるしたときの、おもりの重さとばねの長さの関係を表したものです。この２本のばねを使って、＜図２＞～＜図５＞のように、棒が水平になるようにおもりをつるしました。次の各問いに答えなさい。ただし、ばね，棒，糸の重さは考えないものとします。

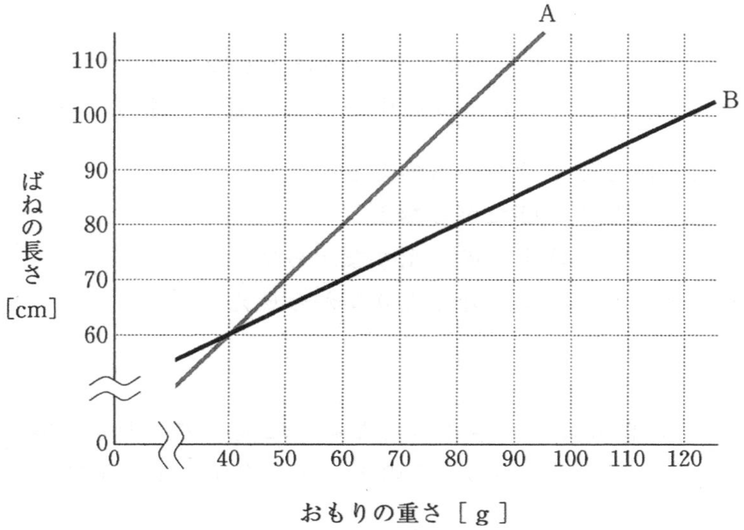

＜図１＞

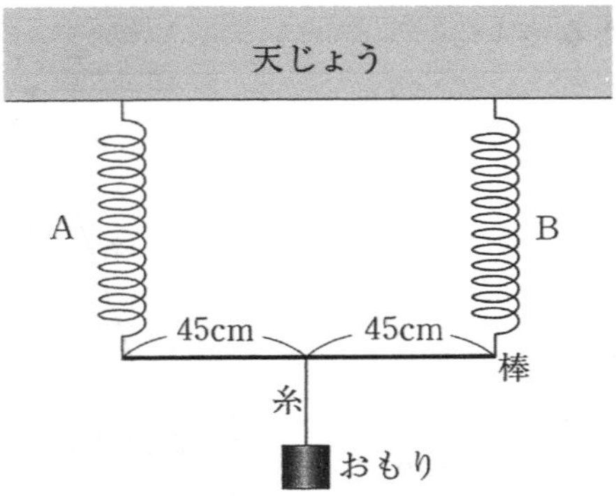

＜図２＞

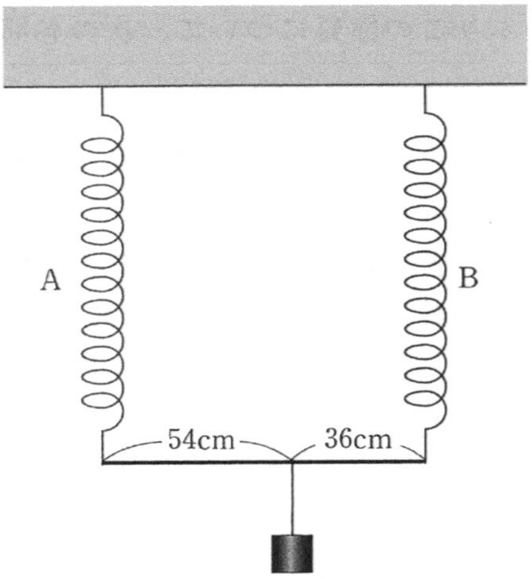

＜図３＞

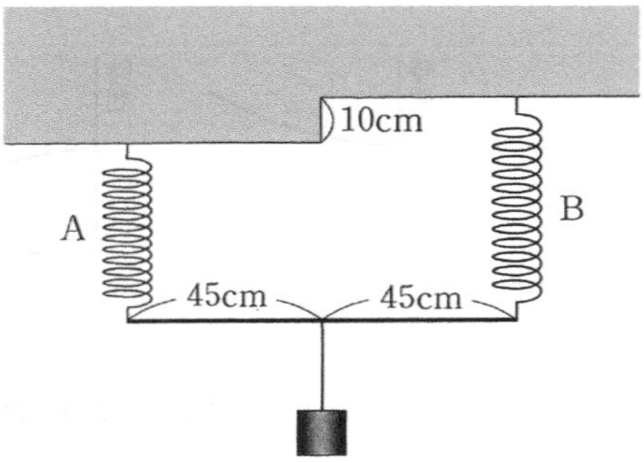

＜図４＞

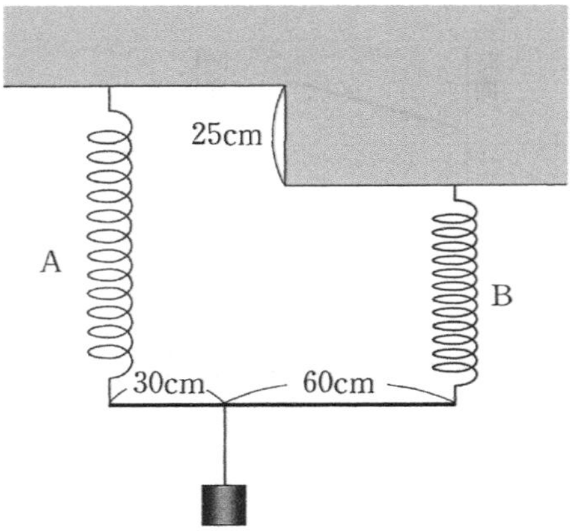

＜図５＞

問１　＜図２＞のとき、ばねＡの長さは何cmですか。また、つるしたおもりの重さは何ｇですか。

問２　＜図３＞のとき、ばねＡの長さは何cmですか。また、つるしたおもりの重さは何ｇですか。

問３　＜図４＞では、天じょうに10cmの段差があります。このとき、ばねＢの長さは何cmですか。また、つるしたおもりの重さは何ｇですか。

問４　＜図５＞では、天じょうに25cmの段差があります。このとき、ばねＡの長さは何cmですか。また、つるしたおもりの重さは何ｇですか。

Ⅵ　ふりこの性質について、次の各問いに答えなさい。

問１　＜図１＞のように、軽くて伸《の》びない糸におもりをつけて、ふりこをつくりました。いま、おもりを糸がたるまないようにＡの位置まで持ち上げて、静かにはなしました。おもりが通る支点の真下の位置をＢとします。

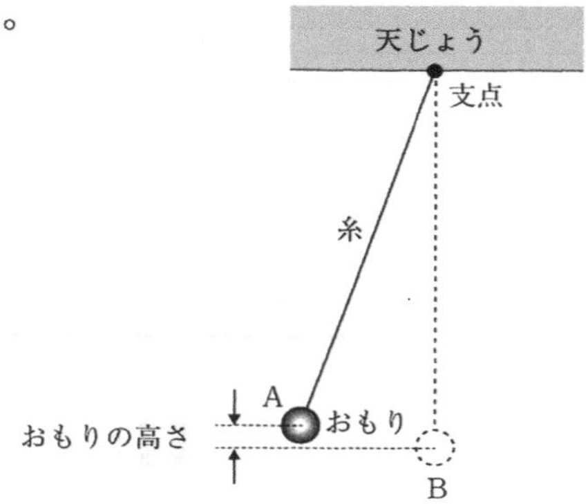

＜図１＞

（１）おもりの高さだけを変えて、ＡからＢまでおもりが動くのにかかる時間を調べました。この結果を表すグラフとして最も適当なものを、下の①～⑤の中から１つ選び、番号で答えなさい。

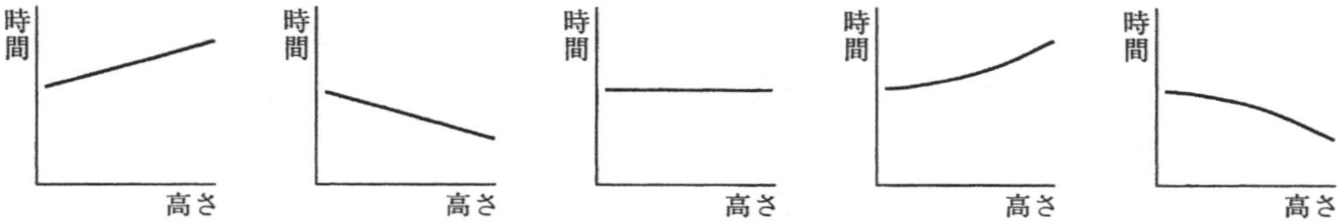

①　②　③　④　⑤

（２）おもりの重さだけを変えて、ＡからＢまでおもりが動くのにかかる時間を調べました。この結果を表すグラフとして最も適当なものを、下の①～⑤の中から１つ選び、番号で答えなさい。

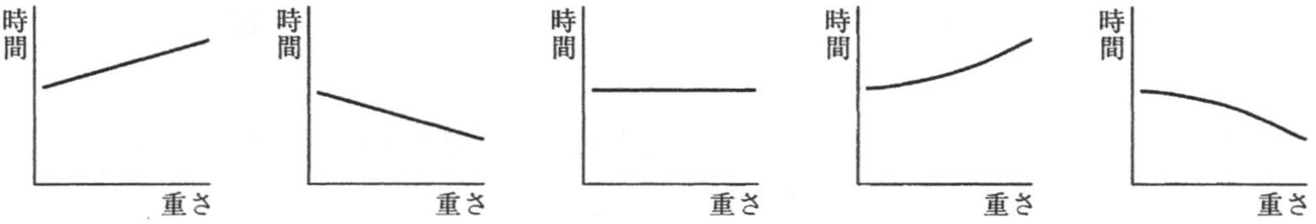

①　②　③　④　⑤

（３）おもりの重さだけを変えて、Ｂを通るときのおもりの速さを調べました。この結果を表すグラフとして最も適当なものを、下の①～⑤の中から１つ選び、番号で答えなさい。

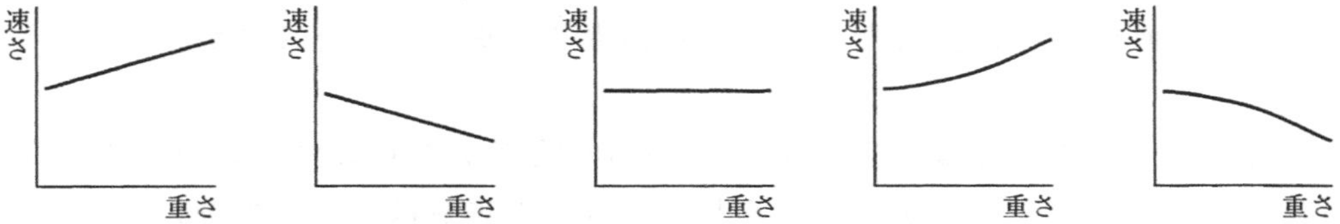

①　②　③　④　⑤

問２　＜図２＞のように、支点からおもりの中心までの長さ（ふりこの長さ）を変えて、ふりこが10往復する時間をはかりました。下の表はその結果をまとめたものです。

ふりこの長さ［cm］	36	49	64	81	100
ふりこが10往復する時間［秒］	12	14	16	18	20

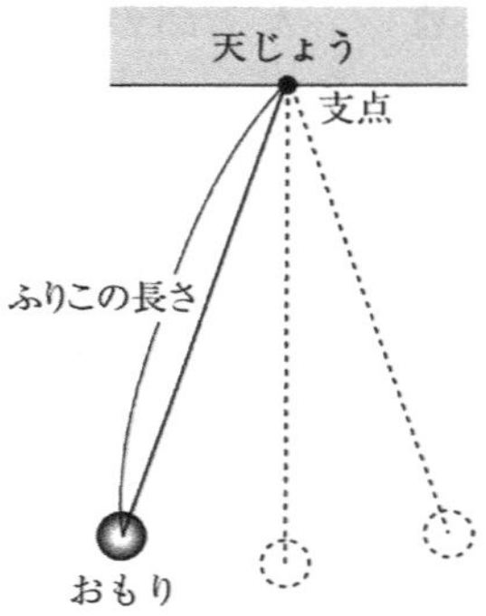

＜図２＞

（１）ふりこが10往復する時間が24秒のとき、ふりこの長さは何cmですか。

（２）ふりこの長さが25cmのとき、ふりこが１往復する時間は何秒ですか。

（３）＜図３＞のように、支点の真下の位置にくぎを打ち、糸がひっかかるようにしたさまざまなふりこをつくりました。＜図３＞のＡ～Ｄを、ふりこが１往復する時間が短いものから順に並びかえ、記号で答えなさい。ただし、おもりの重さ，おもりをはなすときの高さは同じものとします。

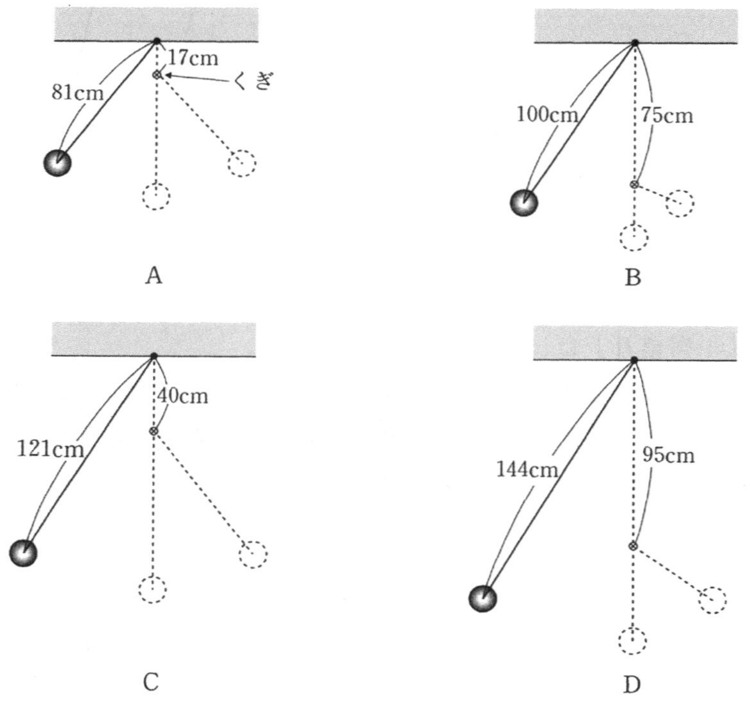

＜図３＞

【解答用

問七

問八

（i）

1

2

（ii）

三

問一

A

B

C

問二

問三

問四

問五

問六

問七

問八

問九

受験番号

採　点

※150点満点
（配点非公表）

受験番号

令和２年度　入学試験　算数（前期日程）解答用紙　　開智中学校

Ⅰ	(1)		(2)		(3)		(4)	
	(5)		(6)		(7)		(8)	

Ⅱ	(1)	円	(2)	点	(3)	g	(4)	
	(5)	日	(6)	個	(7)		(8)	通り
	(9)	cm	(10)	cm^3				

【解答用

受験番号

令和２年度　入学試験　理科（前期日程）　解答用紙　　　開智中学校

Ⅰ	問１								
	問２	実験（番号）		予想される結果（説明）					
		実験（番号）		予想される結果（説明）					
	問３	（１）		（２）	倍	（３）		（４）	

Ⅱ	問１		問２							
	問３	（１）		（２）		（３）	実験１		実験２	

Ⅲ	問１	（１）		（２）		（３）	
	問２	（１）		（２）	倍	（３）	倍

【解答用

Ⅳ	問2		

Ⅴ	問1	ばねAの長さ	cm	おもりの重さ	g
	問2	ばねAの長さ	cm	おもりの重さ	g
	問3	ばねBの長さ	cm	おもりの重さ	g
	問4	ばねAの長さ	cm	おもりの重さ	g

Ⅵ	問1	(1)		(2)		(3)	
	問2	(1)	cm	(2)	秒		
		(3)	→ → →				

Ⅶ	問1		問2		問3		
	問4		問5		問6		

採　　点
※100点満点 (配点非公表)

Ⅲ	(1)	一郎君 分速　　　　m	お母さん 分速　　　　m	(2)	m	(3)	分　　　秒後

Ⅳ	(1)	票	(2)	票	(3)	人以上

Ⅴ	(1)		(2)	cm^3	(3)	cm^3

採　　点
※150点満点 (配点非公表)

令和二年度入学試験　国語（前期日程）解答用紙　開智中学校

一

問一
① ② ③ ④ ⑤
⑥ ⑦ ⑧ ⑨ い ⑩ んだ

問二
① ② ③ ④ る ⑤ つ

問三
① 画 ② 画
③ 画 ④ 画

問四
① ②

問五
① ②

問六
① ②

問七
① ②

問八

問九
① ② ③

問十

二

問一
A B C D

問二

問三

【注意】答えはすべて解答用紙に書きなさい。

Ⅰ　植物と水について、次の各問いに答えなさい。

問１　植物のからだの中の水が、水蒸気になって出ていくことを何といいますか。

問２　根からとり入れた水が、おもに葉から出ていることを確認するためには、どのような実験を行えばよいですか。適当なものを、下の①～⑤の中から２つ選び、番号で答えなさい。また、選んだ２つの実験について、予想される結果をそれぞれ簡単に説明しなさい。ただし、実験は晴れた日に行うものとします。

①　ポリエチレンのふくろ（以下、ふくろ）に、何も入れずに15分おく。
②　葉がついたジャガイモに、ふくろをかぶせて15分おく。
③　葉がついたジャガイモに、ふくろをかぶせずに15分おく。
④　葉をとったジャガイモに、ふくろをかぶせて15分おく。
⑤　葉をとったジャガイモに、ふくろをかぶせずに15分おく。

問３　農芸部のサクラさんは顕《けん》微《び》鏡を使って、下の［手順１］～［手順７］を行い、ジャガイモの気こうを観察しようとしました。

［手順１］　顕微鏡を、日光が直接当たらない、明るく水平な場所に置く。

［手順２］　対物レンズを最も低い倍率にした後、接眼レンズをのぞきながら反射鏡を動かして、明るく見えるようにする。

［手順３］　ジャガイモの葉を小さくちぎって、そのままスライドガラスにのせた後、上からカバーガラスをのせる。

［手順４］　［手順３］でつくったプレパラートをステージに置き、クリップでとめる。

［手順５］　顕微鏡を真横から見ながら調節ねじを回して、対物レンズにプレパラートをできるだけ近づける。

［手順６］　調節ねじを回して、プレパラートから対物レンズをゆっくり遠ざけながらピントを合わせる。

［手順７］　ア　を回して、対物レンズをより高い倍率にした後、ピントを合わせる。

（１）　ア　にあてはまる語を答えなさい。

（２）接眼レンズと対物レンズの倍率がともに10倍であるとき、顕微鏡の倍率は何倍になりますか。

（３）サクラさんは［手順１］～［手順６］を行いましたが、＜図１＞のようにしか見えませんでした。そこで、いずれかの手順を改善したところ、＜図２＞のように、気こうをはっきりと観察することができました。サクラさんは、どの手順をどのように改善したと考えられますか。最も適当なものを、下の①～③の中から１つ選び、番号で答えなさい。

＜図１＞

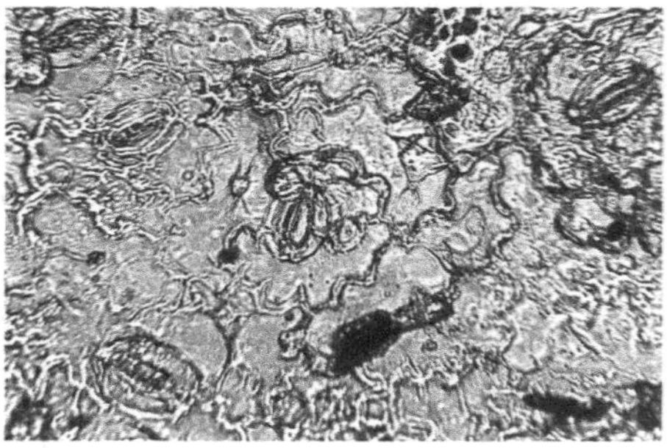

＜図２＞

①　［手順１］を行うとき、顕微鏡を日光が直接当たる、明るく水平な場所に置くようにした。

②　［手順３］を行うとき、ちぎった葉の裏側のうすい皮をはがし、はがした皮をスライドガラスにのせるようにした。

③　［手順５］で、対物レンズとプレパラートをできるだけ遠ざけておき、［手順６］を行うとき、調節ねじを回して、プレパラートに対物レンズをゆっくり近づけながらピントを合わせるようにした。

（４）［手順７］について、ピントが合ったときの対物レンズとプレパラートの距離《きょり》は、低い倍率のときに比べてどのようになりますか。最も適当なものを、下の①～③の中から１つ選び、番号で答えなさい。

①　長くなる　　　②　短くなる　　　③　変わらない

Ⅱ　消化のはたらきについて、次の各問いに答えなさい。

問１　口からこう門までの食べ物の通り道を何といいますか。

問２　食べ物が消化されると、食べ物にふくまれていた養分は、小腸から吸収されます。吸収された養分は、血液の中に入り、ある臓器にたくわえられます。その臓器として最も適当なものを、下の①～④の中から１つ選び、番号で答えなさい。

①　肺　　　②　心臓　　　③　かん臓　　　④　じん臓

問３　農芸部のアカリさん，ユウマさん，先生の３人が、収かくした米を炊《すい》飯《はん》器でたいて食べたあとに、下のような会話をしました。

アカリ：たいた米をよくかんでいると、あまくなってくるのはどうしてかな。

ユウマ：だ液のはたらきによって、米にふくまれている物質がでんぷんに変化するから、あまくなるんじゃなかったかな。

先　生：本当にそうだったか実験で確かめてごらん。ヨウ素液と炊飯器に残っている米を使っていいよ。どのような実験をすればいいかな。

アカリ：水を入れた試験管によくつぶした米を入れ、だ液を加えて、40℃の湯でじゅうぶんな時間あたため、ヨウ素液を加える実験（［実験１］とする）をしてみてはどうですか。

先　生：その実験結果は、どのように予想されますか。

ユウマ：［　ア　］と思います。

先　生：なるほど。ユウマさんの考えにもとづくと、そのように予想するのは正しいですね。しかし、その結果だけで、でんぷんがだ液のはたらきによってつくられたと言いきれますか。

アカリ：米に、もともとでんぷんがふくまれているかもしれないということですか。

先　生：そうかもしれないね。その可能性を確かめるためには、どのような実験をすればいいかな。

ユウマ：［　イ　］（［実験２］とする）をしてみてはどうですか。

先　生：いいね。では、さっそく実験してみよう。

（１）［ア］にあてはまる実験結果の予想として最も適当なものを、下の①～④の中から１つ選び、番号で答えなさい。

① 液から酸素が発生する　② 液が白くにごる
③ 液の色が青紫《むらさき》色に変化する　④ 液の色はほとんど変化しない

（２）［イ］にあてはまる実験として最も適当なものを、下の①～③の中から１つ選び、番号で答えなさい。

① 水を入れた試験管にヨウ素液を加えて、40℃の湯でじゅうぶんな時間あたためる実験
② 水を入れた試験管によくつぶした米を加えて、40℃の湯でじゅうぶんな時間あたため、ヨウ素液を加える実験
③ 水を入れた試験管にだ液を加えて、40℃の湯でじゅうぶんな時間あたため、ヨウ素液を加える実験

（３）［実験１］，［実験２］の結果から、「だ液のはたらきによって、米にふくまれているでんぷんが別の物質に変化する」という考察が得られました。このことから、［実験１］，［実験２］の実際の結果はどのようであったと考えられますか。最も適当なものを、（１）の①～④の中からそれぞれ１つずつ選び、番号で答えなさい。

Ⅲ　とじこめた空気と水の性質について、次の各問いに答えなさい。

問１　＜図１＞のような空気でっぽうをつくり、前の玉を飛ばしました。

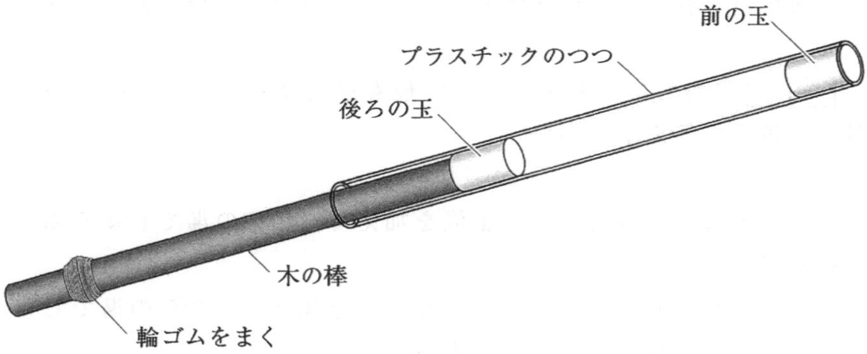

＜図１＞

（１）前の玉を飛ばすときのようすを説明した下の文の［ア］，［イ］にあてはまる組み合わせはどれですか。最も適当なものを、下の①～⑥の中から１つ選び、番号で答えなさい。

木の棒を前の玉の方に押《お》していくと、つつの中の空気の体積は［ア］。このとき、手ごたえは［イ］。

	ア	イ
①	変わらなかった	小さくなっていった
②	変わらなかった	変わらなかった
③	変わらなかった	大きくなっていった
④	小さくなっていった	小さくなっていった
⑤	小さくなっていった	変わらなかった
⑥	小さくなっていった	大きくなっていった

（２）あるところまで木の棒を押すと、前の玉が飛び出しました。このとき、前の玉を直接押したものとして最も適当なものを、下の①～③の中から１つ選び、番号で答えなさい。

①　プラスチックのつつ　　②　後ろの玉　　③　つつの中の空気

（３）つつの中の空気をすべて水に変えて木の棒を押しました。このときの前の玉のようすとして最も適当なものを、下の①～③の中から１つ選び、番号で答えなさい。

① 木の棒を押したとたんに、前の玉がつつから外れるように落ちた。
② 後ろの玉をつつの真ん中くらいまで押すと、前の玉が飛び出した。
③ 後ろの玉が前の玉にぶつかると、前の玉が飛び出した。

問２ 同じ量の空気をとじこめた注射器Ａ～Ｃを用意しました。注射器の先にゴムの板をあてて空気がもれないようにしながら、それぞれのピストンを手でゆっくりと押す実験を行いました。すると、＜図２＞のように、注射器内の空気の体積は、ＢはＡの $\frac{5}{6}$ に、ＣはＢの $\frac{4}{5}$ になりました。このとき、下の各問いに答えなさい。ただし、実験中は、注射器内の空気の温度は変わらなかったものとします。また、ピストンを押す力と注射器内の空気の体積は反比例の関係にあります。

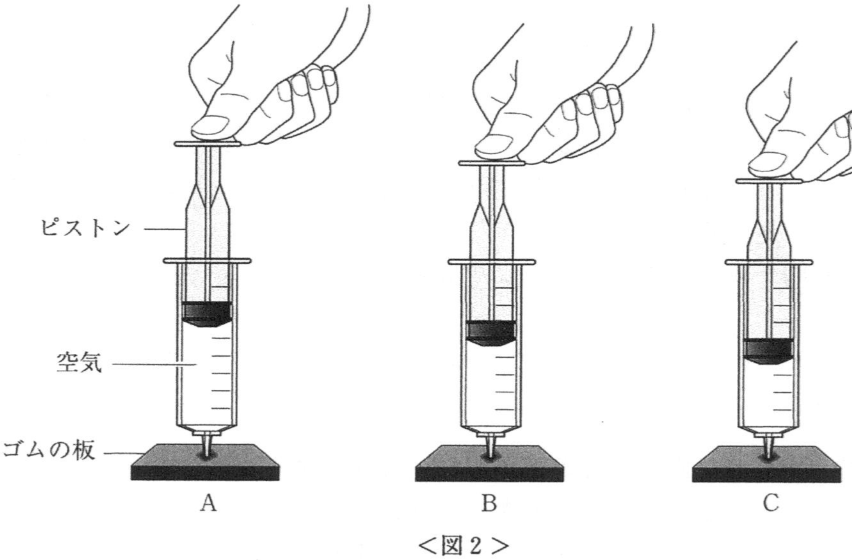

＜図２＞

（１）Ａのピストンを押している手をはなすと、ピストンの位置はどのようになりますか。最も適当なものを、下の①～④の中から１つ選び、番号で答えなさい。

① 低くなる。
② 変わらない。
③ 押す前の位置にもどる。
④ 押す前の位置より高くなる。

（２）Ａ，Ｂのピストンを押す力を比べたとき、ＢはＡの何倍になりますか。

（３）Ａ，Ｃのピストンを押す力を比べたとき、ＣはＡの何倍になりますか。

Ⅳ　ものの燃え方と空気について、次の各問いに答えなさい。

問１　割りばし，あなのあいたアルミニウムはく，空きカン，実験用ガスコンロがあります。これらを使って、［手順１］～［手順３］で炭をつくる実験を行いました。<図１>は実験のようすを表しています。

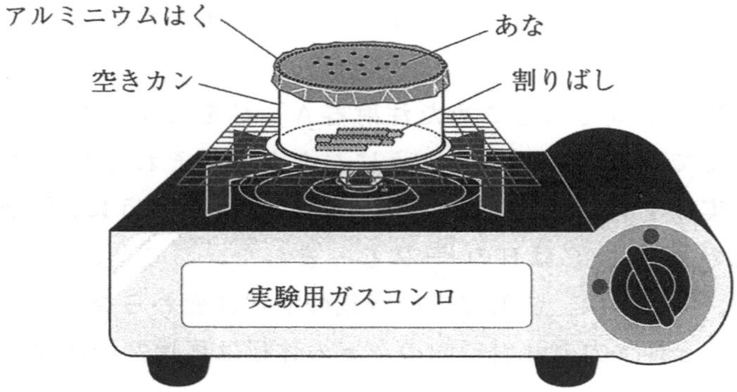

<図１>

［手順１］　割りばしを空きカンの中に入れ、アルミニウムはくでふたをする。この空きカンを熱すると、アルミニウムはくのあなからけむりが出た。

［手順２］　けむりが出なくなったら、実験用ガスコンロの火を消して、全体が冷えるまで待つ。

［手順３］　炭を空きカンから取り出す。

（１）［手順１］で、アルミニウムはくのふたをするのはなぜですか。最も適当なものを、下の①～④の中から１つ選び、番号で答えなさい。

① 空きカン内の温度が下がらないようにするため。
② 割りばしを空気中の酸素にふれにくくするため。
③ 割りばしからススが出ないようにするため。
④ 空きカン内にホコリが入らないようにするため。

（２）［手順１］で、アルミニウムはくのあなから出るけむりに火を近づけるとどのようになりますか。最も適当なものを、下の①～④の中から１つ選び、番号で答えなさい。

① けむりがいきおいよく燃える。
② 近づけた火のいきおいが弱くなる。
③ 近づけた火が消える。
④ 何も変化はみられない。

令和２年度　入 学 試 験 問 題

理　科(前期日程)

(45分)

開 智 中 学 校

(5)　ある仕事をするのに、ＡとＢでは $1\frac{1}{3}$ 日、ＢとＣでは $2\frac{2}{5}$ 日、ＣとＡでは $1\frac{1}{5}$ 日かかりました。この仕事をＢが１人ですると何日かかりますか。

(6)　ボールを何人かの子どもに分けます。１人に３個ずつ分けると７個余り、５個ずつ分けると11個足りません。ボールは何個ありますか。

(7)　ある路線のバスはバス停Ａ，Ｂ，Ｃ，Ｄの順に停まります。次の表はそれぞれのバス停間の距《きょ》離《り》を表したものです。（イ）に入る数は何ですか。

A			
2.7	B		
(ア)	(イ)	C	
15.1	(ウ)	7.3	D

(単位 km)

Ⅱ　次の各問いに答えなさい。

(1)　花子さんは貯金額の18％を使って、お母さんに900円のプレゼントを買いました。花子さんのはじめの貯金額はいくらですか。

(2)　あるクラスで算数のテストをしました。男子13人の平均点が60点、女子12人の平均点が65点でした。クラス全体の平均点は何点になりますか。

(3)　食塩水75 gの中に食塩が1.5 g入っています。同じ濃《こ》さの食塩水135 gの中には何gの食塩が入っていますか。

(4)　3つの数96, 142, 211をある同じ整数で割ると、余りは3つとも同じになります。ある整数は何ですか。

(5)　$\left(1\frac{3}{7}-\frac{2}{3}\right)\div\frac{4}{7}-(1-0.55)\times\frac{20}{21}$

(6)　$\left(3\frac{3}{10}+1.75-3\frac{1}{4}\right)\div 0.24\times\frac{2}{3}$

(7)　$0.123\times 360-12.3\times 1.6+246\times\frac{2}{5}$

(8)　$1-\cfrac{3}{1+\cfrac{2}{1-\cfrac{1}{3}}}$

【注意】答えはすべて解答用紙に書きなさい。

Ⅰ　次の計算をしなさい。

(1)　$211 - 18 \times 9 + 213 \div 3$

(2)　$321 - (283 - 315 \div 9)$

(3)　$1.4 \times 0.756 \div 0.072$

(4)　$(36.5 - 28.7 \times 1.2 + 6.94) \div 0.18$

令和２年度　入学試験問題

算　数（前期日程）

（60分）

開　智　中　学　校

問七　次の文章は、稲垣栄洋『弱者の戦略』新潮社刊の一節で、本文に引用された部分の続きです。【　Ｙ　】に入る適切な言葉を自分で考え、八字以内で答えなさい。

サッカーの名プレーヤーで、「ドイツの皇帝《てい》」といわれたベッケンバウワーが、かつてこんな言葉を残している。
「強いものが勝つんじゃない。【　Ｙ　】のだ」
まさしく、その通りである。
それでは、生物たちの生き残りをかけた「弱者の戦略」を見ていくことにしよう。

問八　次は、ハルカとメグミという二人の中学生が本文について会話している文章です。これを読んで、後の（ⅰ）・（ⅱ）の問いに答えなさい。

ハルカ　この後、この話がどう展開するのか気になったんだけど、どう思う?
メグミ　ああね。うん。それって、最初の方の段落がヒントになるんじゃないかな?　引用された部分は【　１　】の話だったでしょ?　でも、辻さんは【　２　】の話をしようとしてる。つまりこの後、私たち自身の問題に話がつながっていくんだよ。
ハルカ　ライオンやシマウマについて知った上で、じゃあ、ライオンとして生きるか、シマウマとして生きるか、それが問題だってことね?
メグミ　そういうこと。この本読んだことがあるんだけど、本のタイトルも『【　３　】』っていうんだ。
ハルカ　へー、変わってる。私だったら、タカやライオンのように生きたいけどな。かっこいいもん。でも、なんだか興味わいてきた。続きが気になるし、私も買って読もうかな。

（ⅰ）【　１　】・【　２　】に入る適切な言葉を本文中からぬき出し、【　１　】は三字、【　２　】は五字で答えなさい。

（ⅱ）【　３　】に入る言葉として適切なものを次の中から一つ選び、記号で答えなさい。

ア　「強」肉「弱」食のススメ　　**イ**　弱虫でいいんだよ
ウ　人間よりもすぐれた生きモノたち　　**エ**　シマウマになりたかったライオン

三　次の文章を読んで、後の問いに答えなさい。

著作権に関係する弊社の都合により
本文は省略いたします。

教英出版編集部

著作権に関係する弊社の都合により
本文は省略いたします。

教英出版編集部

（岡野薫子『砂時計』所収「良平と鉄棒」）

問一　[A]～[C]にあてはまる言葉を次の中からそれぞれ一つずつ選び、記号で答えなさい。

ア　こそこそ　イ　がっかり　ウ　はらはら　エ　あっけない　オ　そっけない

問二　――線①「ほっとした顔つきになりました」とありますが、その理由を三十字以内で答えなさい。

問三　――線②「鉄棒のところまで、まっすぐ歩いていきました」とありますが、このときの良平の気持ちとして適切なものを次の中から一つ選び、記号で答えなさい。

ア　日が暮れる前に、せめて鉄棒の高さだけでも確かめておきたいという気持ち。
イ　今は好きになった鉄棒で、身につけた技を早くやってみたいという気持ち。
ウ　いやだけれども、とにかく鉄棒のあるところまでは行ってみようという気持ち。
エ　この間できなかった鉄棒の技を、今日は絶対に成功させてやろうという気持ち。

問四　――線③「先生のことば」とありますが、具体的にどのようなものですか。本文中から五字以内でぬき出して答えなさい。

問五　――線④「だんだん」がかかっていく部分を〰〰線ア～エの中から一つ選び、記号で答えなさい。

問六　鉄棒がうまくいったときの良平の喜びを、情景で表現しているひと続きの二文を本文中からぬき出し、初めの七字を答えなさい。

問七　――線⑤「先生には、良平の気持ちが、いたいほどわかりました」とありますが、高田先生は鉄棒に向かう良平の気持ちをどのようなものだと考えていますか。適切なものを次の中から一つ選び、記号で答えなさい。

ア　鉄棒から降りられなくなってこわがる自分は、やはり先生のことば通りの人間だと落ちこむ気持ち。

イ　先生のことばにふるい立ち、苦手な鉄棒に取り組み、自分にもできることを証明しようと意気ごむ気持ち。

ウ　鉄棒が苦手だったが、先生のことばがきっかけとなり、つり下がりまでできるようになって喜ぶ気持ち。

エ　先生のことばによって、きらいな鉄棒に取り組まなくてはならなくなり、腹立たしく思う気持ち。

問八　［ Ⅰ ］と同じ言葉が入る慣用句を次の中から一つ選び、記号で答えなさい。

ア　［　　］に衣《きぬ》着せぬ　　イ　［　　］にたこができる

ウ　［　　］で笑う　　エ　［　　］が飛び出る

問九　今回の経験から、高田先生は今後どのような先生になっていくと考えられますか。四十字から五十字以内で答えなさい。

2020(R2) 開智中
教英出版